D1753354

# Die großen Themen

Mythen der Menschheit

# Die großen Themen

MYTHEN DER WELT

## MYTHEN DER MENSCHHEIT

**DIE GROSSEN THEMEN: Mythen der Welt**
Autoren: Tony Allan (Die Bedeutung der Mythen; Eine Welt voller Götter und Geistwesen; Von Helden, Königen und Übermenschen; Das Mysterium des Todes; Bleibendes Vermächtnis), Charles Phillips (Am Anfang aller Zeit)

Ein Projekt von Duncan Baird Publishers, London
© 2000 Duncan Baird Publishers
All rights reserved. Unauthorized reproduction, in any manner, is prohibited.

DUNCAN BAIRD PUBLISHERS
Managing Editor: Diana Loxley
Managing Art Editor: Clare Thorpe
Series Editor: Christopher Westhorp
Editor: Christopher Westhorp
Designer: Christine Keilty
Picture Researchers: Cecilia Weston-Baker, Christine Keilty, Emily Stone
Commissioned Illustrations: Neil Gower
Map Artwork: Lorraine Harrison
Artwork Borders: Iona McGlashan

Redaktionsstab des Bandes DIE GROSSEN THEMEN: Mythen der Welt
Editorial Manager: Tony Allan
Design Consultant: Mary Staples

DEUTSCHE AUSGABE
Leitung: Marianne Tölle
Redaktion: AFR text edition, Hamburg
Aus dem Englischen übertragen von Giovanni und Ditte Bandini

Titel der Originalausgabe:
THE GREAT THEMES: World Myth
Authorized German language edition
© 2000 Time-Life Books B. V., Amsterdam. All rights reserved

No parts of this book may be reproduced in any form or by any electronic or mechanical means, including information storage and retrieval devices or systems, without prior written permission from the publisher, except that brief passages may be quoted for review.

ISBN 90-5390-907-9

Belichtung: Alphabeta Druckformdienst, Hamburg
Farbreproduktion: Colourscan, Singapur
Druck und Einband: Milanostampa, SpA, Farigliano

*Titelseite:* Lächelnd blickt die ägyptische Göttin Hathor von einem Säulenkapitell in Dendera herab, dem Kultzentrum, das während des Alten Reiches ihr zu Ehren errichtet wurde. Als Tochter des Sonnengottes war Hathor für vieles zuständig: Schönheit, Liebe, Musik, Feste – und sie beschirmte die stillenden Mütter. Sie war es auch, die die Seelen der Verstorbenen im Jenseits willkommen hieß.

*Inhaltsseite:* Donnervogel, eine mythische Gestalt der Indianerkulturen. Aus seinen Augen schossen Blitze, seine Flügelschläge waren der Donner. Das Gesicht zeugt von dem Glauben, daß die Tiere menschliche Seelen besitzen. Die Totempfahl-Schnitzerei wurde von den Haida geschaffen (nordamerikanische Nordwestküstenkultur).

Besuchen Sie uns im Internet: *www.timelife.de*

# Inhalt

**6 DIE BEDEUTUNG DER MYTHEN**

**8 AM ANFANG ALLER ZEIT**
10 *Ordnung aus dem Chaos*
14 *Die Geburt der Götter*
18 *Diesseits und Jenseits*
22 *Die Erschaffung der Erde*
26 *Die ersten Menschen*
30 *Wie die Dinge in die Welt kamen*
34 *Die Große Flut*
36 *Visionen der Erneuerung*
40 *Bild-Essay: Verehrung des Himmels*

**44 EINE WELT VOLLER GÖTTER UND GEISTWESEN**
46 *Mächtige Geister des Ortes*
50 *Gebieter über die Elemente*
54 *Bande zwischen Tier und Mensch*
58 *Das göttliche Drama der Jahreszeiten*
62 *Die Große Göttin*
66 *Trickster und Störenfriede*
70 *Hüter von Haus und Herd*
74 *Bild-Essay: Die Schlange, ein ewiges Symbol*

**78 VON HELDEN, KÖNIGEN UND ÜBERMENSCHEN**
80 *Göttliche Herrscher*
84 *Mythisierte Geschichte*
86 *Zur Unsterblichkeit aufgerufen*
92 *Die epische Suche*
100 *Der Tod des Helden*

**104 DAS MYSTERIUM DES TODES**
106 *Wie der Tod in die Welt kam*
110 *Die lange Reise der Seele*
112 *Das Totengericht*
114 *Höllen und Paradiese*
118 *Besuche im Jenseits*
122 *Von Untoten und Wiedergängern*
126 *Bild-Essay: Opferhandlungen*

**128 BLEIBENDES VERMÄCHTNIS**
130 *Götterdämmerung*
132 *Der Hunger nach Mythen*
136 *Mythen des Raumfahrtzeitalters*

138 *Register*
144 *Weiterführende Lektüre und Quellennachweis*

# DIE BEDEUTUNG DER MYTHEN

Mythen sind Spiegel, in denen wir nicht nur unsere eigenen Hoffnungen und Ängste, sondern auch diejenigen der Menschen längst vergangener Epochen erkennen können. Denn viele dieser Geschichten sind sehr alt – höchstwahrscheinlich erzählte man sie sich bereits lange vor der Erfindung der Schrift –, und über Generationen hinweg dienten sie unverändert denselben Zwecken. Zum einen lieferten sie Antworten auf die großen Fragen – wie das Universum ins Dasein trat, welches die in ihm wirkenden Kräfte sind, wie die Menschen entstanden und welches Schicksal ihnen nach dem Tode beschieden sein wird. Darüber hinaus gaben die Mythen dem Individuum Richtlinien für sein Handeln und sein Verhalten in der Gesellschaft an die Hand. Sie taten dies in erzählerischer Form, in Geschichten, die die Menschen sich einprägen konnten – weil sie sie zum Lachen, zum ehrfürchtigen Erschaudern und zum Weinen brachten.

Die in den Mythen behandelten Fragen sind von so allgemeiner und grundsätzlicher Bedeutung, daß sie sich den Menschen aller Kulturkreise in ähnlicher Weise stellen. Doch – wie jeder rasch feststellen wird, der sich mit dem Thema beschäftigt – das Verblüffende ist, daß auch in den Antworten Übereinstimmungen zu entdecken sind. Die Bilder, die die Völker in ihren Mythen verwendeten, kehren immer wieder: ein Ei, aus dem der Kosmos hervorging, eine Flutkatastrophe, eine Brücke ins Totenreich.

Die Ähnlichkeiten sind so auffällig, daß Wissenschaftler verschiedener Fachrichtungen den Versuch unternahmen, sie von ihrer jeweiligen Warte aus zu erklären. Eine naheliegende Deutung lieferte die Diffusionstheorie – die Idee, daß Mythen, nicht anders als materielle Güter und kulturelle Leistungen, durch direkten Kontakt von Volk zu Volk wanderten. So war beispielsweise eines der großen wissenschaftlichen Themen des 19. Jahrhunderts die Ausbreitung der Indoeuropäer während der Bronzezeit. Ein Zweig, so die damalige Theorie, zog nach Indien und Persien, ein anderer siedelte sich im Nahen Osten und in Griechenland an, ein dritter wanderte nach Nordeuropa. Damit glaubte man eine Erklärung dafür zu haben, warum bestimmte Motive gleichzeitig in der indischen, griechischen und germanischen Mythologie auftauchen. Im 20. Jahrhundert zeigte sich allerdings, daß die Diffusionstheorie unzulänglich war, nämlich als sich die Wissenschaftler eingehender mit den Mythen Australiens und Ozeaniens,

*Oben:* Im *Popol Vuh*, dem heiligen Buch der Maya, steht, daß die ersten Menschen aus Mais erschaffen wurden. Dieser bemalte Teller stellt die Göttin Xmucane beim Mahlen der Körner dar.

*Unten:* Auf Bali galt ein Erb-Kris – ein Dolch – als eine Teilverkörperung der Familiengottheit. Der Griff schützte vor Dämonen, während die Klinge eine Schlange darstellte – eine schlafende, wenn die Klinge gerade, eine aktive, wenn sie gewellt war.

Schwarzafrikas und Amerikas befaßten – von Kulturkreisen also, die bis wenige Jahrhunderte zuvor keinerlei Kontakte zum eurasischen Raum unterhalten hatten. Es fanden sich nämlich auch in deren Überlieferungen bereits bekannte Motive. Wie sich herausstellte, gab es Sintflutsagen ebenso aus Australien und Südamerika wie aus China und Mesopotamien, und manche afrikanischen Schöpfungsmythen erinnerten verblüffend an solche, die man aus Griechenland kannte. Es mußten also noch andere Faktoren am Werk sein.

Das Problem erregte die Aufmerksamkeit des Schweizer Psychiaters C. G. Jung, eines Schülers und Kollegen Sigmund Freuds. Jung fiel auf, daß viele der in den Mythen der Welt wiederkehrenden Motive – dunkle Wälder, Verwandlungen, Ungeheuer, verlassene Kinder, Flug- und Sturzerlebnisse – auch in seinen eigenen Träumen sowie denen seiner Patienten auftauchten. Gestützt auf diese Übereinstimmungen formulierte er die Theorie des „kollektiven Unbewußten", worunter er einen Bereich des Unbewußten verstand, welcher über-individuelle, gemeinmenschliche Vorstellungen bewahrte, die er Archetypen nannte. Diese Archetypen verbanden nach Jungs Auffassung den individuellen Geist mit dem Mythos, und sie sind die „großen Themen", die den Mythen der Welt zugrunde liegen. Auch wenn Jungs These, solche universal verständlichen Symbole seien jedem Menschen als geistige Grundausstattung von Geburt an mitgegeben, in der Folgezeit angefochten wurde, ging der Begriff des Archetyps in den allgemeinen Sprachgebrauch ein.

Tatsache ist, daß die großen mythischen Themen bestimmte Saiten in uns allen zum Klingen bringen. Sie rühren uns zutiefst an, sprechen unmittelbar zu unserer Seele und artikulieren unsere Hoffnungen und Ängste auf einer Ebene, die jenseits des Verstandes liegt. Das ist der Grund, warum so viele Menschen ihr Leben und ihre Welt noch immer mit Hilfe der alten Geschichten zu deuten versuchen.

Es könnte ein noch unzureichend erforschter Aspekt der menschlichen Psyche sein, der dafür verantwortlich ist, daß man in aller Welt dieselben Grundfragen mit sehr ähnlichen Bildern, Motiven und Handlungsabläufen ausdrückt. Die Gemeinsamkeiten, die sich in den Mythen finden, könnten darauf hinweisen, daß sich unter den gewaltigen Unterschieden in Sprache und Kultur, welche die Völker trennen, ein gemeinsames Fundament verbirgt – und daß dieses Fundament in der grundsätzlichen Einheit der menschlichen Vorstellungskraft besteht.

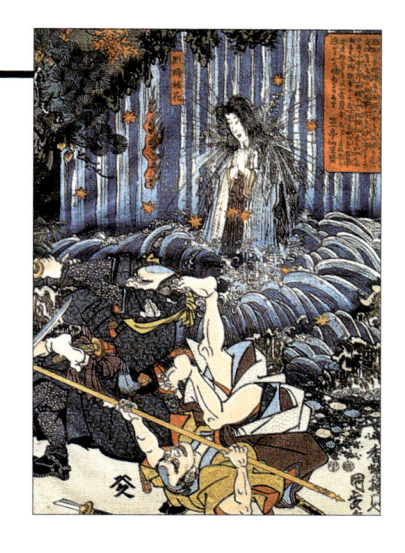

**Oben:** Die Landschaft der japanischen Mythen war Heimstatt unzähliger Naturgeister oder *kami*. Der Holzschnitt von Kunimasa zeigt einen Wassergeist (19. Jh.).

**Links:** Zwillinge waren gleichermaßen gefürchtet und geachtet. Sie dienten oft als Symbol der Einheit von Gegensätzen. Dieser Sitz wurde von den Luba aus dem Kongo-Becken gefertigt (19. Jh.).

**Unten:** Chinesischer Bronze-Weinbehälter aus der Mittleren Westlichen Zhou-Dynastie (10. Jh. v. Chr.). Derlei Ritualgefäße sollten den Ahnengeistern, die aus ihnen tranken, den Status des Eigentümers kundtun.

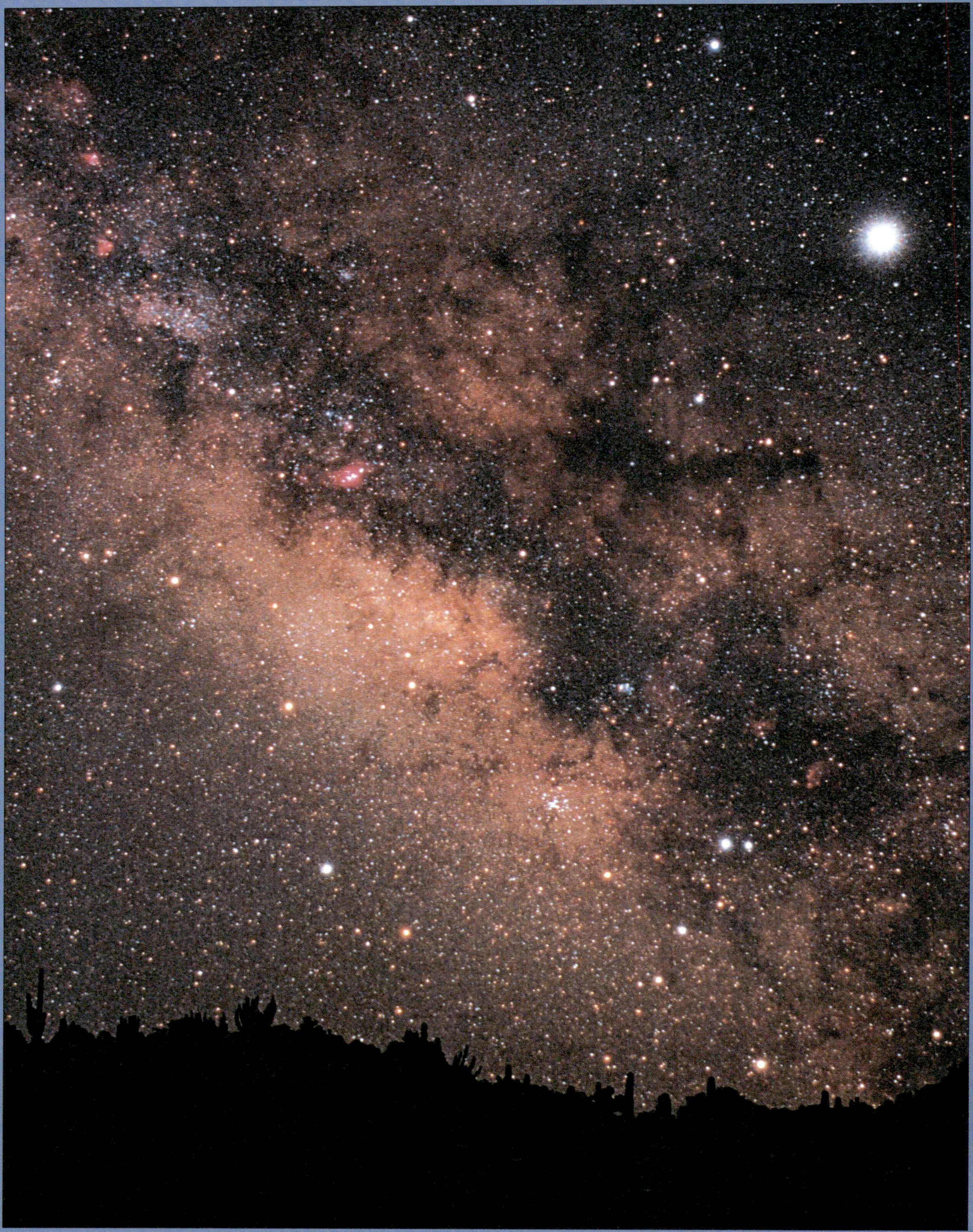

# AM ANFANG ALLER ZEIT

Vor Milliarden von Jahren war das Universum in einem unvorstellbar dichten Punkt konzentriert, der mit einem „Urknall" explodierte; seither strebt alle Materie auseinander. Eines Tages aber wird der anfängliche Impuls so weit abgeschwächt sein, daß das Universum wieder in sich zusammenstürzen und erneut in jenem unvorstellbar dichten Punkt konzentriert sein wird. Das ist die Theorie, die heute von den meisten Naturwissenschaftlern vertreten wird, und der moderne Mensch versucht, ihr Antworten abzuringen auf die uralten Fragen „Woher?", „Wohin?" und „Warum?"

In früheren Zeiten waren es die Mythen, welche die Antworten gaben. Ein Mythos, der die Entstehung des Universums erklärt, wird als Kosmogonie bezeichnet – vom griechischen *kósmos,* „Ordnung", und *gonía,* „Geburt, Erzeugung". In der Regel erzählen diese Mythen von einer Urzeit, in der alles noch *cháos*, „klaffende Leere", war, und schildern dann, wie Ordnung entstand oder gestiftet wurde. Auf diese Weise erfüllten sie auch einen zweiten Zweck: die soziale Ordnung – das heißt, die in der jeweiligen Kultur herrschenden Machtstrukturen – zu rechtfertigen. Altägyptische und mesopotamische Mythen hoben die Bedeutung bestimmter Gau- oder Stadtgottheiten hervor; aztekische Mythen bestärkten das Ansehen der Priesterschaft und die Kontinuität überlieferter Opferriten. Solche Geschichten erklärten, wie die Dinge wurden, was sie waren, und – nicht minder wichtig – warum sie auch künftig so bleiben sollten.

Kosmogonische Mythen halfen den Menschen auch, ihre traditionelle Lebensweise beizubehalten, indem sie Informationen vermittelten, die für das Überleben der Gruppe notwendig waren. Die Mythen der Indianer erklärten nicht nur, woher der Stamm kam – oft war er aus der Unterwelt heraufgestiegen –, sondern auch, wie das Land seine gegenwärtige Gestalt erhalten hatte oder warum Tiere an bestimmten Orten anzutreffen waren und sich auf eine bestimmte Weise verhielten. Für die australischen Aborigines war die „Traumzeit" keine ferne Vergangenheit, sondern eine zusätzliche Dimension der Landschaft, und die Stammesmythen ermöglichten es den Menschen, sich mit Hilfe von „Traumpfaden" im Busch zurechtzufinden und dort zu überleben.

Kosmogonische Mythen schilderten nicht nur, wie die Welt angefangen hatte, sondern auch, wie sie dereinst enden würde, und erklärten außerdem, wie und warum die Erde mit Menschen bevölkert wurde. Die Mythen des persischen Zoroastrismus vermittelten den Menschen, sie seien erschaffen worden, um das Böse im Kosmos zu bekämpfen – ein Beispiel für die Sinnstiftung durch erzählte Überlieferung.

*Gegenüber:* **Die moderne Wissenschaft ermöglicht uns, die unendlichen Weiten des Alls zu erkunden – und dabei festzustellen, wie viel die Alten schon wußten. Die Milchstraße, unsere aus hundert Milliarden Sternen bestehende Galaxis, ist hier im Sternbild Skorpion zu sehen (von Arizona aus aufgenommen).**

*Unten:* **Die Entstehung des Kosmos aus einem Welt-Ei war eine der am weitesten verbreiteten Vorstellungen. Diese Steinzeichnung stellt den Vogelmenschen der Osterinsel dar; das von ihm in der Hand gehaltene Ei wird mit dem Schöpfer Make-Make assoziiert.**

AM ANFANG ALLER ZEIT

# Ordnung aus dem Chaos

Am Anfang, so erzählen uns viele Mythen, wich das Chaos der Ordnung, entweder spontan oder nach dem Willen einer Schöpfergottheit. Die Details variierten von Kultur zu Kultur, aber immer erhielt das Ungeformte Gestalt, und an die Stelle der Einförmigkeit trat die Vielfalt.

Das Chaos war furchterregend und grundsätzlich nicht verstehbar – formlos und endlos, ohne Grenze oder Maß. Die zur Umschreibung dieses Urzustands verwendeten Bilder sind immer die gleichen: eine Wolke, eine Einöde oder eine Wassermasse in der Finsternis.

Das babylonische Lehrgedicht *Enuma elisch* („Als droben") entstand spätestens gegen 1100 v. Chr., könnte aber auch bedeutend älter sein. Wie wir darin erfahren, gab es vor dem Himmel und der Erde einzig Wasser, und zwar Süß- und Salzwasser, jeweils personifiziert im Gott Apsu und der Göttin Tiamat. Sie waren zusammen, unauflöslich ineinander vermischt, und aus ihnen entstanden die ersten Götter und das Weltall. Das Bild des Chaos als Wassermasse war mit Sicherheit im alten Orient weit verbreitet, und viele Forscher haben auf die Parallele hingewiesen, die uns in der biblischen Schilderung vom Geist Gottes begegnet, der in der Finsternis über dem Wasser schwebte.

Auch ein polynesischer Mythos verwendet dieses Bild vom Chaos als einem wogenden Ur-Ozean – und ähnelt auch im übrigen verblüffend der von der Genesis gelieferten Version. Hier erfahren wir, daß am Anfang nur ein in Finsternis getauchter unendlicher Ozean war, in dem Io, der Schöpfer, wohnte. Er sprach, und es wurde Licht; nach einer Weile sprach er abermals, und das Dunkel kehrte zurück. Das waren der erste Tag und die erste Nacht.

Manchen Mythen zufolge entstand das Leben von selbst aus dem Nichts, ohne jeden göttlichen Eingriff. Nach Auffassung der tibetischen Bon-Religion war das Ur-Chaos eine Leere, die spontan die Materie hervorbrachte. Auch nach altjapanischem Glauben erzeugte sich der Kosmos selbsttätig aus dem Chaos, indem dieses Gestalt annahm als das Hohe Himmelsgefilde und das Mittelland der Schilfgefilde, die Erde.

In der altnordischen *Prosa-Edda* wird erzählt, wie das Leben durch das zufällige Zusammenwirken von Feuer und Eis in einem leeren Abgrund namens Ginnungagap entstand. Dieser „Nicht-Ort" lag zwischen einem Feuerreich im Süden, Muspelheim, und einem Reich der Kälte im Norden, Niflheim. In Niflheim entsprangen elf Flüsse namens Eliwagar. Ihre Wasser gefroren unterwegs, und aus dem Eis stiegen giftige Dämpfe auf, die zu Reif wurden und Ginnungagap nach und nach auffüllten. Muspelheims Funken ließen etwas von dem Reif tauen, und in diesen Schmelzwasser-Tropfen begann alles Leben. Dieses düster-grandiose Bild dürfte von der teils frostigen, teils vulkanischen Landschaft Islands geprägt worden sein, wo der Aufzeichner der *Prosa-Edda,* Snorri Sturluson, lebte. In anderen Mythen galt Niflheim als das unterhalb der Menschenwelt Midgard gelegene Totenreich *(Seite 18–21).*

## Das kosmische Ei

In der Mehrzahl der kosmogonischen Mythen allerdings führte ein geheimnisvoller Prozeß zunächst zur Geburt einer Schöpfergottheit. Ein früher griechischer Mythos schrieb die Schöpfung einer Göttin zu, die in der Leere, dem *cháos,* geboren wurde. Dem Nichts ent-

**Viele Schöpfungsmythen sprechen von der Trostlosigkeit des „Ur-Ortes". Hier überragen gigantische Felsbrocken eine karge Landschaft im Westen Irlands, die „The Burren" genannt wird.**

## AM ANFANG ALLER ZEIT

steigend, schuf sie die Urwasser und tanzte auf ihnen. Ihre Bewegungen erzeugten Wind, und aus diesem formte sie sich einen Gefährten, eine Riesenschlange. Die Göttin wurde von der Schlange umfangen, verwandelte sich dann in eine Taube und legte ein Ei. Aus diesem Ei ging alles Leben hervor. Als die Schlange hochmütig wurde, verbannte die Göttin sie in die Unterwelt. Dann erst schuf sie den ersten Menschen.

Die griechische Vision enthält zahlreiche Motive, die sich auch in vielen anderen Kulturen wiederfinden. Das kosmische Ei, welches alles Leben als Möglichkeit in sich barg, war ein weitverbreitetes Bild für die uranfängliche Leere. (Manche Gelehrten weisen darauf hin, daß das kosmische Ei eine moderne Entsprechung im Ur-Atom der Urknall-Theorie hat. Auch dieses enthielt, wie das Ei, das gesamte Universum als eine Möglichkeit von unzähligen.)

Es ist leicht einzusehen, warum der Ursprung allen Lebens als ein Ei gedacht wurde: Überall auf der Welt konnte die Beobachtung gemacht werden, daß aus den Eiern von Vögeln und Reptilien neue Geschöpfe hervorgingen. Ähnliche Schöpfungsmythen finden sich in Indien, China, Tibet und Japan, und man hat spekuliert, daß sie alle einen gemeinsamen Ursprung haben könnten. Das kosmische Ei begegnet uns auch in altägyptischen und afrikanischen Mythen, in Teilen Polynesiens und im finnischen *Kalevala*, einem im 19. Jahrhundert aus Volksballaden zusammengestellten Epos *(Kasten unten)*.

Im bekanntesten chinesischen Schöpfungsmythos war das Ur-Chaos eine eiförmige Dunstwolke. Der Schöpfer, Pan Gu, nahm die Gestalt eines kräftigen Mannes an und erwachte im Zentrum des Eis zum Leben. Durch seine Bewegungen zerbrach das Ei, und

## Das *Kalevala* und die Sieben Eier

*Die zwei weltweit verbreiteten Motive der Schöpfung aus einem kosmischen Ei, das alles künftige Leben in sich enthielt, und des uranfänglichen Vogels, der aus dem Nichts hervorkam und über die Urwasser dahinflog, waren auch den Finnen vertraut, wie im „Kalevala" berichtet wird.*

Beide Motive sind in dem finnischen Nationalepos *Kalevala* zu finden, das der Dichter Elias Lönnrot im 19. Jahrhundert aus Volksliedern und -balladen zusammengestellt hat.

Bevor das Universum entstand, gab es nur ein wogendes Urmeer unter einem endlosen Himmel. Ilmatar, die Tochter des Himmels, stieg zu den Wassern hinab und schwamm darin 700 Jahre lang umher, getrieben von der Sehnsucht nach Gesellschaft, mit der sie die wilden Weiten würde teilen können. Eines Tages erschien eine Krickente. Sie suchte nach einem Platz zum Nisten, und Ilmatar hob ein Knie aus dem Wasser und bot ihr damit eine trockene Stelle. Auf dieser Insel legte der Vogel sechs Eier aus Gold und eines aus Eisen.

Die Krickente setzte sich brav auf die Eier, doch ihr Brüten erzeugte eine solche Hitze, daß Ilmatars Knie zu brennen begann. Als die Göttin es nicht mehr aushalten konnte, bewegte sie das Knie. Die Eier fielen ins Wasser, wodurch Sturm und Wellen entstanden.

Der Sturm zerbrach die Eier, und aus einem von ihnen schlüpften die Sonne, der Mond, die Sterne und das Festland. Später gestaltete Ilmatar die Natur und erschuf die Tiere, die sie bevölkern.

die Elemente des Lebens zerliefen ringsum: Die reineren schwebten aufwärts und wurden zum Himmel, die gröberen sanken hinab und wurden zur Erde.

## Yin und Yang

Diese Scheidung entsprach der Vorstellung der Chinesen von der Polarität von weiblich-passivem Yin (der schweren Erde) und männlich-aktivem Yang (den reineren Himmelssphären). Die japanische Mythologie berichtete ebenfalls von einem Ur-Ei, dessen Elemente sich voneinander trennten. Auch in tibetischen Mythen erscheint eine Ur-Zelle, aus Licht oder Feuchtigkeit gebildet. Einer Version zufolge strahlte die anfängliche Leere einen blauen Glanz aus; dieser verwandelte sich in einen Regenbogen, dann in Dampf, dann in sanft fallenden Tau, der sich zu einem Ei zusammenballte. Daraus ging das Universum hervor.

Nach Auskunft eines der vielen Schöpfungsmythen, die sich die Dogon in Mali (Westafrika) erzählen, nahm der Schöpfergott Amma selbst die Gestalt eines Eis an. Auch dieses Ei barg die Möglichkeit allen Lebens in sich. Die eingesperrten Elemente ließen das Ei in einer gewaltigen Explosion bersten und setzten den Schöpfungsprozeß in Gang.

## Die Kraft des göttlichen Geistes

Nach einem anderen Mythos der Dogon entwarf Amma das Universum im Geiste und beschrieb dann die Leere mit Zeichen aus Wasser, die materielle Gestalt annahmen. Die Erschaffung des Seins aus dem Nichts durch die geistige Kraft des Schöpfers ist auch ein zentrales Motiv der indischen Mythologie. Nach einer Hymne des *Rigveda,* der heiligsten Schrift der Brahmanen, war der Geist selbst der Schöpfer, der aus dem Nichts hervorgegangen war. Nach einem späteren Mythos entstand aus dem Nichts der als Bewahrer des Alls verehrte Gott Vishnu und schuf die ungeheuren Ur-Wasser. Vishnu legte sich auf seine hundertköpfige Schlange Ananta-Shesha, die Verkörperung der Ewigkeit, und während Vishnu ruhte, sproß aus seinem Nabel eine Lotosblüte. In der Mitte der Blüte saß der Schöpfergott Brahma, der durch die bloße Kraft seiner Gedanken das Universum hervorbrachte. Dieser Schöpfungsprozeß wiederholt sich im Laufe riesiger Zeiträume immer wieder *(Seite 39).*

In einem anderen indischen Mythos tauchte das göttliche Bewußtsein aus dem Nichts auf und schuf die Ur-Wasser. In diese Wasser entließ es einen Samen, der zu einem großen goldenen Ei wurde. Darin befand sich der meditierende Gott Brahma, und mit Hilfe der heiligen Glut *(tapas)* seiner Askese sprengte er das kosmische Ei. Aus dessen Elementen schuf er das gesamte Weltall.

*Diese chinesische Perlmuttscheibe stellt in traditioneller Form den Himmel dar. In der Mitte trägt sie die Symbole Yin und Yang, die gegensätzlichen, aber komplementären Energien, die allem Seienden innewohnen. Diese Kräfte wurden einst von Pan Gu aus dem Ur-Ei freigesetzt.*

## Lebenspendende Fluten

Der zentrale Schöpfungsmythos der Ägypter erklärte, das Leben habe damit seinen Anfang genommen, daß aus Nun, der Urflut des Chaos, ein Hügelchen fruchtbaren Erdreichs auftauchte. Damit spiegelte die Vorstellungskraft der Ägypter die natürlichen Bedingungen ihres Lebens wider: Das alljährliche Nilhochwasser hinterließ auf den Feldern eine fruchtbare Schlammschicht, die reiche Ernten schenkte. Nach einem im oberägyptischen Hermopolis erzählten Mythos entstanden im Urgewässer acht Gottheiten, die „Achtheit" – vier männliche Frösche und vier weibliche Schlangen. Als sie sich vereinigten, tauchte der fruchtbare Hügel aus dem Wasser. Auf dem Hügel lag ein goldenes Ei, und als dieses aufbrach, verwandelte sich der Hügel in eine Feuersbrunst, und der Sonnengott Re stieg zum Himmel auf. Nach einer anderen Version war zuerst der Gott Amun da, und er schuf – in Gestalt einer Schlange oder einer Gans – die Achtheit; nach wieder einer anderen wurde das goldene Ei von einem Reiher gelegt.

AM ANFANG ALLER ZEIT

# Die Geburt der Götter

In den meisten Traditionen folgte die Erschaffung des Menschen nicht unmittelbar auf die Entstehung der Ordnung aus dem Chaos. Zunächst nahm mindestens eine Generation von Göttern im neu entstandenen Kosmos Gestalt an, häufig jedoch waren es mehrere.

Nach der Überlieferung der mexikanischen Mixteken war die erste Gottheit ein Kulturheld namens Herr-Neun-Wind. Er schied den Himmel, der für die Mixteken wie für viele andere amerikanische Völker aus Wasser bestand, von der Erde und stemmte ihn in die Höhe. Nach dieser Großtat entstiegen dem Nebel, der die neue Erde bedeckte, der Gott Eins-Hirsch-Löwe-Schlange und die Göttin Eins-Hirsch-Jaguar-Schlange. Diese beiden waren eins, der männliche und der weibliche Aspekt einer einzigen Gottheit. Aus ihrer Verbindung gingen die Götter des mixtekischen Pantheons hervor. Auch der höchste Gott der Azteken war zwei und eins: Ometeotl, Herr der Zweiheit genannt, hatte ebenfalls eine männliche und eine weibliche Identität, die gemeinsam das Universum erhielten.

Nach der im 8. vorchristlichen Jahrhundert von Hesiod verfaßten *Theogonie* gingen aus der Leere des *cháos* die ersten griechischen Götter und Göttinnen hervor: Gaia, die Erde, Tartaros, die Unterwelt, Eros, die Kraft der Liebe, Nyx, die Nacht, und Erebos, die Finsternis des Tartaros. Gaia erzeugte aus sich selbst heraus Kinder, die der Erde Gestalt gaben: Uranos, den hohen, sternenübersäten Himmel, Pontos, das Meer, und alle hoch aufragenden Berge. Nyx vereinigte sich mit Erebos und gebar, neben anderen, Hemera,

**Der Sonnengott Re herrschte über das Universum und bewachte es mit seinem all-sehenden, herausnehmbaren Auge. Hier ist er, falkenköpfig, in seiner Barke unterwegs, die ihn am Tag über den Himmel, nachts durch die Unterwelt führte. Re wurde auch mit anderen mächtigen Göttern, wie Amun und Atum, gleichgesetzt.**

DIE GEBURT DER GÖTTER

**Izanagi und Izanami kamen recht spät in die Welt: Sie waren erst das siebte göttliche Paar, das erschaffen wurde. Ihre Vorgänger jedoch hatten in den japanischen Schöpfungsmythen eine eher untergeordnete Bedeutung. Izanagi und Izanami spielten im shintoistischen Pantheon die Rolle Adams und Evas. Als das Urpaar schufen sie die japanischen Inseln, heirateten und zeugten alle Lebensformen, die sich in der Natur finden. Doch durch ihre späteren Handlungen brachten sie auch den Tod in die Welt.**

den Tag. Gaia paarte sich später mit Uranos und gebar noch viele Kinder, darunter die Titanen, die ersten Beherrscher des Universums; diese sollten später von Gaias Enkel Zeus entmachtet werden.

## Merkwürdige Familienverhältnisse

In anderen Kulturkreisen brachte der Schöpfergott, nachdem er aus dem Chaos die Ordnung geschaffen hatte, eine zweite Generation von Göttern hervor, die sich dann selbständig fortpflanzten. Der Aztekengott Ometeotl etwa zeugte und gebar durch seine zwei Aspekte, die Tonacatecutli (Unser-Fleisch-Herr) und Tonacacihuatl (Unser-Fleisch-Frau) hießen, vier Söhne, die Verkörperungen der vier Himmelsrichtungen. Diese Söhne – Schwarzer (und eigentlicher) Tezcatlipoca, Roter Tezcatlipoca (Xipe Totec), Weißer Tezcatlipoca (Quetzalcoatl) und Blauer Tezcatlipoca (Huitzilopochtli) – waren, genau wie ihre Eltern, Aspekte des einen Urgottes Ometeotl.

Nach Glauben der Maori brachte Io, der Ur-Schöpfer, die Erdgöttin Papa und den Himmelsgott Rangi hervor. Sie zeugten alle übrigen Gottheiten. Eine ähnliche Auffassung äußert sich im babylonischen *Enuma elisch*. Aus den komplementären männlich-weiblichen Wassergottheiten Apsu und Tiamat gingen Lachmu und Lachamu hervor, die sich ihrerseits vereinigten und Anschar und Kischar zeugten, die Personifizierungen des Horizonts zwischen Himmel und Erde. Anschars Kind war der hohe Himmel.

Nach einem altägyptischen Mythos vergoß Atum, eine Manifestation des auf dem Ur-Hügel *(Seite 13)* aus sich selbst entstandenen Schöpfer-Sonnengottes Re, seinen Samen, aus dem die Zwillingsgottheiten Schu (Luft) und Tefnut (Feuchtigkeit) entstanden. Schu und Tefnut ihrerseits zeugten Geb (Erde) und Nut (Himmel). Geb und Nut vereinigten sich und brachten weitere Gottheiten hervor, darunter Osiris, den Gott der Ordnung, und Seth, den Gott der Unordnung.

Die zeugende Kraft der Vereinigung von Himmel und Erde war für die frühen Ackerbauern stets unmittelbar erfahrbar: Vom Himmel herab kam der lebenspendende Regen, welcher Flüsse, Wildpflanzen und Feldfrüchte nährte. In Griechenland besaß die Gegenüberstellung von Himmels- und Erdgottheiten noch eine zusätzliche Dimension. Sie spiegelte zwei unterschiedliche Überlieferungen wider: die der griechischen Ureinwohner, die eine erdhafte Fruchtbarkeits- und Muttergöttin verehrten, und die der nomadischen indoeuropäischen Stämme, die etwa um 2000 v. Chr. in Griechenland eindrangen und deren Kult um einen männlichen Himmelsgott kreiste. Als Zeus seine Vorherrschaft über Gaia durchsetzte, bestätigte der My-

## Die Götterboten

***In vielen mythischen und religiösen Überlieferungen sind die Götter auf die Hilfe von Boten angewiesen – die oft selbst Götter sind. Diese Abgesandten steigen in die Menschenwelt hinab.***

Die Germanen erzählten sich von den Walküren, reitenden Jungfrauen mit goldenen Haaren und weißer Haut, die auf den Schlachtfeldern erschienen und im Auftrag des höchsten Gottes Odin (Wotan) die Krieger auserwählten, die den Heldentod sterben sollten. Sie führten die Tapferen über die Regenbogenbrücke Bifröst nach Walhall, der Festhalle für die Gefallenen im Götterreich Asgard, wo sie von Odin empfangen wurden.

In vielen Kulturen war es eine der Hauptaufgaben von Botengottheiten, die Toten ins Jenseits zu geleiten. In der griechischen Tradition war Zeus' Bote Hermes der einzige Gott, der Zutritt zu allen drei Welten hatte – dem Reich der Götter auf dem Olymp, der Menschenwelt und der Unterwelt der Toten. Wie seine römische Entsprechung Merkur begleitete Hermes die Seelen in die Unterwelt.

Sein Name leitete sich von *herma* ab, den zur Markierung von Grenzen und Wegen aufgeschichteten Steinhaufen in Griechenland. Hermes war nicht nur der Bote der Götter, sondern auch der Schutzherr der Grenzen und Grenzgänger, der sexuellen Freizügigkeit und des Glücksspiels, ein Unruhestifter und Dieb. In dieser Hinsicht ähnelte er dem Trickster Legba, einem Gott der in Westafrika beheimateten Fon, und auch Eshu, den die gleichfalls in Westafrika lebenden Yoruba verehrten. Sowohl Legba als auch Eshu fungierten als Dolmetscher und Mittler für die Götter. Sie waren außerdem für Weissagung und Magie zuständig – genau wie der Götterbote der Ägypter, Thot, der als der Verfasser der ersten Sammlung von Zaubersprüchen galt.

In der jüdisch-christlichen und der islamischen Tradition wurden Engel als Boten betrachtet, die die Sterblichen aufsuchten, um ihnen Warnungen und Weisungen des Himmels zu übermitteln. Die Engel monotheistischer Religionen könnten als Überbleibsel älterer Gottheiten zu verstehen sein, die

thos die Unterwerfung der ansässigen Völker durch die indoeuropäischen Eroberer.

Die ersten germanischen Götter kamen auf recht merkwürdige Weise in die Welt. Der abschmelzende Reif über dem Ginnungagap *(Seite 11)* brachte den Riesen Ymir hervor, den Stammvater eines Geschlechts von Reifriesen, sowie eine Kuh mit Namen Audhumla. Die Kuh leckte am Reif und befreite im Verlauf von drei Tagen eine stattliche männliche Gestalt: Bör, den Großvater der Götter Odin (Wotan), Wili und We.

In Japans einheimischer Religion, dem Shintoismus, gab es Götter und Göttinnen praktisch ohne Zahl, denn selbst einzelne Felsen und Bäume galten als von eigenen *kami* oder göttlichen Geistwesen bewohnt – ebenso wie die Römer einst ihre *numina* oder *genii loci* hatten *(Seite 46)*. Die ersten *kami* traten auf folgende Weise ins Dasein: Nachdem die eiförmige Wolke des Chaos spontan in das Hohe Himmelsgefilde und die noch ungeformte Erde zerfallen war *(Seite 11)*, tauchten aus einer weißen Wolke, die über dem Hohen Himmelsgefilde schwebte, die ersten drei *kami* auf. Unten war die Erde noch gestaltlos, aber sie brachte ein Schilfrohr hervor, das bis zum Himmel emporwuchs und dort zu zwei weiteren *kami* wurde. Diese himmlischen Wesen pflanzten sich fort, und die siebte Generation von Gottheiten waren Izanagi und Izanami, die Erschaffer Japans.

### Inzest und Mord

Der Gott Izanagi und die Göttin Izanami waren nicht nur Mann und Frau, sie waren auch Bruder und Schwester. Auch in vielen anderen Kosmogonien gingen die Gottheiten der ersten Generationen inzestuöse Verbindungen ein, wohnte der Vater der Tochter bei, der Sohn der Mutter, der Bruder der Schwester. Die Verletzung eines so ernsten und praktisch weltweit geltenden Tabus setzte die Götter von den gewöhnlichen Sterblichen ab und könnte darüber hinaus den Zweck gehabt haben, den in vielen Kulturen von den Herrschern traditionell praktizierten Inzest zu sanktio-

DIE GEBURT DER GÖTTER

nicht ganz „ausgemerzt" werden konnten und deswegen in den neuen Glauben integriert wurden.

Eindeutig nachweisen läßt sich dies im Zoroastrismus, der altpersischen Religion, die großen Einfluß auf Judaismus, Christentum und Islam ausübte – auch, was die Vorstellung von Engeln angeht. Die *jasata* („Verehrungswürdigen"), wie etwa Mithra, der *jasata* des Rechts, und Apam Napat, der *jasata* der Eide, wiesen deutliche Bezüge zu den gleichnamigen guten Gottheiten der älteren, arischen Tradition auf. Sie wurden von der neuen Religion übernommen und lebten in der Gestalt von Engeln weiter.

*Odins wilde Jagd*, ein Gemälde von Peter Nicolai Arbo, zeigt Odin, der das Heer anführt, Thor (über dem Heer mit erhobenem Hammer) und Walküren.

nieren *(Kasten Seite 83)*. Enki, der sumerische Gott des Süßwassers, lag seiner Tochter, seiner Enkelin und seiner Urenkelin bei und zeugte mit ihnen Götter und Göttinnen. Als Brahma, der indische Schöpfergott, Sarasvati lüstern ansah – die Tochter, die er aus seiner eigenen Energie erschaffen hatte –, versuchte sie schamhaft, seinen Blicken auszuweichen, woraufhin er sich vier nach allen Himmelsrichtungen schauende Köpfe wachsen ließ, um sie immer im Auge behalten zu können. Zuletzt wohnte er ihr bei, und die Frucht ihrer Vereinigung war das erste Menschenpaar.

Vater- und Muttermord waren in den ersten Göttergenerationen fast ebenso an der Tagesordnung wie Inzest. Kronos, der Sohn der griechischen Göttin Gaia, kastrierte und entthronte seinen Vater Uranos. Sobald er sich als der neue Himmelsgott etabliert hatte, wiederholte er die Verbindung von Himmel und Erde, indem er seine Schwester Rhea heiratete. Entthront wurde er seinerseits von seinem Sohn Zeus. Im altindischen Mythos überwältigte der Gewittergott Indra, gleichfalls ein Sohn von Himmel (Dyaus) und Erde (Prithivi), seinen Vater Dyaus und schmetterte ihn auf die Erde, so daß er starb. Analog dazu tötete der babylonische Gott Marduk seine Urururgroßmutter, die Schöpfergöttin Tiamat, und wurde dadurch zum ersten König der Welt.

Der durch die Erkenntnisse Sigmund Freuds sensibilisierte Leser von heute erkennt in solchen Episoden möglicherweise die Dramatisierung des Generationenkonflikts. Vatermorde unter Göttern spiegelten aber oft auch das Rivalitätsverhältnis zwischen unterschiedlichen gesellschaftlichen Gruppen wider. Der indische Gott Dyaus beispielsweise wurde mit Varuna gleichgesetzt, den man einst als König der Götter verehrt hatte und der die Gottheit der Brahmanenkaste war. Indras Triumph über Varuna könnte also die um die Mitte des 1. vorchristlichen Jahrtausend erfolgte Verdrängung der Brahmanen durch die Kshatriya- oder Kriegerkaste von der Spitze der hinduistischen Gesellschaftsordnung widerspiegeln.

## Diesseits und Jenseits

Der Wissensdurst des Menschen trieb die Völker früherer Zeiten dazu, sich zu fragen, was jenseits der sichtbaren Welt liegen mochte. Die meisten daraus resultierenden Vorstellungen sahen ein herrliches, paradiesartiges Götterreich vor sowie ein eigenes Land für die Toten.

Viele Völker früherer Zeiten glaubten, Pflanzen, Berge und Gewässer, ja die ganze Menschenwelt sei von göttlichen Geistwesen bewohnt, die in der Regel unsichtbar waren. Den höchsten Gottheiten aber schrieben sie darüber hinaus auch spezielle, „jenseitige" Wohnorte zu. Die Japaner beispielsweise glaubten zwar, daß die *kami* oder Geistwesen in der Landschaft wohnten, aber sie erzählten auch von besonderen *kami*, die in einem himmlischen Reich lebten. Die Heimat dieser Himmels-*kami* befand sich im Hohen Himmelsgefilde. Die Schwebebrücke Ama-no-Hashidate – der Regenbogen – verband das Hohe Himmelsgefilde mit dem Reich der Sterblichen, dem Mittelland der Schilfgefilde. Darunter wiederum lag Yomi, das Schattenreich der Toten, das von den japanischen Inseln aus entweder über eine tief in die Erde führende, gewundene Straße oder durch einen Schacht zu erreichen war, dessen Öffnung sich inmitten eines einsamen, windgepeitschten Strandes befand.

Die Vorstellung eines „oben" gelegenen Himmelreiches und einer „unten" gelegenen Unterwelt begegnet uns auch in der polytheistischen Religion des alten Persiens und im daraus hervorgegangenen Glaubensgebäude Zarathustras. Seiner Lehre zufolge lebt der Weise Herr Ahura Masda in lichtdurchfluteter Höhe, während der Böse, Angra Mainju oder Ahriman, in finsterer Tiefe haust. Dieses Grundschema findet sich in vielen indoeuropäischen Kulturen, aber auch in anderen Teilen Asiens sowie in Ozeanien und Amerika.

### Ein Kosmos in Schichten

Nach hinduistischer Auffassung bestand die Welt aus sieben kreisförmigen, konzentrischen Kontinenten. Der innerste, die Menschenwelt, war von einem Salzwasser-Meer umgeben und trug den heiligen Weltberg Meru. Unter der Menschenwelt lagen in sieben Schichten sieben Unterwelten, die von menschenköpfigen Schlangen, den Nagas, bewohnt wurden sowie von Dämonen, die dem Kreislauf der ewigen Wiedergeburt entronnen waren. Über der Erde erhoben sich in sieben Schichten sieben strahlende Paradiese. Ganz oben befand sich das Brahman, die ewige Weltseele. Auch die Buddhisten erkannten die Existenz des heiligen Berges Meru an; sie erklärten allerdings, er erhebe sich über 136 unterweltlichen Schichten und werde von 45 Himmeln bekrönt.

Die Maya und Azteken sprachen von dreizehn über die Erde geschichteten Himmeln und neun unterirdischen Unterwelten. Nach Auffassung der Azteken war der höchste Himmel Omeyocan, die Wohnstatt des Schöpfers Ometeotl, und im Mittelpunkt aller Schichten lag ihre Hauptstadt Tenochtitlán. Die Germanen begnügten sich, wie die Japaner, mit drei Ebenen: Oben lag Asgard, das Reich der Götter, mit Walhall, der Ruhmeshalle der gefallenen Helden; in der Mitte befanden sich die Menschenwelt Midgard sowie Jötunheim, das Reich der Riesen; unten erstreckte sich Niflheim, der Wohnort der Toten, die nicht nach Walhall berufen wurden. Gestützt und miteinander verbunden wurden die drei Ebenen durch die Weltesche Yggdrasil *(Kasten Seite 20–21).*

### Vertrautere Welten

Manche sibirischen Volksstämme glaubten an die Existenz von dreizehn – der Erde sehr ähnlichen -- Geisterreichen, die von den Schamanen mittels Seelen-

**Jainistische Mönche in Indien bemühten sich, durch übersinnliche Schau die wahre Natur der Welt zu begreifen. Diese Abbildung zeigt das Universum als komplizierte Scheibe. Im Zentrum befindet sich der Kontinent Jambudvipa, in dessen Mittelpunkt sich der heilige Berg Meru erhebt. Das ist die Erde, wo die Sterblichen wohnen. Die Schicht darüber beheimatet die Götterhierarchien, die folgende die Reiche des Windes und der Nicht-Existenz und die ganz außen die Welt der befreiten Seelen.**

DIESSEITS UND JENSEITS

# AM ANFANG ALLER ZEIT

Dieses Detail aus dem im 16. Jahrhundert entstandenen *Codex Tro-Cortesianus* zeigt die „vierfältige" Natur des Maya-Universums. Das innere Quadrat stellt die Welt dar; die von den vier Ecken ausgehenden Punkte sind Tage des Ritualkalenders, die Seiten sind mit Götterpaaren und der Hieroglyphe für die jeweilige Himmelsrichtung bezeichnet. Kosmos und Mythologie waren unauflöslich ineinander verwoben, denn wie die Maya glaubten, wurden die mythischen Ereignisse allnächtlich von den sich bewegenden Gestirnen erneut vollzogen.

flugs zu erreichen waren. Diese Welten dachte man sich allerdings nicht als vertikal übereinander geschichtet oder sonstwie „geordnet". Vielmehr stellte man sie sich als zu bestimmten Orten gehörig vor, etwa dem Meeresboden oder dem sichtbaren Himmel.

Manche Völker verlegten den Wohnort der Götter direkt in die ihnen vertraute Landschaft. Die Griechen erwählten dazu einen realen Gipfel, den Olymp, einen fast 3000 Meter hoch aufragenden Berg, der ein strategisch wichtiges natürliches Bollwerk gegen Eindringlinge aus dem Norden darstellte. Während der wirkliche Berg kahl und unfruchtbar war, stellte man sich den von Zeus und seiner göttlichen Großfamilie bewohnten Olymp als ein liebliches Gefilde vor, zu dem ein Wolkentor führte und in dessen Zentrum der herrliche Palast des Götterkönigs schimmerte. Auch wenn die Griechen ihre Huldigungen an den realen Olymp richteten, war doch insgeheim allen klar, daß der eigentliche Wohnsitz der Götter irgendwo „jenseits" der Menschenwelt lag.

Auch in anderen Kulturkreisen wurde das mythische Reich der Götter mit einem mehr oder weniger

## Der Baum, ein mächtiges Symbol

*Viele Mythen erzählen von einem Baum des Lebens oder einem Weltenbaum, der die Reiche des Universums stützte. In der hinduistischen Tradition wurde der Kosmos bisweilen als ein umgekehrt wachsender Pipalbaum bezeichnet, dessen Krone bis auf die Erde herabreichte.*

Diese Orientierung von oben nach unten könnte die lebenspendende Strahlung der Sonne symbolisiert haben. Mongolische, slawische und südamerikanische Schamanen berichteten gleichermaßen, während ihrer Seelenflüge einen Weltenbaum geschaut zu haben, der die Unterwelt mit der Erde und dem Himmel verband. Ein ähnliches Bild findet sich bei den mittelamerikanischen Maya ebenso wie bei manchen Völkern der Sahara und den Bewohnern Borneos. Nach Auffassung einiger südamerikanischer Stämme bestand die Funktion des Baumes darin, Himmel und Erde auseinanderzustemmen.

Der wohl berühmteste Weltenbaum ist Yggdrasil, die Weltesche der Germanen, welche die drei Reiche des Universums miteinander verband. Eine ihrer Wurzeln fußte in der Unterwelt, und die bei ihr entspringende Quelle Hvergelmir speiste die Flüsse Eliwagar, welche einst die gesamte Schöpfung hervorbrachten. Eine andere Wurzel wuchs in Jötunheim, dem Land der Riesen im Erdenreich Midgard; bei ihr befand sich die Quelle des Riesen Mimir, die Quelle der Weisheit. Die dritte Wurzel sproß in Asgard, dem Reich der Götter; bei ihr entsprang der Urd-Brunnen, die Quelle des Schicksals, an der die

DIESSEITS UND JENSEITS

exakt lokalisierbaren geographischen Ort in Verbindung gebracht. Die Hindus etwa betrachteten ihren heiligen Berg Meru als einen Gipfel des Himalaja *(Kasten Seite 23)*. Eines der vier Paradiese der tibetischen Bon-Religion, Wölmo Lungring, sollte in der realen Welt irgendwo westlich von Tibet liegen und, wie man glaubte, ein Drittel der Erdoberfläche einnehmen.

Manche Völker verglichen die Gestalt des Universums mit dem einen oder anderen vertrauten Gegenstand. Nach Ansicht der westafrikanischen Fon ähnelte das Weltall einer waagerecht halbierten Kalebasse: Die obere Hälfte enthielt den Himmel, während die untere mit Wasser gefüllt war, auf dem die Erde schwamm. Die Bewohner der polynesischen Insel Nauru betrachteten das Universum als eine gigantische Muschel, deren untere Hälfte den Ozean mit den darin schwimmenden Inseln und deren obere den Himmel in sich barg.

Nach manchen chinesischen Darstellungen sah die Himmelssphäre wie eine umgedrehte Schüssel aus, die sich, von den fünf heiligen Bergen getragen, über der quadratischen Erde wölbte – wodurch das Ganze also einer chinesischen Kutsche ähnelte, bei der ein runder Sonnenschirm den würfelförmigen Wagenkasten bedeckte. Ein anderer chinesischer Mythos verglich das Universum mit einem riesigen Ei, dessen obere Hälfte voll Himmel und dessen untere voll Wasser war, mit der mitten darin schwimmenden Erde.

Götter ihren täglichen Rat abhielten. Nach dem Weltuntergang wird Yggdrasil der Ursprung einer neuen Schöpfung sein und ein Menschenpaar hervorbringen *(Seite 38)*.

In vielen völlig unterschiedlichen Kulturen war der Baum ein Symbol der Unversehrtheit und des Lebens sowie ein Spender wertvoller Gaben. So hängte sich der höchste Gott der Germanen, Odin, für neun Nächte an der Weltesche Yggdrasil auf, um durch qualvolle Selbstkasteiung Kenntnis der heiligen Runen zu erlangen.

**Der Vedadruma, der hinduistische Baum des heiligen Wissens und des Lebens (Bronze, 14. Jh.). Der Baum symbolisiert zugleich die „Energiebahnen" des menschlichen Körpers, in denen sich der Schlüssel zu allen Geheimnissen des Lebens verbirgt. Die Schlange in der Mitte sitzt auf einem Lotos, einem Symbol weiblicher Schöpferkraft, das auch mit den Chakras oder Energie- und Sinneszentren des menschlichen Körpers in Verbindung gebracht wird.**

AM ANFANG ALLER ZEIT

# Die Erschaffung der Erde

Die Evolutionstheorie erklärt uns, daß alles Leben im Meer entstand, und auch den Menschen früherer Zeiten war die schöpferische Kraft des Wassers bewußt: Sie sahen, daß der Regen ihre Feldfrüchte nährte, und wußten, daß der von Überschwemmungen zurückgelassene Schlick ihre Äcker befruchtete. Vielerorts nahm man an, die Erde sei einst aus dem Ozean aufgetaucht.

Viele Völker kennen sogenannte Tiertaucher-Mythen, mit denen die Entstehung der Erde aus dem Wasser erklärt wird. Oft war es ein Vogel oder ein anderes schwimmfähiges Geschöpf, das zum Grund des Ur-Ozeans hinabtauchte und Schlamm heraufholte. Sobald dieser aufs Wasser geworfen wurde, entstand eine Landfläche. Bei den Indianern finden wir dieses Motiv in zahlreichen Variationen. Die Identität des Tauchers variierte dabei erheblich: Bei den Cherokee war es ein Wasserkäfer, bei den Chickasaw, den Nachbarn der Cherokee, war es ein Flußkrebs; anderswo waren es ein Biber, eine Bisamratte, ein Nerz oder eine Ente *(Kasten Seite 24–25)*.

In Mitteleuropa findet sich merkwürdigerweise auch eine christliche Variante des Tiertaucher-Mythos. Am Anfang, heißt es in dieser Geschichte, gab es drei Dinge: den Ur-Ozean, Gott und den Teufel. Gott trug dem Teufel auf, in die Tiefe zu tauchen und etwas Schlamm heraufzuholen. Nach mehreren Versuchen kehrte der Teufel erfolgreich zurück, woraufhin Gott aus dem Schlamm das Festland schuf. Die Beteiligung des Teufels und die Tatsache, daß er das „Baumaterial" berührte, erklären, warum das Universum unvollkommen und vom Bösen befleckt ist.

Weiter im Osten erzählten ähnliche Mythen, das Land sei aus Sand oder Erde entstanden, die auf den Ozean gestreut wurden – doch wurden sie nicht vom Grund des Meeres emporgeholt, sondern fielen vom Himmel herab. In einem Mythos der Mongolen tritt der Buddha als Schöpfer auf. In ferner Frühzeit, als es nur Wasser gab, warf der Erleuchtete einen Klumpen gelbe Erde, den ihm Qormusta, der König der Götter, gegeben hatte, vom Himmel hinunter, worauf dieser sich ausdehnte und alle Kontinente bildete.

Die westafrikanischen Yoruba erzählten, der Himmelsgott Olodumare habe einst seine zwei Söhne ins unendliche Meer hinabgeschickt, aus dem damals das ganze Universum bestand. Einer der Söhne, Oduduwa, öffnete einen Beutel, den sein Vater ihm mitgegeben hatte, fand darin etwas Erde und streute sie auf das Wasser. Daraus entstand das erste Festland. Ein Schöpfungsmythos aus Sumatra wiederum erklärt, einst sei die Tochter eines Gottes, als sie sich den Nachstellungen eines anderen Gottes entziehen wollte, vom Himmel in die Urfluten gestürzt. Kaum hatte ihr Vater, Batara Guru, davon erfahren, schickte er ihr eine Schwalbe mit einem Schnabel voll Erde, die der Vogel aufs Wasser streute. So rettete er das Mädchen, indem er das erste Festland schuf.

Nach einem japanischen Mythos schwamm die Erde anfangs wie eine Ölhaut auf der Oberfläche des Meeres und verfestigte sich erst, als der Gott Izanagi sich von der Regenbogenbrücke Ama-no-Hashidate *(Seite 18)* hinabbeugte und das Wasser mit seinem Speer umrührte. Bei den Hawaiianern, deren ganze Welt ja aus Inseln bestand, lief es genau umgekehrt ab: Die Göttin Pele schuf den Archipel, indem sie über eine bestehende Landmasse ein Meer fluten ließ, bis nur noch die Gipfel der Berge als Inseln herausragten.

## Aus einem Riesenleib entstanden

Ein zentraler Aspekt der vorbuddhistischen tibetischen Religion war der Glaube an die Heiligkeit, Lebendigkeit und Beseeltheit der Erde. Viele Mythen erzählen von der Erschaffung bestimmter Regionen aus den Körpern heiliger Tiere, und nach einer Überlieferung entstand der ganze Kosmos aus dem Leib einer Klu, einer Wasserdämonin: Aus ihrem Fleisch wurde die Erde, aus ihrem Kopf der Himmel, aus ihren Augen Sonne und Mond und aus ihrem Blut die Meere.

Die Vorstellung, die Erde sei aus dem Körper eines gigantischen Urwesens geschaffen worden, war

# Wo die Erde dem Himmel am nächsten ist

*Wenn das Göttliche oben im Himmel wohnt, dann kommen die höchsten Erhebungen der Erde jener Sphäre sehr nahe. In vielen Kulturen werden Berge als heilige Orte verehrt.*

Die Inka führten Tier- und Menschenopfer auf Berggipfeln durch, und viele Tempel der mittelamerikanischen Kulturen waren in hochgelegenen Landstrichen erbaut. In der altpersischen Mythologie war der heilige Berg Elburs sowohl der Wohnsitz des Sonnengottes Mithra als auch die Achse, um die Sonne und Mond kreisten; er galt als der erste Berg, der entstand, als das Böse in das Universum einbrach.

Der in Südwest-Tibet gelegene Berg Kailash wird von Hindus, von Anhängern der tibetischen Bon-Religion und von tibetischen wie nichttibetischen Buddhisten als heilig verehrt. Die Buddhisten identifizieren den Kailash mit dem mythischen Weltberg Meru. Für die Hindus ist der Kailash die Wohnstätte Shivas; hier sitzt der große Gott auf einem Tigerfell und erhält das Universum durch die glühende Kraft seiner Meditation. Die Buddhisten behaupten, der Gipfel sei erst dadurch heilig geworden, daß der Buddha einst mit 500 Anhängern von ihm herabgestiegen sei; dementsprechend soll der Schnee seiner Hänge große Heilkraft besitzen.

Nach chinesischem Glauben erhob sich im fernen Westen der heilige Berg Kunlun, dem der Wind und alles Wasser entsprangen und der, wie der Meru, Erde und Himmel verband. Der ins real existierende Kunlun-Gebirge verlegte Gipfel galt als Wohnort dreier Gottheiten. Dies waren die Königliche Mutter des Westens Xi Wang Mu, der Herr des Regens und der Herr des Himmels.

**Der Kailash in West-Tibet, die heilige Stätte der Reinheit, der Kraft und der Transzendenz. Gläubige verschiedener Religionen erweisen dem Berg ihre Ehrerbietung, indem sie ihn rituell umwandern – eine mühsame Wallfahrt.**

# AM ANFANG ALLER ZEIT

weit verbreitet; sie findet sich in Asien, Polynesien, Nordeuropa, im Nahen Osten und in Mittelamerika.

In China mühte sich der Schöpfer Pan Gu, nachdem er mit seiner göttlichen Energie das Welt-Ei gesprengt hatte *(Seite 12)*, 18 000 Jahre lang ab, Himmel und Erde zu trennen, und starb dann. Sein Körper wurde zu den fünf heiligen Bergen Chinas, seine Körperbehaarung zur Vegetation und sein Atem zum Wind.

In Indien hieß es vom Purusha – dem tausendköpfigen Ur-Mann, aus dessen Körper das Universum entstand – ausdrücklich, er sei von den Göttern nach demselben Ritus geopfert worden, den später die brahmanischen Priester vollzogen, wenn auch mit Opfertieren. Der Schöpfungsakt selbst war also ein Opfer, und die Riten der Brahmanen galten nicht nur dem Andenken an jenen Anfang aller Dinge, sondern trugen auch dazu bei, daß das Universum so blieb, wie der Schöpfer es konzipiert hatte.

In Kiribati (Mikronesien) war der zwiegestaltige Herr der Spinnen – der Alte Nareau und der Junge Nareau – für die Schöpfung verantwortlich. Der Alte Nareau brachte die Götter hervor, und der Junge Nareau tötete den ältesten von ihnen, Na Atibu. Aus dessen riesenhaftem Körper baute er das Weltall.

In der germanischen Mythologie schufen Odin und seine Brüder die Erde aus dem Riesen Ymir, dessen Leib aus dem geschmolzenen Ur-Reif entstanden war. Und nach dem babylonischen *Enuma elisch* tötete Marduk seine Verwandte Tiamat, die weibliche Hälfte des großen Schöpfers, und schuf aus den zwei Hälften ihres Schlangenleibs Himmel und Erde.

## Schon da, aber ungestaltet

Nach altpersischem Glauben war die Erde schon immer da: absolut flach, von einem wandellosen Himmel überwölbt und umgeben von einem unbewegten Meer. Erst als das Böse in den Kosmos einbrach, entstanden durch den Aufprall Berge und Täler. An der Stelle, wo es auf die Erde traf, ragt jetzt der heilige Berg Elburs *(Kasten Seite 23)* empor. Das Ereignis ver-

# DIE ERSCHAFFUNG DER ERDE

setzte die Planeten in Bewegung und ließ in der Atmosphäre Wasser entstehen, das sich zum kosmischen Ozean Vourukascha sammelte und alles Leben nährte.

Diese Auffassung, die Erde habe schon immer existiert, verdanke aber ihre jetzige Form und all ihre Lebewesen erst der Einwirkung äußerer Kräfte, liegt auch den Traumzeit-Schöpfungsmythen der australischen Ureinwohner zugrunde. In der Traumzeit verliehen Ahnengeister – große Schlangen, Känguruhs, Krokodile und andere Tiere – der noch ungeformten Erde Gestalt. Jener Traumzeit-Augenblick blieb ein ewig gegenwärtiger Zustand, der für den Menschen zugänglich ist, wenn er bestimmte Riten vollzieht.

Der bekannteste unter jenen australischen Ahnengeistern war die Regenbogenschlange, die mit Wasserlöchern und Flüssen assoziiert wurde *(Seite 26)*. Auch viele afrikanische Mythen brachten die Schöpfung mit einer riesigen Schlange in Verbindung, die mit dem Regenbogen und dem lebenspendenden Wasser gleichgesetzt wurde. Schlangen sind meist in der Nähe von Gewässern anzutreffen und werden daher gern mit ihnen identifiziert, während ihr phallisches Aussehen ihre Beziehung zur Fruchtbarkeit nahelegt *(Seite 74–77)*. Ein Mythos aus Nordafrika erzählt, der Schöpfer habe zunächst Minia erschaffen, eine kosmische Schlange, die als Weltenbaum *(Kasten Seite 20–21)* fungierte, indem sie, den Schwanz in den unterirdischen Urfluten und den Kopf im Himmel, alle Ebenen des Universums miteinander verband.

In vielen Kulturen meinte man, Himmel und Erde seien in den ersten Tagen noch nah beieinander gewesen. So wie in China Pan Gu die beiden Sphären auseinanderstemmen mußte, sah sich in einem Schöpfungsmythos der Maori ein Kind des Himmelsgottes Rangi und der Erdgöttin Papa gezwungen, sich zwischen seine Eltern zu zwängen und – den Kopf auf der mütterlichen Erde – seinen Vater mit den Füßen hochzudrücken. Rangi und Papa konnten sich nie mit ihrer Trennung abfinden, und ihre Tränen waren der herabfallende Regen und der aufsteigende Nebel.

## Old Man Coyote und die Ente

***Die Crow, ein Volk von Prärie-Indianern, erzählten sich eine Version des Tiertaucher-Mythos, in dem die Heldin eine Ente ist. Sie hilft dem Schöpfer Old Man Coyote bei seinem Werk.***

Ehe die Welt entstand, gab es nur Wasser. Einzig der Schöpfer, Old Man Coyote, existierte – und er fühlte sich einsam. So stark war sein Verlangen nach Gesellschaft, daß er, als er auf das Wasser blickte, zwei rotäugige Enten sah. Er sprach sie an und schlug ihnen vor, sie sollten in die Tiefe tauchen und sehen, was sie fänden.

Die erste Ente tauchte unter und kehrte lange Zeit nicht zurück; schließlich tauchte sie doch wieder auf und erklärte, sie habe den Grund erreicht, aber nichts mitnehmen können. Dann verschwand sie wieder in den Fluten, und als sie zurückkehrte, hielt sie eine Wurzel im Schnabel. Sie tauchte ein drittes Mal hinab und kehrte mit etwas Schlamm zurück.

Old Man Coyote war begeistert und erklärte, er werde aus diesen Rohmaterialien einen Ort zum Leben erschaffen. Er nahm den Schlamm und hauchte seinen lebenspendenden Atem darauf. Das Klümpchen wuchs und wuchs, bis die ungeheuren Weiten des nordamerikanischen Kontinents und auch alle übrigen Länder entstanden waren.

Dann steckte er die Wurzel in den Boden, und Pflanzen und Bäume breiteten sich über die Erde aus. Nun fragte Old Man Coyote die Enten, was sie davon hielten. Sie waren mit ihm einig, daß das Land eine feine Sache sei, meinten allerdings, daß es etwas mehr Vielfalt brauchen könne – vielleicht Berge und Strände und Täler und Seen? Und so verschöne Old Man Coyote das Land mit geschickter Hand. Schließlich schuf er Tiere und Menschen, lehrte sie jagen und alles andere, was sie zum Überleben brauchten.

# Die ersten Menschen

Eine Reihe von alten Völkern dachten sich den Schöpfer als einen göttlichen Handwerker, der die Menschen „herstellte" wie etwa ein Töpfer seine Gefäße. Andere Mythen über die Entstehung des Menschen scheinen hingegen von den Wundern der Natur inspiriert worden zu sein.

In einem ägyptischen Mythos stellte der Handwerkergott Chnum die ersten Menschen auf seiner Töpferscheibe aus Lehm her. Eine mesopotamische Schöpfungsgeschichte erzählte gleichfalls, der Mensch sei – hier von der Muttergöttin Nammu und der Göttin Ninmach – aus Lehm gebildet worden. In Afrika erklärten sich die sudanesischen Shilluk die unterschiedlichen Hautfarben damit, daß der Schöpfer zur Herstellung der Rassen unterschiedliche Sorten Schlamm verwendet habe – schwarzen, braunen und weißen. Die Inka sagten, der Schöpfergott Viracocha habe die Menschen der Anden aus Lehm gebildet und ihnen dann mit unterschiedlichen Farben Kleider aufgemalt: Deswegen seien die traditionellen Trachten der verschiedenen Provinzen so unterschiedlich.

In China hieß es, Pan Gu habe, ebenso wie die Göttin Nu Wa, die ersten Menschen aus Schlamm gemacht. Nach anderen Versionen, in denen Pan Gus Leib zum Universum wurde, verwandelten sich die Flöhe des Gottes in die ersten Menschen. Ein griechischer Mythos erzählte, der Titan Prometheus habe die Menschen nach dem Bild der olympischen Götter aus Lehm geformt. Ähnliche Vorstellungen finden sich in den verschiedensten Kulturen wieder, so auch bei den Maori, wo der Mensch aus Sand gefertigt wurde.

Die Arrente, ein Stamm in Mittelaustralien, glaubten, Himmelsgötter hätten die ersten Menschen aus dem Erdreich, in dem sie in vorläufiger Form existierten, lediglich befreit. Die Götter, die „Numbakulla-Brüder" hießen, sahen die halbfertigen Menschen im Schlamm liegen und kamen mit Steinmessern vom Himmel herab, um sie herauszuschälen und ihnen ihre jetzige Gestalt zu verleihen.

Eine Reihe von Geschichten über die Entstehung des Menschen griffen Motive auf, die auch in den Erdschöpfungsmythen vorkamen. Eier spielten in diesen häufig eine zentrale Rolle, und es ist nicht verwunderlich, daß etliche Mythen auch die ersten Menschen aus Eiern schlüpfen ließen. Auf den nördlich von Australien gelegenen Admiralitätsinseln wurden die Menschen aus Schildkröteneiern geboren. Ein tibetischer Mythos berichtete, der erste Mensch sei direkt aus dem kosmischen Ei hervorgegangen, während es im tibetischen Gesar-Epos heißt, die sechs Ur-Clans seien aus Vogeleiern geschlüpft, die von eigens dazu ausgesandten göttlichen Schmieden mit Hämmern aufgebrochen wurden. Nach dem griechischen Mythos von der Göttin, die aus dem *cháos* auftauchte *(Seite 11–12)*, krochen die Menschen, zusammen mit allen übrigen Lebewesen, aus dem kosmischen Ei.

Bei anderen Völkern tauchten die ersten Menschen aus dem Wasser auf. Die in den kolumbianischen Anden lebenden Chibcha sagten, die erste Frau sei einem Bergsee entstiegen, nachdem sie bereits den ersten Knaben geboren hatte. Die beiden wurden ein inzestuöses Paar und begründeten das Menschengeschlecht. Einer Überlieferung der Inka zufolge kamen die ersten Menschen aus dem Titicacasee, und nach Auffassung der um den afrikanischen Njassasee lebenden Yao sind sie aus Süßwasserseen hervorgegangen.

## *Der Erde entstiegen*

Die Vorstellung, die ersten Menschen seien aus dem Schoß der Erde hervorgegangen, war weit verbreitet, besonders bei den Hopi, Navajo und anderen Völkern des nordamerikanischen Südwestens. Sie erzählten, die Urmenschen seien aus einem unterirdischen Reich emporgestiegen – ebenso wie die Feldfrüchte, die sie selbst dem kargen Boden entlockten *(Kasten Seite 29)*.

**Die Regenbogenschlange ist für die meisten australischen Stämme die Urgottheit. Mythen erzählen, wie die Schlange die ersten Menschen verschluckte und sie später wieder auswürgte, damit sie die ihnen jeweils zugedachte Landschaft besiedelten.**

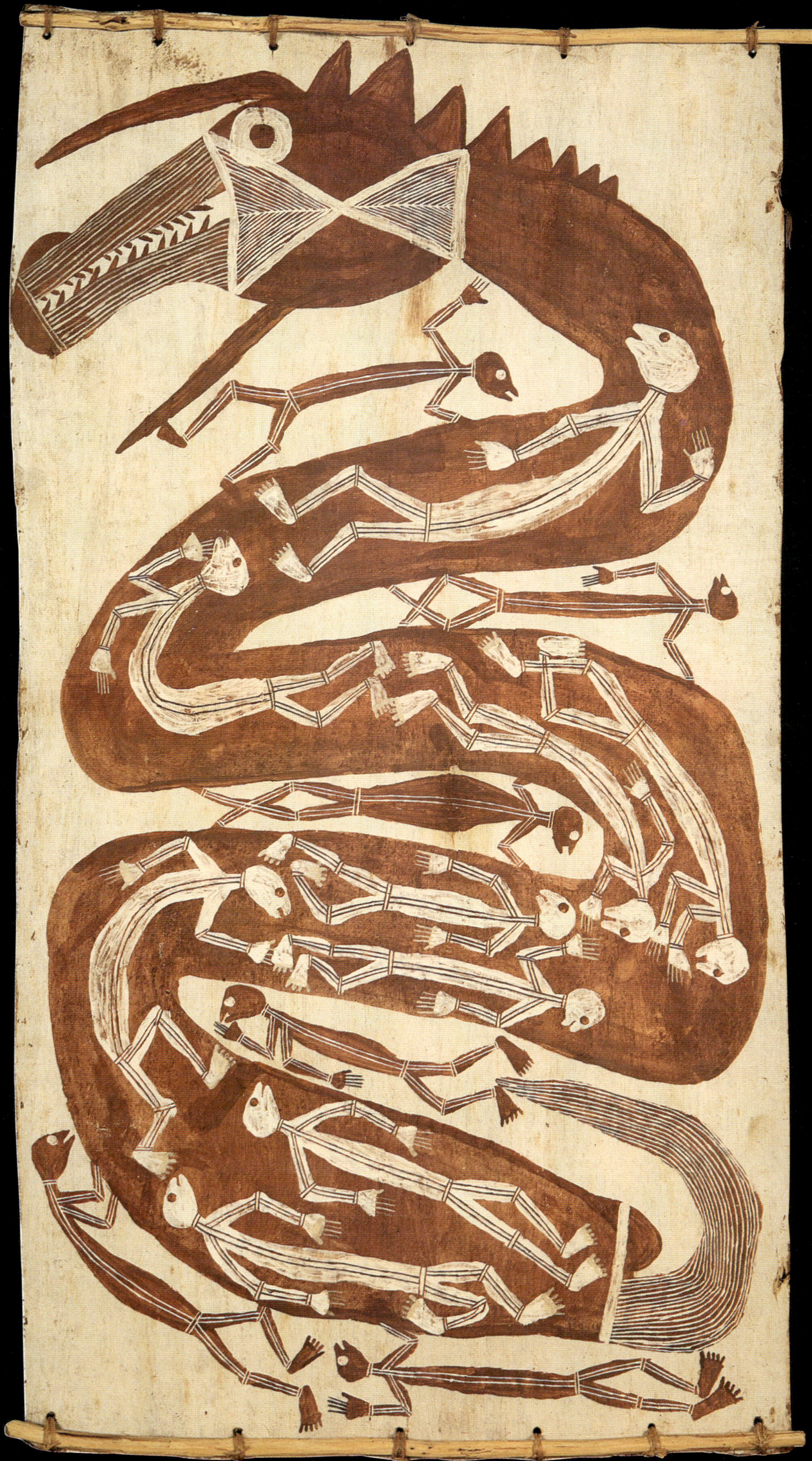

# AM ANFANG ALLER ZEIT

Viele amerikanische Völker glaubten, aus einer Höhle hervorgekommen zu sein. Hier sehen wir die Ahnen von sieben Azteken-Stämmen aus den Tiefen des Berges Chicomoztoc („Ort der Sieben Höhlen") auftauchen. Der vor dem Höhlenausgang einen Stab schwingende Priester vollführt einen symbolischen Schöpfungsakt, um die Menschen hervorzuholen.

Analog dazu behaupteten die westafrikanischen Ashanti, ihre Ahnen seien aus einem unterirdischen Reich auf die Erdoberfläche geklettert. Sehr ähnliche Herkunftsmythen erzählten sich die Caraja, die Guayaki und andere Stämme des Amazonas-Gebietes.

In allen Mythen dieses Typus wird die Erde implizit als der Inbegriff der Fruchtbarkeit und als die Urmutter schlechthin gefeiert. Für Völker, die ihre Toten nicht verbrannten oder aussetzten, sondern begruben, war die Erde aber auch der Ort, an dem sich die Ahnen versammelten – das Totenreich also. Ebenso wie Samen „absterben" und dadurch Schößlinge treiben, kam aus dem unterirdischen Land der Toten neues Leben herauf. Die Pueblo-Indianer hatten kellerartige Zeremonialkammern, in denen sie Kulthandlungen vollzogen und sich Mythen über ihre unterirdische Herkunft erzählten, um dann wieder nach oben ins Sonnenlicht zu steigen.

In Afrika berichten zahllose Mythen von einer pflanzlichen Herkunft des Menschen. Die südafrikanischen Zulu und Tsonga glaubten, ihre Urahnen seien aus einem Schilfröhricht hervorgegangen. Die in Namibia ansässigen Herero sagten, ihre Ahnen seien, von den ersten Rindern begleitet, von einem Baum heruntergeklettert. Die Pygmäen in Zentralafrika erzählten, das erste Menschenpaar sei aus einem Baumstamm herausgekommen, nachdem ein Chamäleon es befreit habe. Die in Neuguinea beheimateten Keraki ihrerseits erklärten, das Urwesen Gainji habe die ersten Menschen hoch oben auf einer Palme entdeckt, wo sie munter vor sich hin schnatterten. Gainji habe sie abgepflückt und auf die Erde gesetzt.

Nach altpersischer Überlieferung wurde der Ur-Mensch, Gajomartan, von Dämonen getötet. Der Samen des Sterbenden drang in die Erde und keimte zu einem riesigen Rhabarber. Von ihm kletterten der erste Mann und die erste Frau herab, Maschja und Maschjanag, die zu den Stammeltern aller Menschen wurden.

In den Nord-Anden erzählten sich manche Gruppen, die ersten Menschen und Tiere seien aus Samen gewachsen, die der Gott Sibu geschaffen habe. Einige Mythen vertraten allerdings die Auffassung, der Schöpfer habe die Menschen auf geschlechtlichem Wege gezeugt. Sangpo Bumtri, der Schöpfergott der tibetischen Bon-Religion, hatte Geschlechtsverkehr mit der lieblichen Türkisfrau Chulcam Gyalmo. Zunächst gebar sie die Vögel und Tiere, dann die Neun Männer und Neun Frauen der Welt, von denen wiederum die Götter und die Menschen abstammen.

Seltener hieß es, die Menschen insgesamt – oder aber bestimmte Völker – seien die Nachkommen von Tieren. Ein tibetischer Mythos erklärte, die Menschen seien die Frucht der vom Bodhisattva Avalokiteshvara befohlenen Vereinigung eines Affen mit einer Felsendämonin aus dem Himalaja. Die Mongolen glaubten, ihre Ahnen seien die Kinder des blaugrauen Wolfs der Wälder und der falben Hirschkuh der Steppen.

# Die Gaben der Spinnenfrau

*Die Hopi behaupten, ihre Ahnen seien von ihrer Schöpfergottheit, Spinnenfrau, aus einem unterirdischen Reich in ihre spätere Heimat, den Südwesten Nordamerikas, geführt worden.*

Im Anbeginn lebten zwei Gottheiten zusammen in der Unterwelt: Sonnengott und Spinnenfrau, die Erdgöttin. Beide wünschten sich Gesellschaft, und so ging aus Sonnengott Muiyinwuh hervor, der Gott, der die Macht über die Lebenskraft hatte, während Spinnenfrau aus sich selbst die Göttin Huzruiwuhti schuf, die Bewahrerin der Lebensformen.

Sonnengott und Spinnenfrau wohnten einander bei, und aus ihrer Vereinigung entstanden die vier Himmelsrichtungen und die Weiten des Oben und des Unten.

Dann faßten Sonnengott und Spinnenfrau gemeinsam einen heiligen Gedanken: die Erde zu erschaffen und Geschöpfe dazu. Und so schufen sie – nur durch die Macht ihrer Gedanken und die Zauberkraft ihres Gesangs. Sonnengott dachte an Fische und laufende Tiere, und Spinnenfrau formte sie aus Lehm. Unter eine heilige Decke gelegt, wurden die Wesen mit dem Gesang des Lebens angesungen und wurden lebendig.

Ihnen folgten der erste Mann und die erste Frau. Doch als die Gottheiten versuchten, sie mit der Decke zum Leben zu erwecken, zeitigte der Ritus keine Wirkung. Also wiegte Spinnenfrau sie in ihren Armen, während Sonnengott sie in seinem warmen Licht badete, bis sie zu atmen begannen.

Oben auf der Welt war den Wassern noch kein Land entstiegen. Sonnengott kletterte in den Himmel, und sein Licht rief Land ins Dasein. Die ersten Indianer hatten sich in ihrem unterirdischen Reich vermehrt, und Spinnenfrau wies ihnen Stammesnamen zu. Dann führte sie sie durch vier Höhlen in die neu entstandene Oberwelt hinauf. So gelangte die erste Generation von Menschen an den Ufern des Colorado ans Tageslicht. Auf Spinnenfraus Geheiß folgte jeder Clan einem Tier und erreichte so das ihm zugeteilte Gebiet. Spinnenfrau lehrte die Hopi alles, was sie zum Leben brauchten, und verließ die Erde.

AM ANFANG ALLER ZEIT

# Wie die Dinge in die Welt kamen

Mythen aus aller Welt erzählen, wie alltägliche Dinge entstanden oder ihre Eigenschaften annahmen. Ob es um die Stellung und Bewegung der Planeten ging oder das Aussehen und Verhalten von Tieren – stets zeichnen sich solche Geschichten durch Witz und Phantasie aus.

Die in der Kalahari lebenden San oder Buschmänner sagten, die Sonne habe früher auf der Erde gelebt, bis eine Gruppe von Kindern sie im Schlaf überrascht und an den Himmel geworfen habe. Auch viele Indianerstämme kannten Mythen, welche die Geburt der Himmelskörper in eine irdische Umgebung verlegten.

Die Navajo glaubten, ihre Ahnen seien durch vier finstere unterirdische Reiche emporgewandert, bis sie zuletzt die Fünfte Welt erreichten, in der sie jetzt lebten. Sonnenmann und Mondfrau hatten sie auf ihrer Reise begleitet, und als die Navajo auf der Erde angelangt waren, warfen sie die beiden an den Himmel. In Südamerika erzählten sich die Toba, die Sonne sei einst eine Frau gewesen, die sich den Nachstellungen eines unerwünschten Verehrers entziehen mußte und noch heute vor ihm davonläuft, immer in Richtung Westen. Abends kehrt sie durch einen unterirdischen Tunnel wieder nach Osten zurück.

Die Irokesen glaubten, das Sternbild der Plejaden sei eine Gruppe von sieben Kindern. Diese Kinder hätten, als sie noch auf der Erde lebten, immer getanzt, so daß ihre Eltern ihnen schließlich nichts mehr zu essen gaben, damit sie aufhörten. Da seien die Kinder in den Himmel aufgestiegen, wo sie nun die Plejaden bilden.

Ein Mythos der australischen Aborigines behauptete, die vier Hauptsterne im Kreuz des Südens seien die Töchter von Mululu, einem großen Häuptling. Als er starb, folgten sie ihm in den Himmel.

Nach chinesischer Überlieferung war die Milchstraße einst ein irdischer Fluß, der das Reich der Götter von der Menschenwelt trennte. Als sich aber ein göttliches Webermädchen in einen sterblichen Hirten verliebte, wurde Xi Wang Mu, die Königliche Mutter des Westens, zornig und setzte die Milchstraße an den Himmel, um die beiden zu trennen.

Die Mondflecken regten die Phantasie der Menschen zu allen Zeiten besonders an *(Kasten gegenüber)*. In Europa wurde der „Mann im Mond" bisweilen mit Judas identifiziert, der wegen seines Verrats an Christus dorthin verbannt worden sei. Aber auch andernorts finden sich faszinierende Erklärungen: Etlichen Mythen aus Nord- und Südamerika zufolge büßt der „Mann im Mond" dafür, daß er mit seiner Schwester eine blutschänderische Beziehung eingegangen war. Die Inuit erzählten, der Mond habe versucht, seine Schwester, die Sonne, zu verführen, sei aber von ihr ganz zerkratzt worden – daher die Male in seinem Gesicht. In Neuguinea wurden die Flecken als Fingerabdrücke von Lausbuben erklärt. Sie hatten den Mond aus einem Behälter herausgeholt, in dem eine alte Frau ihn verwahrte, und konnten ihn dann nicht am Wegfliegen hindern, so fest sie ihn auch anpackten.

## Die Grundnahrungsmittel

Die meisten Völker kannten Mythen über die Herkunft ihrer jeweiligen Grundnahrungsmittel. Manche glaubten, sie einem Kulturhelden *(Seite 32)* zu verdanken – einer übermenschlichen Gestalt, die in fernen Urzeiten

**Die Schildkröte war für die nordamerikanischen Indianer die Schöpferin der Erde. Sie galt auch – vor allem bei den Irokesen – als diejenige, die Sonne und Mond in die Welt gebracht hatte. Anschließend hatte sie die unterirdisch lebenden Tiere beauftragt, Löcher in den Himmel zu graben, damit die Gestirne sich zurückziehen könnten. So entstanden Tag und Nacht. Die Abbildung zeigt einen Indianerschild mit Schildkrötenmotiv (19. Jh.).**

ihre Ahnen bestimmte lebenswichtige Fertigkeiten gelehrt habe. Die Chinesen sagten, Shen Nong, der göttliche Ahn und Herr der Erde, habe ihnen die Fünf Samen geschenkt – Gerste, Hanf, zweierlei Hirse sowie Bohnen und anderes Gemüse.

Weit verbreitet war auch das Motiv des nahrungspendenden Leichnams. In Madagaskar erzählte man sich, eine um ihre verstorbene Tochter trauernde Frau sei vom Schöpfer im Himmel angewiesen worden, das Kind im Sumpf zu begraben, und aus dem Leichnam sei das Grundnahrungsmittel der Madagassen gesprossen: Reis. In Mythen dieses Typus war die Erde Quelle des Lebens und Heimstatt der Toten zugleich. Melanesischen Mythen zufolge schenkte der Held Sido der Menschheit den Fisch, und als er seine tote Frau begraben habe, seien aus ihren verschiedenen Körperteilen die Nahrungspflanzen gewachsen.

Anderswo führte man das Erscheinen der ersten Feldfrüchte auf das Wirken der Ahnen oder anderer wohlwollender Wesen der Unterwelt zurück. Die auf Borneo lebenden Dajak erzählten, die Seelen der Ahnen hätten sich in sanft fallenden Tau verwandelt, der dann die Reispflanzen ins Leben rief. Die südamerikanischen Jibaro berichteten, einst habe ein Knabe gelebt, der ihr Grundnahrungsmittel, den Maniok, dadurch hervorbringen konnte, daß er dessen Namen aussprach. Doch seine Mutter erlaubte ihm, sich allein herumzutreiben, und er wurde getötet. Zur Strafe wurde die Mutter in die Unterwelt verbannt, wo sie seither tanzt und den Maniok durch den Boden emportreibt.

Eine Variante dieses Mythos findet sich in Florida bei den Mikasuki-Indianern: Eine alte Frau pflegte sich Maiskörner von den Flanken zu rubbeln und ernährte damit ihre Enkel. Als diese von der Herkunft ihrer Speise erfuhren, ekelten sie sich, woraufhin die Großmutter erklärte, sie werde sie verlassen. Doch von ihrem Grab aus wolle sie fortan die Maispflanzen empordrücken. Jedesmal wenn sich ihre Nachkommen zum Essen versammelten, sollten sie ihrer gedenken.

## Tiere als Kulturstifter

Jagdwild und Haustiere waren für die Ernährung der Menschen nicht minder wichtig. Die ostafrikanischen Massai sagten, die ersten Rinder seien ihnen vom Hochgott an einem langen Lederriemen vom Himmel her-

## Das Mondkaninchen

*Auf der ganzen Welt finden sich zahllose phantasievolle Erklärungen für die Flecken des Mondes. In Europa war vor allem die Vorstellung vom „Mann im Mond" verbreitet; in China und Mittelamerika sah man im Nachtgestirn ein Kaninchen oder einen Hasen.*

Wie einige mittelamerikanische Mythen berichten, strahlte der Mond einst so hell wie die Sonne, bis ein Kaninchen ausgesandt wurde, damit es für eine sanftere Nachtbeleuchtung sorge.

Die Chinesen sahen in den Flecken des Mondes einen weißen Hasen, der in einem Bottich den Trank der Unsterblichkeit braute. Ein Mythos erzählt, der göttliche Bogenschütze Yi sei, als Di Jun ihn seiner Unsterblichkeit beraubt habe, zu Xi Wang Mu geflogen, der Königlichen Mutter des Westens, und habe von ihr eine Pille erhalten, die ihn wieder unsterblich machen würde. Allerdings habe Yis Frau Heng E die Pille verschluckt und sei, zur Göttin geworden, zum Mond aufgestiegen, wo sie den weißen Hasen antraf und sich häuslich niederließ.

**Darstellungen des „Kaninchens im Mond" sind in Manuskripten der Azteken und Maya sowie auf Keramik aus dem Südwesten der USA erhalten. Detail aus dem aztekischen *Codex Florentinus* (16. Jahrhundert).**

# AM ANFANG ALLER ZEIT

abgelassen worden. Andere afrikanische Völker, wie die Fulbe, die Shilluk und die Nandi, behaupteten, die ersten Rinder seien einem Fluß oder See entstiegen.

Nach arktischer Überlieferung entstanden die Wale und Walrosse aus den abgehackten Fingern der Meeresmutter – eines Waisenmädchens namens Sedna, Nuliajuk oder Takanakapsaluk, das von Kindern mißhandelt oder, nach einer anderen Version, von ihrem Vater getötet wurde, weil es den von ihm bevorzugten Freier zurückgewiesen hatte. Die Chiricahua-Apache glaubten, die Tiere seien dadurch entstanden, daß der Kulturheld Kind-des-Wassers Stücke einer erlegten Antilope nahm, auf sie hauchte und dabei den Namen der jeweiligen Tierart aussprach.

Mit den zahllosen Tieren, die für den Menschen keine ökonomische Bedeutung besaßen, befaßte sich eine andere Klasse von Mythen: phantasievolle Geschichten, mit denen überall auf der Welt besondere Merkmale oder Verhaltensweisen einzelner Tierarten erklärt wurden. In manchen Fällen konnte dies im Rahmen einer Erzählung über einen Trickster *(Seite 66–69)* oder Kulturhelden geschehen: Ein im ganzen arktischen und subarktischen Raum verbreiteter Mythos handelte davon, wie Biber-Mann die Wildnis bewohnbar machte, indem er ein Geschlecht von Riesentieren ausrottete und deren Nachkommen ihre jetzige Größe und Merkmale verlieh. Meist handelte es sich dabei, wie etwa bei der afrikanischen Geschichte über die Entstehung der Flecken des Leoparden oder über die Domestizierung des Hundes *(Kasten gegenüber)*, um Märchen, die keinen anderen Anspruch erhoben, als ihre Zuhörer zu unterhalten.

Nicht selten war das Feuer das Geschenk eines Tieres – das es meist irgendwo gestohlen hatte (das gleiche Motiv, das wir von Prometheus her kennen, *Seite 52*). In einem arktischen Mythos war der Bär der Hüter des einzigen Feuersteins der Welt, bis die Maus sich tief in den Pelz des großen Raubtiers hineinwühlte, den Feuerstein fand und ihn ihrem Spießgesellen, dem Fuchs, zuwarf. Dieser entfloh damit, zerbrach ihn und verteilte die Stücke unter den Lebewesen. Die Cherokee hingegen behaupteten, eine Wasserspinne habe aus dem ersten Feuer, das die Götter im Stamm einer Platane versteckt hielten, ein Stück Glut geraubt. In Sambia wiederum erzählten die Ila, eine Wespe habe das Feuer vom Himmel geholt und den Menschen geschenkt.

## Helden aus alter Zeit – und aus Zufall

Im Zuge der Weitergabe lebenswichtiger Kenntnisse und Fertigkeiten wurden jeder neuen Generation Geschichten über Wohltäter aus grauer Vorzeit erzählt. Bei diesen Kulturhelden oder -stiftern handelte es sich meist um mythische Herrscher oder um göttliche oder halbgöttliche Wesen *(Seite 80–83)*.

Typische Geschenke eines Kulturhelden waren Jagd und Ackerbau. Die im Kongobecken lebenden Mongo-Nkundo feierten Lonkundo als denjenigen, der sie im Spurenlesen und Jagen unterwiesen habe. Die Indianer Patagoniens verehrten El-lal, der sie gelehrt haben soll, zu jagen und das Feuer zu verwenden, und der ihre Heimat bewohnbar machte, indem er den menschenfressenden Riesen Goshy-e tötete.

**Eine Walroß-Tanzmaske der in der Arktis lebenden Yupik. Ein Mythos erzählt, ein Mädchen sei einst aus dem Boot geworfen worden, und als es sich festzuhalten versuchte, habe man ihr die Hände abgehackt. Da wuchsen aus ihren Fingerspitzen Robben, aus dem Rest der Finger Walrosse und aus den Handtellern und Handgelenken Wale. Der Körper des Mädchens sank auf den Grund und wurde zu Sedna, der Mutter des Meeres.**

WIE DIE DINGE IN DIE WELT KAMEN

## Ein bequemes Hundeleben

***Einst lebten Schakal und Hund zusammen tief im Busch. Als sie an den Dörfern der Mbundu vorbeikamen, rochen sie den köstlichen Duft schmorenden Fleisches.***

Schakal wollte auch Feuer haben, damit er und Hund sich ihr Fleisch gleichfalls schmoren könnten. Also sagte er zu Hund: „Geh du ins Dorf und hol Feuer!"

Als Hund die Siedlung erreichte, sah er eine Frau, die gerade ihr Kind gefüttert hatte und jetzt dabei war, den Kochtopf auszukratzen. Sie hatte mehr als genug Reste, und so warf sie etwas davon Hund vor. Er aß und merkte, daß es gut schmeckte, und er begriff, daß das Leben im Dorf viel besser sein würde, als weiter mit Schakal durch den Busch zu streifen und fast täglich Hunger leiden zu müssen. Also blieb Hund.

Im Busch heulte Schakal – wie er es noch heute tut – aus Enttäuschung darüber, daß Hund ihn verlassen hatte und bei den Menschen geblieben war. Schakal lernte das Feuer nie kennen, und so fürchtet er sich davor.

---

In ganz Nordamerika bis hinauf in die Arktis betätigten sich Tiergestalten wie Hase, Rabe, Coyote, Krähe und Biber-Mann als Kulturstifter, indem sie ihrem Volk kostbare Gaben überbrachten und Ungeheuer durch List unschädlich machten. Diese Tiere traten vor allem als Trickster auf, als anarchische Schelme und Störer der kosmischen Ordnung *(Seite 66–69)*. Zu Kulturhelden wurden sie zumeist dadurch, daß ihre Streiche den Menschen zufällig nützlich waren.

In einer Geschichte, die man sich in Alaska erzählte, wurde das Ungeheuer, das von Biber-Mann getötet worden war, zur Sonne. Bei den Caddo hieß es, einst sei die Sonne so schnell über den Himmel geeilt, daß die Tage zu kurz waren. Als Coyote einmal mit dem Feuergestirn über Land reiste, bat er es zu warten, während er hinter einem Busch seine Notdurft verrichtete – und kehrte nicht zurück, so daß sich die Sonne verspätete und die Tage länger wurden.

Auch Schöpfergötter traten als Kulturhelden auf. Bei den sibirischen Tschuktschen schuf Großer Rabe erst Festland, Meer und Lebewesen und lehrte anschließend die Menschen, sich geschlechtlich fortzupflanzen. Der Sonnengott Bochica kam von Osten her zu den Chibcha-Indianern in Kolumbien und lehrte sie, Kleider herzustellen, den Boden zu bebauen und die Gesellschaft zu organisieren. Chia, seine Frau, versuchte, seine Kulturarbeit zu untergraben, indem sie den Menschen den Tanz, das Feiern und den Geschlechtsverkehr brachte. Dafür wurde sie zur Göttin des Rausches und der Unzucht.

Zu den typischen Gaben der Kulturstifter zählte natürlich das Feuer. Zum Wohle der südamerikanischen Makiritare töteten die Zwillinge Iureke und Shikiemona die Kröte Kawao, die Herrin des Feuers, und befreiten die Flamme, die sie in ihrem Körper gefangen hielt. Um der Rache ihres Gemahls, des Jaguars, zu entgehen, versteckten die Helden das Feuer in zwei Bäumen, dem Wishu und dem Kumnuatte – und noch heute machen die Indianer mit Hölzern dieser Bäume durch Reiben Feuer. In einem weitverbreiteten arktischen Mythos – die Tanaina in Britisch-Kolumbien erzählen ihn von Hase und die Inuit in Alaska von Rabe – befreit der Held die Sonne, die ein skrupelloser Häuptling gestohlen und versteckt hat.

AM ANFANG ALLER ZEIT

# Die Große Flut

Die Geschichte von einer Flut, der alle Lebewesen – bis auf wenige Auserwählte – zum Opfer fallen, ist wohl der am weitesten verbreitete Mythos der Welt. Vermutlich liegt ihm kein gemeinsamer Ursprung zugrunde; Sturmfluten und verheerende Überschwemmungen kommen überall vor und haben die Menschen von jeher mit ohnmächtigem Entsetzen erfüllt.

Die Geschichte Noahs ist die im Abendland bekannteste Sintflut-Geschichte, doch es gibt in anderen Kulturkreisen noch zahlreiche weitere. Meist verstand man sie als Strafe der Götter; lediglich in China, wo es häufig Überschwemmungen gab, schrieb man diese nie dem Zorn des Himmels zu.

Im babylonischen *Atrahasis-Epos* beschloß der Gott Enlil, die Menschen auszurotten, weil sie ihn mit ihrem Lärm störten. Zu diesem Zweck sandte er ihnen Pest, Dürre und schließlich eine Flut. Doch König Atrahasis wurde von Enki gewarnt, dem Gott der Weisheit, der häufig auch als Beschützer der Menschheit in Erscheinung trat, und konnte sich mit seiner Familie und etlichen Tieren in einem Boot retten. Atrahasis überlebte und huldigte den Göttern. Im jüngeren Gilgamesch-Epos hieß der Überlebende der Sintflut Utnapischtim. Wie Noah landete er mit dem Boot auf einem Berggipfel. Er wurde zur Entschädigung für sein Leid mit Unsterblichkeit belohnt.

In der griechischen Mythologie sandte Zeus die Flut, um die Menschen für ihre Verderbtheit zu bestrafen, nach anderen Versionen aus Zorn über Prometheus' Auflehnung. Prometheus aber warnte seinen Sohn Deukalion, der sich daraufhin mit seiner Ehefrau Pyrrha in einem Boot rettete und, als sich die Flut zurückzog, auf dem Berg Parnaß landete.

## Erneuerung der Schöpfung

Die Flutsage schildert einen Neubeginn, indem sie die Welt in einen Zustand wie vor der Schöpfung zurückversetzt, als einzig die Wasser des Chaos existierten *(Seite 10–13)*.

Nach hinduistischem Glauben war die Große Flut Teil jenes immer wiederkehrenden Weltuntergangs *(Seite 38)*, der am Ende eines jeden Kalpa oder Lebenstages Brahmas auftritt und mit dem auch unser gegenwärtiges Zeitalter begann.

Oft läutet die Flut eine zweite Schöpfungsphase ein, indem sie einem ersten, mangelhaften Universum ein Ende bereitet. Die Inuit Grönlands erzählten, die Flut habe eine frühere Welt zerstört, in der die Menschen nicht starben und die Erde deswegen schrecklich überfüllt gewesen sei. Die wenigen Überlebenden fanden eine neue Welt vor, in der jetzt auch der Tod nicht fehlte. In der Mythologie der Maya war die Flut Teil einer kosmischen Katastrophe, die eine frühere Schöpfung hinwegfegte, in der die Menschen aus Holz bestanden hatten. Die Inka berichteten, der Schöpfer, Viracocha, habe zuerst ein Geschlecht von Riesen in die Welt gesetzt, sei ihrer mit der Zeit aber überdrüssig geworden. Ein paar von ihnen ließ er zu Stein werden. Sie sind als die gewaltigen Figuren erhalten, die

**Diese Bronze stellt Olukun dar, den Meeresgott der Yoruba. Während er mit dem Schöpfergott Olodumare um die Vorherrschaft in der Welt kämpfte, schickte er eine Sintflut, die einen Großteil der ersten Schöpfung vernichtete.**

man noch heute in Tiahuanaco (Bolivien) sehen kann. Die übrigen Riesen schwemmte er mit einer gewaltigen Flut hinweg. In einem Mythos der Worora vom Kimberley-Plateau (Nordwestaustralien) sandten Ahnengeister, die Wandjina *(Seite 53)*, eine Flut in die Traumzeit, um für das Universum, in dem die Menschen heute leben, Platz zu schaffen.

## *Rettende Berge*

Ein in Nord- und Südamerika in vielen regionalen Varianten verbreiteter Mythos erzählt, die wenigen Überlebenden der Flut hätten sich auf einen Berg gerettet, der entweder von vornherein so hoch war, daß das Wasser den Gipfel nicht erreichen konnte, oder aber auf magische Weise mit der Flut stieg.

Die chilenischen Araukaner schilderten die Flut als einen Wettstreit zwischen zwei Riesenschlangen, von denen die eine das Wasser steigen ließ und die andere den Berg, auf den die Menschen geflohen waren, immer höher stemmte. In China kannte man viele Sagen, in denen Yu, der Herr der Fluten, die Wasser bezwang – aber nur einen echten Sintflut-Mythos, in dem die ganze Erde überschwemmt und die Menschheit fast vollständig ausgerottet wurde. Diese Flut wurde vom Drachengott des Donners gesandt, und die einzigen Überlebenden waren die Muttergöttin Nu Wa und deren Bruder-Gemahl Fu Xi. Sie retteten sich in Gestalt zweier Bauernkinder, indem sie sich an eine schwimmende Kalebasse klammerten. Nachdem der Wasserspiegel wieder gesunken war, bepflanzten die beiden die Erde neu und begründeten gemeinsam ein neues Menschengeschlecht.

**Nach hinduistischer Vorstellung endete das vorige Weltalter mit einer Großen Flut. Doch der Gott Vishnu (blauhäutig, unten im Bild) erschien dem Stammvater der Menschen, Manu, in Gestalt eines Fisches und riet ihm, sich mit Tieren und den Samen der Pflanzen in einem Boot zu retten. Als die Fluten wie vorausgesagt stiegen, schleppte Vishnu die „Arche" zu einem Gipfel des Himalaja. Dann rettete er die heiligen Schriften, die Veden, indem er den Dämon (unten links im Bild) tötete, der sie dem schlafenden Brahma, dem Schöpfergott, entwendet hatte. Als Brahma wieder aufwachte, nahm das gegenwärtige Zeitalter seinen Anfang.**

# Visionen der Erneuerung

Manche Völker glaubten, eine kosmische Katastrophe werde dereinst den endgültigen Weltuntergang herbeiführen. Weit mehr allerdings vertraten die Auffassung, daß eine solche Zerstörung lediglich den Beginn eines neuen, oft besseren Zeitalters bedeuten werde.

In den Mythen der Mongolen wird vorausgesagt, daß am Ende der Zeit der König der Unterwelt, Erlik Khan, mit neun eisernen Kriegern auf neun eisernen Pferden aus seinem Totenreich hervorstürmen und die Welt ins Verderben stürzen wird. Erlik war ursprünglich ein göttlicher Held, der vom Morgenstern Venus verkörpert wurde. Unter dem Einfluß des Buddhismus hatte man ihn vom Himmel verjagt und ihm einen Platz in der Unterwelt zugewiesen. Die Zerstörung der Welt wird seine Rache sein. Nach mongolischem wie auch nach aztekischem Glauben ist der Untergang des existierenden Universums endgültig und unwiderruflich. Es wird keinen Neubeginn geben.

Die Azteken glaubten, daß die Menschen im letzten von insgesamt fünf Zeitaltern lebten. Diese wurden „Sonnen" genannt, weil jedes Zeitalter von einer bestimmten Gottheit regiert wurde, die als die Sonne ihrer Epoche fungierte. Das Ende jeder dieser Sonnen war auch das Ende ihrer jeweiligen Welt. Die Fünfte Sonne, die unter der Herrschaft des Tonatiuh stand, war das gegenwärtige Zeitalter. Nach Vorstellung der Azteken verlief die Zeit in sogenannten „Bündeln" von jeweils 52 Jahren, und das Ende eines jeden solchen Bündels galt als der wahrscheinlichste Zeitpunkt für den Weltuntergang *(Seite 53)*. Wie viele andere Völker auch, glaubten die Azteken, ihr eigenes Zeitalter sei von besonderer Grausamkeit geprägt; enden werde es dereinst in einem ungeheuren Erdbeben.

Für die Zoroastrier war das Ende des existierenden Universums ein sehnsüchtig erwartetes Ereignis.

## Wenn sich der Himmel verfinstert

*Das Schauspiel einer Mond- oder Sonnenfinsternis erfüllte die Menschen früherer Zeiten mit Entsetzen. Fast überall auf der Welt erklärte man sich solch ein Ereignis mit dem Angriff eines Dämons.*

Die Inder wußten, daß eine Sonnenfinsternis, bei der sich der Mond zwischen Erde und Sonne schiebt, nur bei Neumond eintreten kann, und dieses Wissen fand in ihren Mythen Ausdruck: Soma, der Gott der heiligen Soma-Pflanze und des Mondes, stellte allmonatlich sechzehn Becher Nektar bereit, und dadurch, daß die Götter sie einen nach dem anderen austranken, nahm der Mond ab. Wenn, was selten geschah, der sechzehnte Becher auf den Sonnengott Surya entfiel und der Dämon Rahu sich auf ihn stürzte, um ihm den Nektar zu entreißen, trat eine Sonnenfinsternis ein.

Viele mittel- und südamerikanische Völker glaubten, der Mond oder die Sonne würden von einem Jaguar angegriffen. Die im zentralasiatischen Altai lebenden Tataren behaupteten, ein finsterer Vampir fliege von seinem fernen Heimatstern herbei und stürze sich auf Sonne oder Mond.

Die alten Ägypter deuteten die Mondfinsternis, bei der die Erde zwischen Sonne und Mond tritt und letzteren mit ihrem Schatten verdunkelt, als einen Streit zwischen zwei Göttern: Seth griff in Gestalt eines schwarzen Ebers den falkenköpfigen Himmelsgott Horus an und zerschmetterte dessen linkes Auge, den Mond (das rechte war die Sonne).

Eine andere, in Armenien erzählte Erklärung lautete, zwei finstere Himmelsgeschöpfe – die Sprößlinge eines gigantischen Urochsen – trampelten periodisch über die Sonne und den Mond und verdunkelten sie dadurch.

Zwar wird das Ende von Katastrophen begleitet sein, aber es soll die Befreiung der Welt vom Bösen bringen. Und ein vollkommenes Zeitalter bricht an unter der Herrschaft des Weisen Herrn Ahura Masda. Wie es hieß, war dem Stifter dieser Religion, Zarathustra, eine Vision des Weltuntergangs gewährt worden: Das Ende wird mit Erdbeben, Dürren und Finsternissen beginnen, dann aber gebären drei Jungfrauen nacheinander drei Erlöser, und unter deren Herrschaft wird das Böse nach und nach dem Guten weichen. Unter dem letzten Erlöser, Soschjant, wird die gesamte Menschheit leiblich auferstehen und gerichtet werden: Die Sünder werden in der Hölle geläutert und entsühnt und die Erde geheilt und von allen Verunreinigungen durch das Böse befreit werden. Der Weltuntergang am Ende der Zeit wird Ahura Masdas ursprünglichen Schöpfungsplan erfüllen, denn dann wird das Universum endlich die Form erhalten, die der Weise Herr

**Rotglühende Aschewolken ballen sich über dem Ätna. Solchen Vulkanausbrüchen verdanken sowohl alle bereits bestehenden als auch alle neu entstehenden Landmassen der Erde ihre Existenz – ein Gleichnis für die Erneuerung aus der Zerstörung.**

ihm zugedacht hatte und die es nicht annahm, weil das Böse in die Welt einbrach. Die materielle und die geistige Welt werden vollkommen eins werden.

Auch der tibetische Buddhismus verheißt eine globale Katastrophe am Ende des gegenwärtigen Zeitalters, die eine goldene Epoche einläuten wird, ein tausendjähriges Reich des Friedens, in dem sich alle Völker der Erde zum Buddhismus bekehren werden. Nach dieser Vision wird dereinst ein böser Herrscher die ganze Welt unterwerfen und dann zur Belagerung Shambhalas aufbrechen – eines mythischen Königreiches, das man sich sowohl in der realen Welt gelegen dachte, irgendwo im hohen Norden, als auch in einer spirituellen Dimension. Dann wird Rudrachakrin, der letzte König von Shambhala, ausrücken und durch seine geistige Kraft das Böse besiegen. Nach einer tibetisch-mongolischen Überlieferung wird, wenn die Kräfte des Bösen den Buddhismus zu vernichten drohen, der Held Gesar von Ling wiederkommen und der Welt den Frieden bringen.

Nach altägyptischem Glauben war das Ende der Welt kein fernes Ereignis, sondern eine ständige Gefahr, die jeden Tag aufs neue abgewendet werden mußte. Der Fortbestand des Universums hing von der kosmischen Ordnung ab, von dem richtigen Gleichgewicht zwischen Gut und Böse. Allnächtlich mußte der Sonnengott Re die Schlange Apophis besiegen, den Dämon der Finsternis, des Bösen und des Chaos. Seit Menschen an den Ufern des Nils lebten, war Re als Sieger aus dem Zweikampf hervorgegangen. Doch sollte er dereinst unterliegen oder sollte auch nur Apophis sterben und dadurch das Gleichgewicht der Kräfte zerstört werden, würde das Universum untergehen. Dann würde alles in das Ur-Chaos zurückfallen, in das Urmeer Nuns. Selbst die Götter würden dann nicht mehr sein – außer dem Einen, Atum, wie er in Heliopolis genannt wurde, der bereits vor allem existierte. Der Kreis der Schöpfung würde sich schließen.

Der germanische Mythos vom Weltende schildert die letzten Stunden von Göttern und Menschen. Der Weltuntergang, Ragnarök, gewöhnlich mit „Götterdämmerung" übersetzt, bedeutet wörtlich „Götterschicksal". Wie die Azteken betrachteten die Germanen den Weltuntergang als ein Ereignis, das zwar irgendwann unweigerlich eintreten wird, das man aber hinauszuschieben versuchen konnte. Da während der endzeitlichen Katastrophe Naglfar ankommen wird, ein aus den Finger- und Zehennägeln von Toten gebautes Schiff, galt es als nützliche Vorsichtsmaßnahme, dafür zu sorgen, daß niemand mit langen Nägeln bestattet wurde.

Anders als der Weltuntergang bei den Azteken bedeutete Ragnarök aber kein absolutes Ende, denn die Zerstörung barg in sich den Keim zu einem neuen Anfang. Die Weltesche Yggdrasil *(Kasten Seite 20–21)*, die das Universum zusammenhält, wird überleben, ebenso einige Götter, darunter Odins Söhne Widar und Wali. Eine neue Sonne, die Tochter der gegenwärtigen, wird aufgehen und den verfinsterten Himmel wieder erhellen. Zwei Menschen, die Frau Lif und der Mann Lifthrasir, werden aus Yggdrasil hervortreten und die Erde aufs neue besiedeln.

Nach hinduistischer Lehre ist die bevorstehende Auflösung des Universums nur ein kleiner Aspekt eines ewigen Kreislaufs von Schöpfung und Zerstörung: Die Zeit, so glaubt man, rollt unaufhörlich wie ein Rad ab, dessen Achse das Brahman ist, die allen Dingen innewohnende Weltseele. Es kann nichts räumlich oder zeitlich jenseits des Brahman geben, da es allgegenwärtig und ewig ist. Wie Krishna als das personifizierte Brahman in der *Bhagavadgita* sagt: „Ich bin der Anfang, der Bestand und das Ende der Schöpfung."

Wie in vielen anderen Kulturen auch, gilt im Hinduismus das gegenwärtige Zeitalter, das Kaliyuga, als schlecht und verderbt. Es wird mit einer hundertjährigen Dürre enden, durch die Vishnu der Erde mit Hilfe der durstigen Sonne alles Wasser entziehen wird. Manchen Mythen zufolge wird Vishnu auf dem Rücken eines weißen Pferdes mit einem feurigen Schwert in der Hand erscheinen. Die drei Welten der hinduistischen Kosmologie *(Seite 18)* werden in Flammen aufgehen und anschließend durch eine große Flut in ihren undifferenzierten Urzustand zurückversetzt werden. Dann wird das göttliche Bewußtsein – von manchen mit Brahma, dem Schöpfer, von manchen mit Vishnu, dem Bewahrer, gleichgesetzt – einschlafen und auf Ananta-Shesha, der Schlange der Ewigkeit, ruhen. Wenn der Schöpfer erwacht, nimmt eine neue Schöpfung ihren Anfang.

Der mit dem Weltuntergang endende Zyklus ist allerdings in andere, weit größere zyklische Abläufe eingebettet, die Brahmas Zeit-Erleben darstellen. Das Kaliyuga gilt als das letzte von vier Zeitaltern, die insgesamt ein Mahayuga („Großes Weltzeitalter") bilden. Eintausend Mahayugas machen einen Tag Brahmas

# VISIONEN DER ERNEUERUNG

aus, und Brahma wird, wie es heißt, hundert Jahre alt. Am Ende von hundert Brahma-Jahren – oder 155 520 Milliarden Menschenjahren – stirbt Brahma, doch nach einer ebenso langen Periode des Chaos wird ein neuer Brahma geboren werden und den Kreislauf von Werden und Vergehen abermals in Gang setzen.

## *Die verwüstete Erde*

Ein in Endzeit-Visionen immer wiederkehrendes Motiv ist, daß dem Weltuntergang nicht nur eine Periode des sittlichen Verfalls und der Kriege, sondern auch der Umweltzerstörung vorausgehen wird. Ragnarök wird mit einem Winter, in dessen Verlauf der Fenriswolf Sonne und Mond verschlingen wird, und einem Erdbeben beginnen. Hinduistische und zoroastrische Weltuntergangsmythen sagen unheilvolle Himmelserscheinungen und Dürrezeiten voraus.

Für die Hethiter, die im 2. vorchristlichen Jahrtausend von Ostanatolien aus ein bedeutendes Reich gründeten, war die Vorstellung besonders grauenvoll, daß die Erde von ihren Göttern verlassen und zu einer unfruchtbaren Wüste werden könne. Einer ihrer Mythen erzählt, Telipinu, der Gott des Ackerbaus, habe sich, da die Menschen seinen Kult vernachlässigten, beleidigt zurückgezogen, wodurch Erde und Himmel im Chaos versanken. Doch es gelang der Muttergöttin Hannahanna, ihn zu besänftigen und zur Rückkehr zu bewegen. Wie in der zoroastrischen Vision wurde die Erde geläutert und geheilt – für einen Neuanfang.

**Diese Statuette aus dem 11. Jahrhundert zeigt Shiva beim Tandava, dem rasenden Tanz, durch den er das Universum am Ende jedes Weltalters zerstört. In einer Hand hält er die Flamme der Vernichtung, in einer anderen die Sanduhrtrommel, durch die er eine neue Schöpfung in Gang setzt.**

# VEREHRUNG DES HIMMELS

Unsere fernen Urahnen betrachteten alle Naturphänomene als göttlich beseelt, so daß die Verehrung von Sonne, Mond und Sternen als eine der frühesten Formen von Religion gelten kann. Insbesondere die Sonne war der Bezugspunkt zahlreicher prähistorischer Kultstätten und spielte in frühen Staatsreligionen eine zentrale Rolle. Ein vielen Kulturen gemeinsames Merkmal war die Identifizierung sterblicher Herrscher mit Sonnengöttern, die häufig mit Mondgöttinnen vermählt waren. So glaubte man in Ägypten, der – je nach Gegend unterschiedlich benannte – Sonnengott herrsche über das himmlische Königreich und diese kosmische Ordnung wiederhole sich in der irdischen Sphäre in der Person und dem Machtbereich des Pharaos. Die Mythen erklärten, wie dieser Sachverhalt zustande gekommen war und warum er unbedingt aufrechterhalten werden mußte. Ähnliche Vorstellungen fanden sich auch in anderen Teilen der Welt wieder. In Peru galten der herrschende Inka als die Verkörperung der Sonne (Inti, der Sohn des Schöpfergottes) und seine Gemahlin als der Mond. In Japan waren die Rollen vertauscht, und der erste Kaiser nahm für sich in Anspruch, der Nachkomme der Sonnengöttin Amaterasu und deren Brudergemahls, des Mondgottes Tsukiyomi, zu sein. Und in Persien verherrlichte der – später von den römischen Legionären nach Europa gebrachte – Mithras-Kult die „unbesiegte Sonne" der kriegerischen Herrscher.

*Rechts oben:* Im alten Indien wurde der Sonnengott Surya verehrt. Auf dieser 1725 entstandenen Miniatur zur Hymne *Surahridaya* (Herz des Surya) thronen Vishnu und seine Gemahlin Lakshmi im wohltuenden Glanz des Gottes.

*Rechts:* Eine der berühmtesten Steinsetzungen der Welt: Stonehenge. Es soll sich von einem neolitischen Grab (um 3000 v. Chr.), das auf den Aufgang des Mittwinter-Vollmonds hin ausgerichtet ist, zu einem bronzezeitlichen Tempel entwickelt haben, der auf den Mittsommer-Sonnenaufgang hin ausgerichtet ist.

Die Existenz der zwei großen, jeweils am Tag und in der Nacht sichtbaren Himmelskörper veranlaßte die Menschen zu dem Schluß, das Universum werde von einem Gegensatzpaar regiert, das den Ablauf des Lebens regelt. Die mächtige Sonne wurde gewöhnlich als männlich empfunden, der sanfte Mond als weiblich; die beiden galten häufig als Mann und Frau oder als Bruder und Schwester. Die lebenspendende Kraft der Sonne war die Voraussetzung für den Ackerbau, während der Mondzyklus den Rhythmus von Leben, Tod und Wiedergeburt veranschaulichte und im Laufe der Zeit mit dem menschlichen Schicksal verbunden wurde. Sein periodisches Schwinden führte dazu, daß Aktivitäten während der „dunklen" Hälfte des Monats mit Tabus belegt wurden. Auch geographische Gegebenheiten wirkten sich auf die Mythenbildung aus: Da die Sonne im hohen Norden während eines Großteils des Jahres nicht zu sehen ist, gewann der Mond bei den arktischen Völkern eine Bedeutung, die derjenigen der Sonne in anderen Kulturen durchaus ebenbürtig war.

*Oben:* **Die japanische Sonnengöttin Amaterasu heiratete ihren Bruder, den Mondgott Tsukiyomi. Doch sie zerstritt sich mit ihm, und seitdem sind die beiden nur selten zusammen zu sehen. Hier trotzt der Kriegermönch Benkei unter dem Blick Tsukiyomis dem dritten Geschwister im Bunde, dem Gewittergott Susanu (Druck aus Yoshitoshis Serie** *Hundert Aspekte des Mondes,* **19. Jh.).**

*Links:* Gold besaß für die westafrikanischen Akan einen sehr hohen Wert. Ihr kostbarstes Kultobjekt war der Goldene Sitz, von dem es hieß, Priester hätten ihn als Beweis göttlicher Macht und Gnade durch Gebete vom Himmel herabgeholt. Frauenkopf aus Gold (19. Jh.).

*Unten:* Diana, die römische Göttin der Jagd, mit ihren Anhängern, den Mondverehrern. Diana wurde mit der Göttin Luna (griechisch Selene oder „Mond", Schwester des Sonnengottes Helios) assoziiert, der die Menschen zu Neu- und Vollmond Gebete darbrachten. Illustration aus einem Werk der Christine de Pisan (Pariser Handschrift, um 1410).

*Links:* Hathor, die ägyptische Göttin der Liebe, der Schönheit und der Fruchtbarkeit, schmückt diesen Spiegel. Der Griff ist aus Obsidian, verziert mit Einlegearbeiten aus Gold. Hathors Gesicht und der silberne Spiegel sind Symbole der Wiedergeburt, wobei die Scheibe Hathors Vater, die Sonne, darstellt. Aus dem Grab der Prinzessin Sat-Hathor-Iunet bei Kahun (12. Dynastie, um 1818–1772 v. Chr.).

*Mitte:* Mythische Himmelswagen waren in vielen Kulturen der Welt bekannt, darunter auch in Persien, China und Indien. Hier fährt Aruna („Morgenrot"), der Wagenlenker des altindischen Sonnengottes Surya, den siebenspännigen Sonnenwagen über den Himmel.

*Unten:* Federn, Sonnen, Mondsicheln und Tempelsilhouetten weisen diesen aztekischen Kopfschmuck als königliches oder priesterliches Insignium religiöser oder weltlicher Macht aus. Die grünen Federn stammen vom Schwanz des Quetzal-Vogels und symbolisieren die lebenspendende Kraft der Gefiederten Schlange Quetzalcoatl. Das Gold steht insbesondere in Beziehung zu dem Kriegs- und Sonnengott Huitzilopochtli, mit dem der Azteken-Herrscher Motecuhzoma (Montezuma) gleichgesetzt wurde. Die Azteken betrachteten Gold als ein Erzeugnis der Sonne und Silber als ein Geschenk des Mondes.

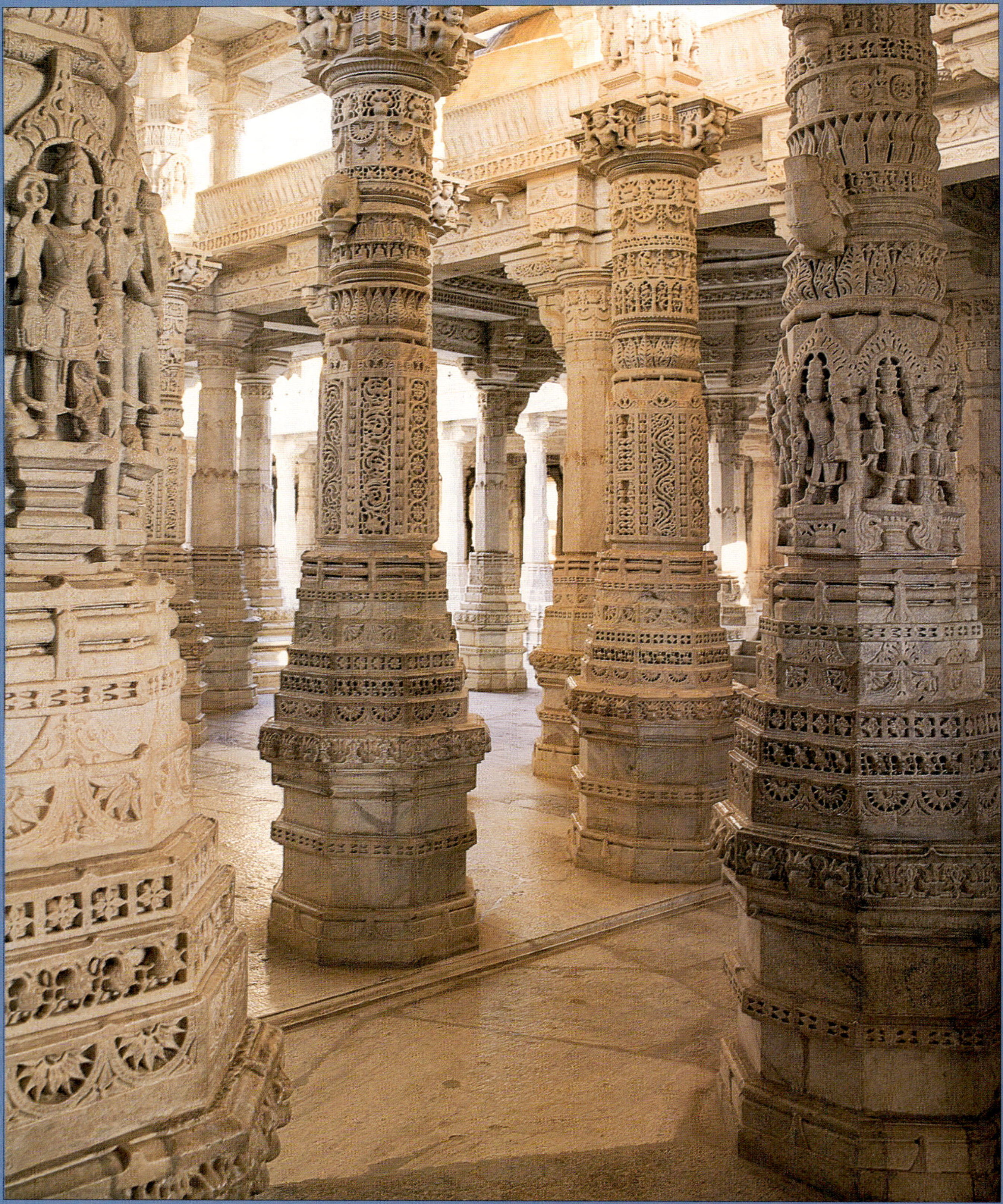

# EINE WELT VOLLER GÖTTER UND GEISTWESEN

Den Begriff Animismus (von lateinisch *anima*, Seele) prägten Gelehrte des 19. Jahrhunderts zur Bezeichnung einer Weltsicht, die dort Geister sah, wo es nach moderner rationalistischer Auffassung keine gab – in Objekten also, die nach naturwissenschaftlicher Definition „unbeseelt" sind. Flüsse, Berge, Felsen, Wasserfälle – sie alle konnten für den Animisten eine Seele haben, desgleichen Gewitter, Regen, die Sonne, der Mond und ferne Planeten. Die Welt des Animismus war voll mit unsichtbaren, aber mächtigen Wesenheiten, die von den Menschen respektvolle Aufmerksamkeit erwarteten.

Es verstand sich von selbst, daß in dieser Welt auch die Tiere eine Persönlichkeit hatten. Für Jägervölker folgte aus diesem Glauben der Schluß, daß die Geister ihrer Beutetiere gnädig gestimmt werden mußten. Nicht anders als die menschlichen Ahnen, verlangte das Wild, das sie jagten, Respekt. Andernfalls konnten die Geister der Tiere in der Anderswelt – einem parallelen Reich der Toten, das nie allzu weit von unserer Welt entfernt war – großes Unheil stiften.

Mit der Einführung des Ackerbaus verlagerten die Menschen ihre Hoffnungen und Ängste auf das Gedeihen der Feldfrüchte, und die Jahreszeiten gewannen eine immer größere Bedeutung. Um den endlosen Zyklus von Wachstum, Tod und Verfall entstanden Geschichten, die zu erklären versuchten, warum die Welt im Frühling zum Leben erwacht und im Winter stirbt.

Mit der Idee der wiederhergestellten Fruchtbarkeit unauflöslich verbunden war der Glaube an ein der Natur innewohnendes weibliches Prinzip, der sich in der Verehrung der Großen Göttin äußerte. Ursprünglich die Erde selbst, wurde sie nun als deren Erneuerin personifiziert. Und während ihr Kult an die geheimsten Wurzeln der menschlichen Seele rührte, ließen die Mythen um Trickster – die (mitunter bösartigen) Narren des göttlichen Hofstaates – eine erheblich derbere Saite anklingen, indem sie die unwandelbaren Realitäten der menschlichen Selbstsucht und Habgier dramatisierten.

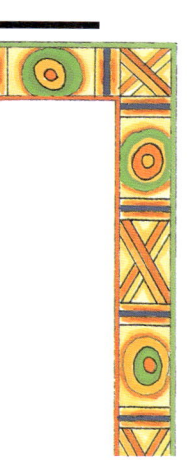

Schließlich gab es die niederen Wesenheiten, die über Haus und Herd wachten. Denn selbst im eigenen Heim durften die Menschen nie vergessen, der unsichtbaren Geisterwelt die gebührende Hochachtung zu erweisen. Jenes Reich war ein gefährlicher Ort, der dem Unvorsichtigen überall Fallstricke in den Weg legte. Nur durch ständige Wachsamkeit konnte der Mensch hoffen, eine friedliche Koexistenz mit dessen allgegenwärtigen Bewohnern zu erzielen.

*Gegenüber:* Filigraner Reliefschmuck überzieht die marmornen Säulen und Tragebalken des jainistischen Chaumukha-Tempels im indischen Ranakpur (14. Jahrhundert).

*Unten:* Adlerförmiger Beschlag eines angelsächsischen Schildes (um 665 n. Chr.). Der Adler war ein Symbol Odins oder Wotans, des obersten Gottes im germanischen Pantheon. Wotan stand in Beziehung zum Himmel und, in Gestalt einer Schlange, zur Unterwelt. Er war außerdem der Schutzherr der Zauberkunst und des Krieges.

EINE WELT VOLLER GÖTTER UND GEISTWESEN

# Mächtige Geister des Ortes

Viele frühe Völker sahen an jedem Ort übernatürliche Kräfte – in Bergen, Flüssen, Seen, Wäldern, ja selbst in ungewöhnlich geformten Felsblöcken oder Bäumen. Solche Geister besaßen große Macht, und wer klug war, achtete darauf, sie nicht zu verärgern oder zu beleidigen.

Die Römer nannten sie *genii loci*, „Mächte des Ortes", aber als Rom gegründet wurde, waren sie bereits uralt. Solche Geistwesen könnten die ersten Götter der Welt gewesen sein. Mit Sicherheit wurzeln viele der großen Religionen in dem Glauben, das Universum sei von den Wirkungen einer verborgenen Macht erfüllt.

Die Ehrfurcht, die frühe Völker angesichts ihrer Umwelt empfanden, hatte mit romantischen Vorstellungen von „Mutter Natur" nichts gemein. Ihre Reaktion auf die Natur war nackte Angst. Bestenfalls war die Umwelt ein unzuverlässiger Freund, schlimmstenfalls ein bedrohlicher Ort, an dem der Tod in Form von Hungersnöten, Naturkatastrophen oder Raubtieren hinter jedem neuen Morgen lauerte. Für die Polynesier etwa war die Welt erfüllt von gefährlichen Geistwesen. Die Maori nannten sie *tipua,* und auch nur ihren Namen auszusprechen konnte schlimmste Auswirkungen haben. Wer an einer Stelle vorbeikam, an der ein solcher Geist wohnte, versuchte sich durch eine kleine Opfergabe oder einen kurzen Preisgesang dessen Wohlwollen zu sichern.

Am anderen Ende der Welt, in den eisigen Einöden der Arktis, wohnten nicht minder gefährliche Wesenheiten. Manche Gebiete galten als grundsätzlich unheilvoll, und Jäger nahmen oftmals lange Umwege in Kauf, um nicht an Schauplätzen von Unfällen vorbeigehen zu müssen, an denen böse Geister spuken konnten. Aber auch in Europa wimmelte es von bösartigen Wesen, die jede Respektlosigkeit seitens der Menschen unbarmherzig bestraften. Die Slawen etwa vermieden es, um die Mittagszeit im Freien zu arbeiten, weil dies die weißgekleidete *poludniza* („Mittagsfrau") beleidigt hätte – einen gefürchteten weiblichen Geist, der jeden Menschen, der „seine" Zeit nicht heiligte, mit Wahnsinn schlug.

Doch die Geister, die die Landschaft beseelten, konnten auch Quellen der Kraft sein. Die australischen Aborigines bezeichneten mit dem Wort *djang* die latente Macht, die sie in ihrer ganzen Umwelt, insbesondere aber an bestimmten heiligen Stätten wahrnahmen. In ihren Mythen war dies die schöpferische Energie, die der Erde in der sagenhaften Ur-Epoche, die sie Traumzeit nannten, ihre jetzige Gestalt verliehen hatte. Von Generation zu Generation überlieferte Sagen schilderten die Abenteuer von Regenbogenschlange, den Wawilak-Schwestern oder Opossumfrau bei ihrer umweltprägenden Tätigkeit. Diese großen Schöpfer hinterließen in den Spuren ihrer Aktivität auch etwas von ihrer Kraft. Selbst heute noch versuchen die Menschen, durch Rituale und Tänze oder vielleicht auch nur durch Berührung eines durch den Kontakt mit den mythischen Wesen geweihten Steins mit dieser Macht in Verbindung zu treten.

*Hüter der Gewässer*

Andere Kulturen wußten auch von der gelegentlichen Großzügigkeit einzelner Geistwesen zu berichten. Zahlreiche afrikanische Sagen erzählen von Mädchen, die in Flüsse geworfen wurden, aber durch das Eingreifen des übernatürlichen Hüters des jeweiligen Gewässers vor dem Ertrinken bewahrt wurden *(Kasten Seite 48–49).* Analog dazu wurde in China von Glückspilzen berichtet, denen es irgendwie gelungen sei, die Gunst eines der Drachenkönige zu gewinnen, die nach weitverbreitetem Glauben in prächtigen Palästen auf dem Grund von Seen und Flüssen lebten.

Im Einklang mit der Unbeständigkeit des von ihnen bewohnten Elements stellten Wassergeister eine charakteristisch außerordentlich uneinheitliche Gruppe

**Der Glaube an die Heiligkeit des Wassers spiegelte sich bei den Kelten in der Verehrung bestimmter Quellen, Seen und Flüsse wider. Als besonders kraftgeladen galten sie, wenn sie sich im Wald befanden – wie hier der Doe bei Ingleton (Yorkshire).**

## MÄCHTIGE GEISTER DES ORTES

dar. Es gab furchterregende Gestalten wie die *klu* der tibetischen Seen und Flüsse oder die todbringenden *rusalki* – slawische Wassermädchen, die in Teichen auf ahnungslose Wanderer lauerten, um sie in die Tiefe zu zerren. Es gab aber auch freundliche Wassernymphen, wie die schönen Najaden des klassischen Altertums und die mächtigen *kami* der japanischen Flüsse. Um deren Gunst und übernatürliche Kräfte zu erlangen, pflegten manche Asketen in Gebirgsflüssen oder unter Wasserfällen stehend stundenlang zu meditieren, selbst im tiefsten Winter.

Besonders wohlwollend waren die heilenden Gottheiten bestimmter keltischer Quellen, und die Menschen suchten einen besonderen Quell oder Brunnen auf, um sich von ihren Leiden heilen zu lassen. Mit der Zeit wurden manche dieser Stätten weithin berühmt. In römischer Zeit war die Quelle der Sequana (Seine) Zentrum eines bedeutenden

## EINE WELT VOLLER GÖTTER UND GEISTWESEN

# Das Geschenk des Flußkönigs

***Ein Märchen aus Lesotho (Südafrika) zeigt, wie Naturgeister gutes Verhalten belohnen und störrische, eigensüchtige Menschen bestrafen konnten.***

Selekana war eine schöne junge Frau, und ihr Aussehen brachte ihr die Bewunderung aller jungen Männer ein, aber auch den erbitterten Haß der übrigen Mädchen des Dorfes. Schließlich wurde deren Eifersucht zu groß, und sie beschlossen, Selekana in den Fluß zu werfen und dadurch ein für allemal zu beseitigen.

Doch entgegen ihren Erwartungen ertrank Selekana nicht: Der Gott des Flusses nahm die Gestalt eines riesigen Krokodils an, packte das Mädchen und verschleppte es in sein Unterwasserreich. An diesem magischen Ort konnte sie leben und atmen, als sei sie noch auf der Erde. Der Gott überließ Selekana seiner Gemahlin, Flußfrau, als Dienstmagd.

Das Leben auf dem Grund des Flusses war nicht leicht, denn die Arbeiten, die man dem Mädchen aufbürdete, wollten kein Ende nehmen. Aber Selekana war so geduldig und fleißig, wie sie hübsch war, und tat alles, ohne zu murren. Ihr mustergültiges Verhalten beeindruckte Flußfrau so tief, daß sie Selekana letztendlich in die Menschenwelt zurückkehren ließ und ihr zum Abschied wertvolle Edelsteine aus dem Fluß schenkte.

Als Selekana wieder im Dorf erschien, erschraken ihre Feindinnen zu Tode, und als sie die Schätze sahen, die das Mädchen mit sich führte, packte sie dazu auch noch

---

Tempelkomplexes, und in Britannien kamen die Menschen von weither, um den Ort zu besuchen, den die Römer Aquae sulis nannten, „die Wasser des (Gottes) Sul", woraus später die Stadt Bath werden sollte.

Die dem Element innewohnende Macht begründete den in allen keltischen Gebieten und in Skandinavien bekannten Brauch, Opfergaben in Gewässer zu werfen. Im Jahre 1982 im Flag Fen (England) durchgeführte Grabungen lieferten mit über 300 Metallgegenständen, darunter auch kostbaren Schwertern, einen eindrucksvollen Beleg für diese Sitte. Die Opfergaben waren von einer offenbar eigens dafür angelegten künstlichen Insel aus in den Sumpf geworfen worden.

Erinnerungen an solche alten Traditionen beeinflußten zweifellos die Sage, nach der König Artus vor seinem Tod darauf bestand, daß sein Schwert Excalibur in einen See geworfen werde, da er sonst nicht in Frieden sterben könne. Und die Dame vom See, die Artus' Leichnam holen kam, bewahrte die Erinnerung an die heilenden Wassergeister früherer Zeiten. Und eine noch verschwommenere Erinnerung an die Sitte, Wassergeistern Opfergaben darzubringen, läßt sich in dem von Touristen gern geübten Brauch erkennen, in bestimmte Brunnen Münzen zu werfen.

Berge besaßen eine ebenso große Macht wie Gewässer. In Zeiten, in denen sich kaum ein Mensch auf ihre Gipfel hinaufwagte, dürfte es nicht schwer gefallen sein, sich die Berge als den Wohnsitz von Göttern vorzustellen *(Kasten Seite 23)*.

## *Hohe Gipfel und tiefe Höhlen*

Viele Kulturen hatten besondere heilige Berge: Die Griechen verehrten den Olymp, die Isländer den Helgafell, die Japaner den Fudschijama und die Tibeter den Kailash. Die Chinesen hatten gleich fünf davon – einen für jede Himmelsrichtung und den fünften im Mittelpunkt der Welt. Die Azteken errichteten mehrere Tempel auf Berggipfeln, darunter vor allem einen zu Ehren des Regengottes Tlaloc auf dem noch heute nach ihm benannten Berg. Jedes Frühjahr opferten sie dort ein Kind, um die Dürre abzuwenden, und übergossen die Statue des Gottes mit dessen Blut.

Auch wurden Kinder in Höhlen – die im Glauben vieler mittel- und südamerikanischer Völker eine besondere Rolle spielten – lebendig eingeschlossen. Die Olmeken, die Begründer der ersten mittelamerikanischen Hochkultur, meißelten Höhlensymbole in ihre Throne, und noch 2000 Jahre nach ihrem Untergang

der blanke Neid. Selekanas erbittertste Feindin war die Häuptlingstochter. So neidisch war sie auf Selekanas Reichtum, daß sie beschloß, sich auch in den Fluß zu stürzen und mit noch schöneren Juwelen zurückzukehren.

So geduldig und bescheiden Selekana gewesen war, so hochmütig und aufsässig war die Häuptlingstochter. Als der Flußgott ihr befahl, seine Frau zu bedienen, weigerte sie sich rundheraus. Und so tat das Riesenkrokodil, was das schlichte Gerechtigkeitsempfinden der Märchen in solchen Fällen verlangt – es fraß sie auf.

pilgerten die Menschen dieser Region zu natürlichen Kultstätten in den Tiefen der Berge. Das größte in vorkolumbianischer Zeit errichtete Bauwerk Amerikas, die Sonnenpyramide von Teotihuacán, war auf einem Hügel erbaut, in dessen Inneren sich eine Höhle befand. Tausend Jahre später meißelten die Azteken Kultstätten in Felsen hinein.

Für die Inka besaßen Höhlen eine besondere Bedeutung als Zugänge zur Unterwelt. Ihre Mythen erzählten, ein früheres Menschengeschlecht sei irgendwann unter der Erde verschwunden. Die Welt sei erst dann wieder bevölkert worden, als die Nachkommen jener Urrasse aus Höhlen hervorgekommen seien. Die Inka verehrten auch Felsblöcke, denn viele der Unterwelt entstiegene Helden waren der Sage nach in Steine verwandelt worden, darunter vor allem der Begründer der Inka-Herrscherkaste, Manco Cápac, und dessen zwei Brüder. Umgekehrt berichtet eine bekannte Sage, die Felsblöcke auf den Berggipfeln um Cuzco seien einmal zum Leben erwacht, um sich am Kampf gegen anrückende Feinde zu beteiligen.

Wenn leblose Felsen mit geistiger Kraft erfüllt sein konnten, so galt dies erst recht für Bäume. Bei den Kelten führten die Druiden ihre religiösen Zeremonien in Hainen durch, und eines ihrer wichtigsten Rituale erforderte das Schneiden einer Mistel von einer heiligen Eiche mit Hilfe einer goldenen Sichel. Gemäß dem römischen Geschichtsschreiber Tacitus verehrten auch die Germanen ihre Götter auf Waldlichtungen. In Germanien wie in Skandinavien wurden neben Tempeln und anderen wichtigen öffentlichen Bauten Bäume als Wächter und Behüter gepflanzt. Etwas von ihrer einstigen übernatürlichen Aura zeigen Wälder noch in jüngeren mittel- und nordeuropäischen Volksmärchen. Und in Deutschland besitzt der Wald ja noch heute eine große, leicht mystische emotionale Bedeutung.

Die Liste von Orten, denen irgendwann eine mystische Kraft zugeschrieben wurde, ließe sich nahezu ins Unendliche fortsetzen. Der Impuls, in jedem Aspekt der Landschaft das Wirken übernatürlicher Mächte zu vermuten, war ein uraltes, gemeinmenschliches Erlebnis. Das gleiche gilt für die Mischung aus Ehrfurcht und Entsetzen, die unsere Ahnen angesichts des Waltens der Naturkräfte verspürten. Tief in diesem Geflecht von Emotionen verbarg sich die Quelle einer Unzahl von Sagen und eine der Hauptwurzeln des mythenschaffenden Bewußtseins.

# Gebieter über die Elemente

Die von den Naturgewalten eingeflößte Ehrfurcht war eine bedeutende Quelle der Mythen. Sturm, Donner, Regen, Feuer – für alles wurden Götter verantwortlich gemacht. Die Menschen suchten sich vor Schaden zu schützen, indem sie den Himmlischen Opfer und Gebete darbrachten.

Lange bevor die Menschen die Wirkungen der Elemente erklären konnten, mußten sie mit ihnen leben und unter ihnen leiden. Gewitter waren besonders furchteinflößend. Überall auf der Welt spürte man in seiner ungezähmten Gewalt den Zorn einer übermenschlichen Macht. Das Feuer war bestenfalls ein gefährlicher und unberechenbarer Freund. Und der Regen – oder dessen Ausbleiben – konnte Tod und Vernichtung bedeuten, sei es durch Überschwemmungen, sei es durch verhängnisvolle Dürreperioden.

Von jeher verspürte der Mensch den Wunsch, die für derlei Schrecken verantwortlichen Geistwesen zu besänftigen. Und da kaum eine Naturgewalt beeindruckender war als ein tosendes Gewitter, läßt sich durchaus nachvollziehen, warum so viele Kulturen dem Gewittergott den Ehrenplatz in der himmlischen Hierarchie einräumten.

### Die fruchtbaren Gewittergötter

Ein solcher Fall war der Hauptgott der Kanaaniter, dessen Charakter sich aus zahlreichen in Ugarit (Syrien) ausgegrabenen Keilschrifttexten erschließen läßt. Wie mehrere andere Gottheiten der Region war er als Baal oder "Herr" bekannt; in den Texten wurde er auch als "der Wolkenreiter" bezeichnet. Mythen sagten von ihm, daß er mit Donnerstimme spreche und die Erde durch ein Loch im Fußboden seines himmlischen Palastes bewässere – ein Umstand, der ihm im zyklisch sonnengedörrten Palästina den Status eines Fruchtbarkeitsgottes einbrachte.

Vergleichbares wurde Teschub nachgesagt, dem großen Gott der Churriter und Hethiter. Seine Beziehung zu den in Ost-Anatolien und Nord-Mesopotamien so heftigen Gewittern führte dazu, daß er auch als Kriegsgott betrachtet wurde. Seine Wildheit war aber lebenspendend, denn seine Widersacher wie der Drache Illujanka verkörperten die Unfruchtbarkeit der ausgedörrten Erde, während diese durch Teschubs Samen, den Regen, zu neuem Leben erweckt wurde.

Teschubs germanisches Gegenstück Thor war südlich Skandinaviens als Donar, "Donner", bekannt. Er war der Gott des Blitzes, des Windes und des Regens. Und der Donner, so sagten die Menschen, sei das Getöse des Wagens, in dem Thor über den Himmel stürme. Thors Lieblingswaffe war der Hammer. Sein keltischer Kollege Taranis ("Donnerer") bevorzugte hingegen Donnerkeile. Auch Zeus schleuderte sie gern; wie die Dichter behaupteten, ließ er sie sich vom Flügelroß Pegasos auf den Olymp bringen.

Im vorchristlichen Rußland war der Donnerkeilschleuderer Perun der Hauptgott des Stadtstaates Kiew. Man glaubte, die Geschosse in Belemniten wiederzuerkennen. Die Tatsache, daß man diese pfeilförmig versteinerten Mollusken nur selten unmittelbar nach einem Gewitter fand, wurde mit der übernatürlichen Wucht ihres Aufpralls erklärt: Die göttlichen Geschosse bohrten sich so tief in den Boden, daß sie erst nach der magisch bedeutsamen Zeitspanne von sieben Jahren wieder an die Oberfläche gelangten. In christlichen Zeiten vermischte sich Peruns Gestalt mit der des Propheten Ilja oder Elias, da sie ja beide etwas mit einem "feurigen Wagen" zu tun hatten. Noch in jüngster Vergangenheit sagten Bauern, wenn es donnerte: "Ilja scheucht Dämonen über den Himmel."

In Amerika war das bekannteste Gewitterwesen Donnervogel, dessen gewaltige Schwungfedern das Grollen des Donners erzeugten und dessen Augen Blitze versprühten. So gigantisch war der Vogel, daß die Indianer der Nordwestküste Nordamerikas behaupteten, er könne in seinen Fängen Wale davontragen. Ähnliche Untiere waren auch in Asien bekannt; so erzählten chinesische Geschichten vom Windvogel, der lediglich durch das Schlagen seiner mächtigen Schwingen Stürme hervorrufen könne.

# GEBIETER ÜBER DIE ELEMENTE

In der indischen Mythologie besangen Hymnen in den Veden, den heiligen Schriften, die Taten des Gottes Indra: Dieser erlegte mit seinen Donnerkeilen Vritra, den Dämon der Dürre, und befreite damit die Wolkenkühe, die Vritra in seinen 99 Burgen eingesperrt hatte. Mit donnerndem Gebrüll stürmten die Tiere über den Himmel und ergossen Ströme lebenspendenden Monsunregens auf die Erde.

In China glaubten die Bauern, das himmlische Wasser sei ein Geschenk der Drachenkönige, die bei Bedarf aus ihren Palästen auf dem Grund von Flüssen, Seen und Meeren zu den Wolken emporflogen, um die Himmelsschleusen zu öffnen. Drohte eine Dürre, trugen die Bauern Bildnisse der Götter aus den Tempeln auf die Äcker und zeigten ihnen den bedenklichen Zustand der Feldfrüchte, um sie zum Eingreifen zu bewegen. In der von taoistischen Gelehrten festgeschriebenen Hierarchie übernatürlicher Wesen wurde der Platz der Drachenkönige von einem Herrn des Regens eingenommen, dessen Palast sich auf dem heiligen Berg Kunlun befand. Zu seinen engeren Mitarbeitern im himmlischen Beamtenstaat gehörten ein Graf der Winde und ein Herr des Blitzes, während der vogelköpfige Donnergott einer ganzen Kanzlei niederer Gottheiten vorstand, die sich mit der Bestrafung von Verbrechern befaßten.

## *Das Feuer: Freund und Feind*

Dem Feuer kam in Mythen eine nicht minder große Bedeutung zu, aber Personifizierungen waren selten. Indien jedoch hatte einen Feuergott, Agni, und auch Persien, wo Atar die Welt rettete, indem er die Sonne aus den Klauen des

**Auf dem mythischen Vogelmann Garuda reitend, greift der schwarzhäutige Krishna den Götterkönig Indra an (aus einem um 1590 entstandenen Manuskript des *Harivamsa*). Der vedische Gott Indra verdankte seine Vormachtstellung der Tötung des Vritra, des Dämons der Dürre. Später unterlag Indra seinerseits Krishna, einer Inkarnation Vishnus, was den Sieg jüngerer Gottheiten über die älteren widerspiegelt.**

## EINE WELT VOLLER GÖTTER UND GEISTWESEN

bösen Geistes befreite. Teilweise zum Andenken an diese Heldentat wurden in zoroastrischen Tempeln ewige Flammen unterhalten, was zu dem Trugschluß verleitete, Zoroastrier seien Feueranbeter.

In den Mythen war das Feuer meist ein ewiges, und den Göttern vorbehaltenes Element, das ein Kulturheld auf die Erde brachte *(Seite 33)*. Für die Griechen war dieser Wohltäter Prometheus. Er stahl das Feuer vom Olymp und wurde dafür auf das grausamste bestraft: Zeus ließ ihn an einen Felsen im Kaukasus schmieden, wohin jeden Tag ein Adler geflogen kam und Prometheus die Leber zerfleischte – die immer wieder nachwuchs. Die Chinesen schrieben die Einführung des Feuers dem Gelben Kaiser zu, ihrem ersten, mythischen Herrscher. Die Maori erzählten, der Trickster Maui habe das Feuer aus der Unterwelt gestohlen, wo die Göttin Mahui-ike es in ihren brennenden Fingernägeln hegte. Auch die amerikanische Mythologie kannte viele Feuerdiebe; die Opaye in Paraguay glaubten, der Held sei ein Meerschweinchen gewesen, das der Mutter des Jaguars, der Hüterin des Elements, die erste Flamme stiebitzt habe.

War es erst einmal auf der Erde, mußte das Feuer mit Respekt behandelt werden. Die Gesetze der Mongolen beispielsweise sahen drakonische Strafen vor, wenn jemand es etwa durch Spucken in die Feu-

## Das verhängnisvolle Geschenk der Sonne

*Ein Mythos von der polynesischen Insel Tongatapu erzählte von den verheerenden Folgen einer Verbindung zwischen dem Sonnengott und einer Sterblichen.*

Als der Sonnengott eines Tages über den Himmel zog, erblickte er eine schöne halbnackte Frau beim Fischen und verliebte sich in sie. Er suchte sie in menschlicher Gestalt auf, und neun Monate später gebar sie ihm einen Sohn, Sisimatailaa. Das Kind wuchs zu einem gutaussehenden Jüngling heran, und als es für ihn Zeit wurde zu heiraten, hatte er keine Schwierigkeiten, eine Braut zu finden. Doch er wollte die Ehe nicht ohne den Segen seines Vaters eingehen. Auf Anraten seiner Mutter kletterte er auf den höchsten Gipfel der Insel und erflehte die Erlaubnis der Sonne, sich eine Frau zu nehmen.

Seine Bitte wurde erhört. Vom Himmel fielen zwei Bündel herab, und mit ihnen kam eine Warnung: Nur eines davon dürfe geöffnet werden, das andere müsse unbedingt verschlossen bleiben. Sisimatailaa kehrte mit den Bündeln heim, und als er das eine auseinanderwickelte, fand er darin einen Schatz von Gold und Silber.

Von da an ließ er das andere Bündel nicht mehr aus den Augen, um sicherzustellen, daß das Gebot des Gottes nicht übertreten werde, und ein paar Monate lang ging alles gut. Eines Tages aber fuhr er mit seiner Frau zum Fischen hinaus aufs Meer. Es war heiß, und er döste ein; und wie es das Schicksal so wollte, sah seine Frau das geheimnisvolle Bündel. Wie ihre griechische Schwester Pandora gab sie ihrer Neugier nach, und die Folgen sollten sich als nicht minder verhängnisvoll erweisen: Indem sie das Bündel aufknüpfte, entließ sie Stürme in die Welt, und sie und ihr Mann wurden die ersten Opfer, als die aufgewühlte See das Boot kentern ließ.

erstelle beleidigte. Ihre Schamanen bedienten sich seiner sowohl zu Weissagungsritualen, bei denen Schulterblätter von Schafen angesengt wurden, als auch zu Reinigungszwecken. Fremde, die mongolische Würdenträger aufsuchten, mußten vor der Audienz zwischen zwei Feuern hindurchgehen.

In ähnlicher Absicht trieben slawische Bauern bei drohenden Epidemien ihr Vieh zwischen zwei Feuer, um es gegen Krankheiten zu feien. Das hohe Ansehen, in dem das Element in Persien stand, führte dazu, daß Feuerproben als gültiges Mittel zur Entscheidung von Rechtsstreiten anerkannt wurden: Wer überlebte, war vom Himmel freigesprochen.

Die vielleicht spektakulärste Verherrlichung des Feuers fand bei den Azteken statt, in deren Vorstellung das Element eng mit dem zyklisch drohenden Weltuntergang verquickt war. Am Ende jedes 52jährigen Zyklus ihres Ritualkalenders vollzogen sie eine Zeremonie, in deren erster Phase alle Feuer im Reich ausgelöscht wurden. In dieser gefährlichen Zeit konnte auch jegliches Leben verlöschen, und so wurden in den letzten Tagen vor dem entscheidenden Augenblick alle Haushaltsgeräte zerschlagen, und die Menschen enthielten sich der Speise und des Geschlechtsverkehrs sowie fast überhaupt jeder Tätigkeit. Das normale Leben kam zum Stillstand.

**Auf dem Kimberley-Plateau in Nordwestaustralien stehen die Elemente und die Fruchtbarkeit der Natur unter der Kontrolle der Wandjina, im Meer und im Himmel wohnender Ahnengeister, die hier mit ihrem charakteristischen Heiligenschein dargestellt sind. Die Aborigines komplementierten das von den Wandjina gespendete Wasser mit der erneuernden Kraft des Feuers.**

In der letzten Nacht zog eine Prozession von Priestern und weltlichen Würdenträgern auf einen Berggipfel nahe der Hauptstadt Tenochtitlán. Dort wurde Mitternacht abgewartet, während die Bevölkerung unten in banger Atemlosigkeit verharrte. Die Priester starrten unverwandt auf die Plejaden. Wenn die Sterne ihren Weg auch über die Stunde Null hinaus fortsetzten, so war die Welt für weitere 52 Jahre gerettet. Dann wurde auf dem Gipfel ein vornehmer Gefangener geopfert. Mit Hilfe eines Feuerquirls entzündeten die Priester eine Flamme und gaben der Welt das vorübergehend entschwundene Element zurück. Ein Freudenfeuer verbreitete die frohe Botschaft, und inmitten des allgemeinen Jubels wurde die neue Flamme den Berg hinunter zum großen Tempel getragen und damit auch der gesamten Bevölkerung zurückgegeben.

EINE WELT VOLLER GÖTTER UND GEISTWESEN

# Bande zwischen Tier und Mensch

Im Mythos bestand keine klare Trennlinie zwischen Tier und Mensch. Die Tiere verkehrten, sprachen und paarten sich bisweilen sogar mit den Menschen, und wer sie mit gebührendem Respekt behandelte, profitierte stets von dieser Beziehung.

Mythen sind der wahrhaftigste Ausdruck des Denkens, der Wünsche und der Ängste eines Volkes, und es gibt wenige Bereiche, in denen sich dieses Denken mehr gewandelt hat als in der Beziehung zur Tierwelt. Der moderne Begriff des Tieres als eines vom Menschen grundsätzlich verschiedenen und gemessen an ihm minderwertigen Wesens wäre für frühe Gesellschaften, die alles Leben als unauflöslich miteinander verknüpft betrachteten, unbegreiflich gewesen. Jägervölker ahmten in ihren Ritualen Tiere nach, um etwas von deren besonderer Kraft zu erlangen, und zogen in ihren Mythen keine klare Grenze zwischen sich und den anderen Lebewesen, die ihre Welt bevölkerten.

Ein typisches Jagdritual wird im finnischen Nationalepos *Kalevala* geschildert. Der Text beschreibt die Tötung eines Bären, der anschließend zerlegt und verspeist wurde. Die Knochen aber wurden sorgsam aufgehoben und mit verschiedenen Grabbeigaben, darunter Skier und ein Messer, feierlich bestattet. Dazu sangen die Trauernden ein Loblied auf das verstorbene Tier, priesen es als einen wahren Freund und flehten es an, seinen Artgenossen zu erzählen, wie gut es behandelt worden sei. Dann, so der allgemeine Glau-

**Stiere gehörten zu den ersten Tieren, die je von Menschen abgebildet wurden. Hier ist eine prähistorische Höhlenmalerei aus Frankreich zu sehen. Die Tiere galten häufig als Symbol männlicher Zeugungskraft. Zeus nahm gern Stiergestalt an, um Frauen zu verführen, und die Minoer bewunderten die Potenz und Kraft dieser Tiere und veranstalteten mit ihnen unblutige Kampfspiele.**

be, würden auch sie zulassen, daß man sie erlegte, und zum Lebensunterhalt der Gemeinschaft beitragen. Die Vorstellung, das Beutetier willige in seine Tötung ein, war ein zentraler Aspekt des Jägerglaubens.

Der Respekt, den man nichtmenschlichen Lebewesen entgegenbrachte, wurzelte zum Teil in schlichter Angst, denn vor allem in Sibirien und in Amerika stand das Jagdwild unter dem besonderen Schutz eines mächtigen Geistwesens, das als „Herr der Tiere" bekannt war. Solche Geister hatten nichts dagegen, daß ihre Schutzbefohlenen erlegt wurden, solange die Menschen dabei die korrekte, respektvolle Vorgehensweise einhielten und die erforderlichen Riten durchführten. Wehe aber dem Jäger, der ein Tier ohne Not tötete oder es jämmerlich leiden ließ, anstatt es zu seiner Ernährung zu verwenden. Das wenigste, was ihm passieren konnte, war, daß der übernatürliche Schutzherr des Tieres ihm von nun an jede Beute vorenthielt; und schlimmstenfalls konnte er mit Schande oder sogar mit dem Tod bestraft werden.

In Mittelamerika glaubten die Menschen, der Herr der Tiere wohne unter einem Berg und rufe allabendlich alles Wild dort zusammen, ebenso wie Bauern ihr Vieh von der Weide holten. Wie Sagen berichten, wurden Jäger, die Tiere nur verwundeten, anstatt sie waidgerecht zu töten, in dieses unterirdische Versteck geholt, damit sie ihre Untaten sühnten. So lange mußten sie dort bleiben, bis sie jedes einzelne ihrer Opfer wieder gesund gepflegt hatten.

## Die Macht der Blutsbande

Solche Vorstellungen erwuchsen aus einem starken Gefühl der Verwandtschaft mit allen übrigen Lebewesen. Natürlich wußten Jägervölker sehr wohl, in wellcherlei Hinsicht ihre Beutetiere sich vom Menschen unterschieden. Sie studierten deren besondere Stärken und Schwächen und all die bestimmten Verhaltensmuster, deren Kenntnis eine erfolgreiche Jagd überhaupt erst ermöglichte. Aber solche Charakteristika waren letztlich nur äußerlicher Natur, denn ihrem Wesen nach waren sich Verfolger und Verfolgte gleich: Sie empfanden gleich, kannten die gleichen Freuden, Wünsche und Ängste. Niemand zweifelte daran, daß Tiere ebenso eine Seele hatten wie Menschen. Folglich ließen sie sich, solange sie lebendig waren, durch Schmeicheleien und gutes Zureden überlisten; und einmal getötet, mußten sie – nicht an-

**Die Tiergestalten, die diesen indianischen Totempfahl aus Vancouver (British Columbia, Kanada) schmücken, waren Clan-Embleme von großer spiritueller Bedeutung. Darstellungen wie diese bekundeten die enge Beziehung zwischen Tier und Mensch und besonders die Abstammung desjenigen, der sie als sein „Wappen" führte. Bären waren wegen ihrer Kraft und ihres Wagemuts begehrte Schutzgeister und außerordentlich heilige Ahnentiere.**

# EINE WELT VOLLER GÖTTER UND GEISTWESEN

ders als die Geister der eigenen Ahnen – durch Rituale und Opfergaben beschwichtigt werden.

Eine Folge dieses Gefühls von Blutsverwandtschaft war eine seltsame „interspezifische Kontinuität". In den Sagen so unterschiedlicher Kulturkreise wie Nordamerika und Australien, Sibirien und der keltischen Länder begegnen uns Menschen, die sich in Tiere verwandeln und umgekehrt. Immer wieder werden die Grenzen zwischen den Arten durchbrochen.

Hierzu gehören die unzähligen Geschichten von Eheschließungen mit Tieren, die – vor oder nach der Heirat – menschliche Gestalt annehmen. Dann gibt es die Märchen um Tierverwandtschaften. Ein typisches Beispiel stammt von den Pawnee aus Nebraska: Eines Tages stieß ein Jäger auf ein Bärenjunges und verschonte sein Leben; er bat sich nur aus, daß die Bären, sollte er einmal einen Sohn haben, diesen in ihre Geheimnisse einweihen würden. Bald darauf wurde seine Frau schwanger, und der Knabe, den sie gebar, zeigte bereits in frühester Jugend eine enge instinktive Beziehung zu Bären. Zum Jüngling herangewachsen, zog er eines Tages mit einer Schar von Kriegern aus und geriet in einen Hinterhalt feindlicher Lakota; die Pawnee wurden bis zum letzten Mann niedergemetzelt. Dann kamen Bären des Weges, und als sie unter den Toten den Bärenmann wiedererkannten, vollführten sie einen Tierzauber und erweckten ihn wieder zum Leben. Dann nahmen sie ihn mit sich. Viele Jahre lebte er bei den Bären und lernte, das Leben so wie sie zu sehen. Schließlich kehrte er zu seinem Stamm zurück und wurde ein großer Häuptling. Er gab die Weisheit der Bären an seine Nachkommen weiter und lehrte sie, ihre tierischen Verwandten zu respektieren.

Geschichten dieser Art führten auf der ganzen Welt zur Herausbildung des aus Märchen bekannten Tierhelfer-Motivs. Der Held behandelt alle Tiere, die ihm begegnen, freundlich, und am Schluß wird er von ihnen aus einer Notlage oder Lebensgefahr gerettet. Umgekehrt nimmt derjenige, der andere Kreaturen grausam oder mit Verachtung behandelt, unweigerlich ein schlimmes Ende.

Wie alt dieses Motiv ist, zeigt eines der wenigen erhalten gebliebenen altägyptischen Märchen. Begleitet von sieben Skorpionen machte sich die Göttin Isis auf zu einer Reise. Als die Nacht hereinbrach, klopfte sie am Haus einer reichen Frau an, doch diese weigerte sich, die vielbeinigen Begleiter der Göttin einzulassen. Empört legten die Skorpione all ihr Gift in einem einzigen Stachel zusammen. Dessen nunmehr lebensgefährlicher Eigentümer verschaffte sich heimlich Zugang ins Haus und stach den Sohn der Frau. Aber Isis, selbst eine liebende Mutter, konnte es nicht ertragen, das Kind sterben zu sehen, und rettete es mit Hilfe von Zauberformeln.

## *Von Gottheiten zu Sklaven*

Tiere spielten in der altägyptischen Religion eine äußerst wichtige Rolle, wobei manche Arten in vordynastischer Zeit als Stammes-Totems verehrt wor-

**Im alten Ägypten waren Katzen ein ambivalentes Symbol für Tod und Fruchtbarkeit – glück- und unheilverheißend zugleich. So einflußreich war der Katzenkult, daß die Tötung des Tieres als ein Verbrechen galt, das nur mit dem Tod gesühnt werden konnte. Jede weibliche Katze galt als Verkörperung der katzenköpfigen Göttin Bastet, und wenn das Tier starb, rasierte sich dessen Besitzer zum Zeichen der Trauer die Augenbrauen und ließ den Leichnam einbalsamieren (Votivstatuette aus Bronze, um 575 v. Chr.).**

**Diese Tanzmaske der Yupik (Süd-Alaska) stellt einen in Paddelform geschnitzten großen Fisch und zwei Robbenjunge dar. In einer derart unwirtlichen Umwelt durften sich die Jäger unter keinen Umständen den Zorn der Tiergeister zuziehen.**

den zu sein scheinen. Später wurden sie Gottheiten zugeordnet; so waren Ibis und Pavian Thot heilig, dem Gott der Gelehrsamkeit, während die Göttin Bastet die Schutzherrin der Katze war. Die Beziehung zu den Göttern blieb über den Tod hinaus bestehen. Ganze Leichenkammern wurden ausgegraben, die einbalsamierte Körper von Katzen, Stieren, Vögeln, Nagetieren und selbst Insekten enthielten, je nachdem, welcher Gottheit die jeweilige Mumie geweiht war.

In anderen Kulturen wurden Tiere regelrecht als heilig betrachtet. In Indien etwa genießen Kühe und Affen noch heute diesen Sonderstatus. Der Ursprung ist zwar nicht mehr zu rekonstruieren, aber einer Anspielung des *Rigveda* auf die mystische Beziehung zwischen Kuh und Erde nach zu urteilen, kann er ins 2. vorchristliche Jahrtausend verlegt werden.

Aufkommen und Fortentwicklung der Landwirtschaft bedingten einen Wandel in der Einstellung des Menschen zu seinen behaarten und gefiederten Verwandten. Zwar büßten Tiere auch als Nutzvieh nichts von ihrer ökonomischen Bedeutung ein, durch ihre Verfügbarkeit und Zahmheit aber um so mehr von ihrer geistigen Substanz. Vertrautheit erzeugte eine zunehmende Verachtung, und der Prozeß der Verwandlung in Gebrauchsgegenstand und Ware, der in den vergangenen zwei Jahrhunderten auf die Spitze getrieben wurde, schritt unaufhaltsam voran. Seit dem Verschwinden ihrer Schutzgeister sind die Tiere dem Menschen auf Gedeih und Verderb ausgeliefert.

EINE WELT VOLLER GÖTTER UND GEISTWESEN

# Das göttliche Drama der Jahreszeiten

Ackerbau treibende Gesellschaften sind für das Gedeihen ihrer Feldfrüchte – und damit für ihr Überleben – auf einen regelmäßigen Wechsel von Regen- und Trockenperioden angewiesen. So überrascht es nicht, daß sie den Jahreslauf als eine Abfolge göttlicher Kämpfe dramatisierten.

Manche Kulturen hatten ein relativ schlichtes Bild von den Jahreszeiten. Bestimmte Inuit-Gruppen etwa personifizierten sie als zwei Geister, Nipinuke und Pipunuke, die einfach abwechselnd je ein halbes Jahr lang über die Welt herrschten. Andere Gesellschaften fügten dem prinzipiell gleichen System noch den Begriff des Konflikts hinzu. So behaupteten die Ureinwohner von Groote Eylandt, einer Insel vor der Nordküste Australiens, ihr Regengott Bara werde jeden April von seinem Feind Mamariga, dem Geist der heißen Winde der Trockenzeit, gefangengenommen. Für die Dauer der nächsten sieben Monate blieb Bara in einem hohlen Baum auf einer Landspitze eingesperrt, und während dieser Zeit verschwand alles Grün von der verdorrenden Erde. Anfang November dann kam der ganze Stamm zusammen, um den Gott mit Riten und Opfergaben hervorzulocken, und tatsächlich erschienen kurz darauf Regenwolken am Himmel, und Bara übernahm wieder die Herrschaft über die Erde.

Die hawaiischen Entsprechungen Mamarigas und Baras waren Ku und Lono. Wie Mythen erzählten, hatte Lono, der große Gott des Regens, untröstlich über den Tod seiner Frau vor langer Zeit den Archipel auf einem Kanu verlassen, allerdings nicht ohne zu versprechen, mit Lebensmitteln zurückzukommen. Und er kehrte tatsächlich zurück – jedes Jahr, sobald das Sternbild der Plejaden am Abendhimmel erschien. Und er brachte den Regen mit, der die Inseln fruchtbar werden ließ.

Vier Monate lang wurde er von der Bevölkerung gefeiert. Sein Bildnis wurde im Uhrzeigersinn um die Inseln gerollt, und wohin er auch kam, wurde er mit Festmählern und Tänzen begrüßt. Am Ende der Wachstumsperiode kehrte er dann in seinen Tempel

**Furchterregende Figuren bekrönen die Umfassungsmauer eines öffentlichen Tempelhofes oder *heiau* in der Nähe von Hanaunau (Hawaii). Die mächtigen Götter Ku und Lono bewirkten durch einen fortdauernden ritualisierten Zweikampf den ewigen Wechsel von Trocken- und Regenzeit. Die überproportional großen Köpfe der Götter symbolisieren deren *mana* (übernatürliche Kraft).**

## DAS GÖTTLICHE DRAMA DER JAHRESZEITEN

**Reliefdarstellung einer Weizengarbe aus Eleusis (Griechenland), wo einst ein Tempel der Erdgöttin Demeter stand. Die Tochter der Rhea, Enkelin der Gaia, Schwester des Zeus und Mutter der Persephone wurde in Mysterienkulten verehrt, die um den zyklischen Wechsel von Tod und Wiedergeburt in seinem landwirtschaftlichen Aspekt kreisten, insbesondere das Wachstum des Getreides.**

auf der Hauptinsel zurück. Dort wurde ein Ritual veranstaltet, der seinen Kampf und seine Niederlage gegen Ku darstellte, den Gott der Trockenzeit und des Krieges. Anschließend wurde sein Bildnis weggeschlossen. Lono, hieß es, war in seine ferne Heimat zurückgekehrt, das unsichtbare Land Kahiki.

Dieser Mythos schien plötzlich Realität zu werden, als der englische Seefahrer James Cook im Januar 1779 auf Hawaii landete, genau um die Zeit, als Lono erwartet wurde. Er war auf der Suche nach einem Ankerplatz im Uhrzeigersinn um die Insel gesegelt und brachte ungewohnte Geschenke und Lebensmittel mit. Sogar die Masten und Segel seiner Schiffe entsprachen in Form und Farbe – wenn schon nicht in der Größe – in etwa den Zeremonialstäben und -fahnen, die Lonos Festumzüge zu begleiten pflegten. So lag für die Insulaner der Schluß nahe, daß Lono dieses Mal einen lebendigen Stellvertreter entsandt hatte – oder gar selbst gekommen war.

Die Wahrheit kam auf grausame Weise ans Licht, als Cook nach der üblichen Abschiedszeremonie im Tempel in See stach, aber schon kurz darauf wieder in die Bucht einlief, um einige Ausbesserungen an den Schiffen vorzunehmen. Daß Lono schon so bald nach seiner Abfahrt zurückkehrte, war eine Katastrophe, die die geregelte Abfolge von Wachstum und Ernte durcheinanderbrachte. Die Autorität des Herrschers der Insel, dessen Aufgabe es ja war, das Wohlergehen seiner Untertanen zu gewährleisten, war damit in Frage gestellt. Von denselben Menschen, die ihn kurz zuvor begeistert willkommen geheißen hatten, wurde Cook nun wütend beschimpft. Es kam zu einem Handgemenge, bei dem Cook erstochen wurde.

### Entführungen

Andere Mythen um verschwindende Gottheiten besaßen eine insgesamt komplexere Symbolik. Da gab es etwa die Geschichten über entführte Göttinnen, deren Verschwinden katastrophale Auswirkungen auf ihre ganze Umgebung hatten. Idun war die nordgermanische Göttin des Frühlings, die Hüterin der goldenen Äpfel ewiger Jugend. Als sie und ihre magischen Früchte vom Riesen Thjasi geraubt wurden, begannen die Götter von Asgard zu altern und alles Leben auf Erden zu verkümmern. Erst als der Trickster Loki sie befreite, kehrten Jugend und Fruchtbarkeit zurück.

Eine ähnliche Geschichte erzählten sich die Griechen über Persephone, die Göttin des Frühlings und der neuen Feldfrüchte, und deren Entführung durch Hades, den Gott der Unterwelt. Als sie verschwand, verdorrten alle Pflanzen. Verzweifelt machte sich Persephones Mutter Demeter auf die Suche nach ihr und fand sie zuletzt im düsteren Totenreich. Da das Mädchen aber inzwischen von einem Granatapfel des Hades, verbotener Unterweltspeise also, gekostet hatte, war es dazu verurteilt, für immer unten zu bleiben. Erst auf Bitten der olympischen Götter erklärte sich Hades bereit, Persephone nur für die Dauer des Winters bei sich zu behalten und sie die restlichen zwei Drittel des Jahres in der Oberwelt weilen zu lassen.

Das Entführungsmotiv verlieh dem Drama der Jahreszeiten eine sexuelle Komponente, die den eingangs erwähnten „rein männlichen" Mythen fehlte.

# EINE WELT VOLLER GÖTTER UND GEISTWESEN

**Der Innenraum des östlich von Carnac (Bretagne) gelegenen Ganggrabs von Gavrinis ist nach dem Aufgangspunkt der Mittsommersonne ausgerichtet. Unter den Steinen vermutet man die Gräber von Kriegern. Die spiralförmigen Verzierungen symbolisieren die Wanderung der Seele durch den Tod zur Wiedergeburt – ein Prozeß, der wahrscheinlich mit der lebenspendenden Kraft der Sonne in Verbindung gebracht wurde.**

Besonders ausgeprägt war dieses Moment in der Geschichte der sumerischen Göttin Inanna und ihres Geliebten Dumuzi. Inanna, die Königin des Himmels, stieg einst in das unterirdische Reich ihrer finsteren Schwester Ereschkigal hinab. An den sieben Unterweltspforten mußte sie nach und nach all ihre Gewänder und Insignien der Macht abgeben. Die formelhafte Schilderung dieser graduellen Entblößung läßt vermuten, daß der Vorgang bei einem jahreszeitlichen Fest von ihren Verehrern rituell nachvollzogen wurde. Schließlich stand sie nackt und machtlos vor dem Thron ihrer furchterregenden Schwester.

Wie auch im Falle Iduns und Persephones hatte Inannas Verschwinden entsetzliche Auswirkungen, wenngleich sie nicht die Pflanzen betrafen, sondern die Fortpflanzung. Schlagartig hörte jegliche sexuelle Aktivität auf Erden auf. Erst als Inanna durch das Einschreiten Eas, des Gottes des Wassers und der Weisheit, befreit wurde, fing die Zeugung neuen Lebens wieder an. Spätere Versionen des Mythos verraten, daß Inanna in die Unterwelt gestiegen war, um Dumuzi zu erlösen, und daß ihr dies auch tatsächlich gelang. Der Text endet mit den Worten: „Mögen die Toten auferstehen und den Weihrauch riechen."

Vordergründig schien die Geschichte nicht viel mit den Jahreszeiten zu tun zu haben, aber durch einen verwandten altsyrischen Mythos um den Regengott Baal *(Seite 50)* wird der Bezug einsichtig. Auch Baal wurde nämlich vom Tod verschlungen, und in seinem Fall war es seine Schwester Anat, die ihn suchen kam. Als der Tod sich weigerte, Baal freizugeben, griff sie zur Gewalt. Wie ein Text erklärt, „schnitt sie den Tod mit einer Klinge, sie worfelte ihn mit einer Worfschaufel, dörrte ihn mit Feuer, schrotete ihn mit einem Mühlstein" und streute ihn schließlich auf die Felder. Mit anderen Worten: Sie verfuhr mit ihm wie mit Getreideähren, bis hin zur Neuaussaat. Als Fruchtbarkeitsgöttin verwandelte sie den Tod mit dem Wechsel der Jahreszeiten in neues Leben.

Ein altägyptischer Mythos führte das Motiv noch einen Schritt weiter. Das sich innig liebende Geschwister- und Ehepaar Isis und Osiris wurde auf brutale Weise getrennt, als der neidische Seth seinen Bruder Osiris tötete, in vierzehn Teile zerstückelte und diese über ganz Ägypten verstreute. Doch die treue Gattin Isis machte sich sofort auf die Suche. Nach einer Version des Mythos setzte sie den Leichnam Stück für Stück wieder zusammen und erweckte ihn erneut zum Leben. Nach einer anderen bestattete sie jeden einzelnen Teil dort, wo sie ihn gefunden hatte, und verwandelte dadurch ehemals öde Landstriche in fruchtbares Ackerland. Ihre Suche wurde in ganz Ägypten im Rah-

## DAS GÖTTLICHE DRAMA DER JAHRESZEITEN

men jahreszeitlicher Fruchtbarkeits- und Erntefeste rituell nachvollzogen. Und bezeichnenderweise wurde der einstige Vegetationsgott Osiris mit der Zeit zum Herrn der Todes und des jenseitigen Lebens. Die Verbindung zwischen der alljährlichen Erneuerung der Feldfrüchte und der individuellen Auferstehung war damit hergestellt.

Hinter all diesen Geschichten von sterbenden oder verschwindenden Göttern zeichnete sich eine noch ältere Tradition ab, ein Motiv, das sich von Ozeanien über Südostasien bis hin nach Amerika nachverfolgen läßt: die in mythischer Urzeit erfolgte Schöpfung eines übernatürlichen Wesens, eines Gottes oder Geistes, und dessen anschließende Tötung und Zerstückelung. Doch aus jenem Akt der Gewalt entstand neues Leben, denn aus dem Leichnam der geopferten Gottheit keimten und sprossen Pflanzen – in der Regel diejenigen, die in der betreffenden Kultur die Hauptnahrungsquelle darstellten. Und häufig wurde diese zerstörerisch-schöpferische Urtat von den Menschen rituell nachvollzogen, wobei an der Stelle des Gottes ein Tier oder bisweilen auch ein Mensch geopfert wurde. Damit wird das Ritual zu einer Vergegenwärtigung jener ursprünglichen kosmischen Opferhandlung, kraft deren alles Leben auf Erden entstand. Der Tod ging in das Leben über, das Leben in den Tod. Im Kreislauf der Jahreszeiten waren beide untrennbar und ewig miteinander verbunden.

## Tödliche Feste zu Ehren der Götter

*Nach dem Glauben vieler Völker erschienen Geistwesen oft in Menschengestalt; seltener konnten Menschen vorübergehend göttliche Attribute annehmen – meist zu einem sehr hohen Preis.*

Eine Möglichkeit, wie das Göttliche sich auf Erden manifestieren konnte, war die Person eines Gottkönigs, der als Stellvertreter der himmlischen Mächte regierte (Seite 80–83). Eine andere, kurzzeitigere Erscheinung fand dann statt, wenn Schamanen auf ihrer Seelenreise in Trance fielen und ihr Körper vorübergehend vom Geist der befragten Gottheit in Besitz genommen wurde.

Bei den Azteken wurde alljährlich ein Jüngling als Verkörperung des Gottes Tezcatlipoca („Rauchender Spiegel") ausgewählt. Ein Jahr lang galt er als der leibhaftige Gott und genoß die Verehrung des ganzen Volkes. Näherte sich der Zeitpunkt von Tezcatlipocas Fest, wurde er vom Herrscher aufgesucht und erhielt als lebende Stellvertreterinnen von vier wichtigen Göttinnen vier Ehefrauen.

Dann kam der ominöse Tag, an dem der Stellvertreter Tezcatlipocas die Pyramide in Tenochtitlán besteigen mußte, auf deren Plattform ihn die Priester erwarteten, um ihm das Herz herauszuschneiden. Sein Leichnam wurde zerstückelt, gekocht und dem Herrscher und anderen Würdenträgern, zu denen auch das nächstjährige Opfer gehörte, aufgetischt.

In einem gleichermaßen blutrünstigen Ritual verherrlichten Azteken-Krieger anläßlich des jeden Frühling begangenen Festes von Tlacaxipeualiztli den Gott der Fruchtbarkeit Xipe Totec, einen der vier Söhne Ometeotls (Seite 15). Sie kleideten sich in die Haut von getöteten Gefangenen, die sie „abgebalgt" hatten, und sammelten solange Almosen, bis ihr schauriges Gewand abgefault war.

Dies sollte die Erneuerung der Felder symbolisieren: Wie der junge Mais aus dem verrottenden Kraut des Vorjahrs hervortreibt und den Leib der Erde bedeckt, so schälte sich der Krieger, verjüngt, aus der verdorrenden Haut.

**Ein Azteken-Krieger trägt anläßlich eines Frühlingsfestes zu Ehren Xipe Totecs, „des Geschundenen, unseres Herrn", die Haut eines Geopferten.**

EINE WELT VOLLER GÖTTER UND GEISTWESEN

# Die Große Göttin

Von den Menschen der Steinzeit wissen wir, daß sie ein allgegenwärtiges weibliches Prinzip verehrten. So weit verbreitet war der Kult, daß manche Forscher die Existenz einer Großen Göttin annehmen, die in unterschiedlichen Erscheinungsformen auf der ganzen Welt verehrt wurde.

Zu den frühesten bekannten Kunstobjekten überhaupt zählen die sogenannten Venusstatuetten. Das Alter der kleinen stilisierten Frauenfiguren aus Ton, Stein oder Elfenbein wird auf bis zu 25 000 Jahre geschätzt. Die rund sechzig erhaltenen Exemplare wurden an Fundplätzen von den Pyrenäen bis nach Sibirien entdeckt, und sie alle weisen eine verblüffende Ähnlichkeit auf. Obgleich während der letzten Eiszeit entstanden, als die Nahrungsmittel knapp gewesen sein müssen, sind sie ausgesprochen fettleibig. Das Fett konzentriert sich an Brüsten, Oberschenkeln und Gesäß, Bereichen also, die mit Sexualität und Schwangerschaft assoziiert werden. Die Statuetten dienten höchstwahrscheinlich zur Verherrlichung weiblicher Fruchtbarkeit und Fortpflanzungsfähigkeit.

**Die im griechischen Mythos vor allem als unnahbare Jungfrau erscheinende Göttin Artemis stellte sich in Ephesos in ihrem Aspekt der allnährenden Mutter dar. Die Tierköpfe, Bienen und zahllosen eiförmigen Brüste bestärken den Eindruck einer Gestalt, die als fleischgewordene Fruchtbarkeit schlechthin verstanden wurde. Der um 550 v. Chr. errichtete Tempel, in dem sich das Original dieser Statue befand, galt als eines der sieben Weltwunder. Die Darstellung könnte vom Bild der anatolischen Kybele beeinflußt worden sein, die in Ephesos ein Kind gebar und zu einer der beliebtesten *magnae deae* oder „Großen Göttinnen" Roms wurde.**

Das Motiv der üppigen Frau erwies sich als erstaunlich langlebig. Die ersten Exemplare entstanden im Jungpaläolithikum. Doch in den Ruinen der ältesten stadtähnlichen Siedlungen der Welt, wie zum Beispiel Chatal-Hüyük in der heutigen Türkei, wurden Figuren gefunden, die sichtlich dieselbe idealisierte weibliche Gestalt verherrlichen, aber fast 20 000 Jahre jünger sind als die Venusstatuetten. Die große Verbreitung dieses Symbols spricht nach Auffassung mancher Forscher für die Existenz einer einzigen Göttin, der Erdmutter, die in weiten Teilen der Welt verehrt wurde.

Die Indizien zur Stützung dieser Theorie sind zwangsläufig spärlich, aber immerhin finden sich Spuren solcher Kulte in etlichen räumlich und zeitlich weit auseinanderliegenden Kulturen. Die Andenvölker erinnern sich noch immer an ihre eigene Erdmutter, Pachamama, deren Leib das Erdreich war. Sie brachte alles hervor, was aus dem Boden wuchs, und nahm die Toten wieder in ihren Schoß auf. Heute noch opfern ihr manche Hochlandstämme neben Bier, Kokablättern und anderen pflanzlichen Produkten Lamas und Meerschweinchen. In älteren Zeiten wurden ihr auch Menschen geopfert.

Die um 10 000 v. Chr. einsetzende Entwicklung des Ackerbaus muß zwangsläufig einen tiefgreifenden Ein-

**Die Göttin Astarte oder Ischtar** (Elfenbeinrelief, um 800 v. Chr.). Bei den Phöniziern, Kanaanitern und Mesopotamiern wurde sie als die Gottheit der Fruchtbarkeit verehrt. Ischtar galt als die Schutzherrin der Liebe und der Sexualität, doch sie hatte auch einen kriegerischen Aspekt. Vielleicht hing dies mit dem Glauben zusammen, daß ihre brennende Leidenschaft den Tod eines ihrer Geliebten verursacht habe.

druck auf jeden solchen Kult ausgeübt haben. Als die Erdmutter erstmals historisch faßbar wurde, war sie bereits eine Göttin der Feldfrüchte und der Ernte, und ihre Verehrung stand in enger Verbindung mit dem Kreislauf der Jahreszeiten *(Seite 58–61)*. Doch sie hatte sich auch ihre Beziehung zur menschlichen und tierischen Fortpflanzung und Mutterschaft bewahrt – und besaß darüber hinaus auch einige recht überraschende weitere Attribute.

Die wohl bekannteste Muttergöttin dürfte diejenige sein, die im östlichen Mittelmeerraum verehrt wurde. Sie war je nach Epoche und Gegend unter verschiedenen Namen bekannt und besaß unterschiedliche Aspekte. Ihre Mythen aber weisen genügend Gemeinsamkeiten auf, um nach Ansicht der Gelehrten den Schluß zuzulassen, daß es sich im Grunde stets um ein und dieselbe Göttin handelte. Die Sumerer nannten sie Inanna, die Babylonier Ischtar, die anatolischen Phrygier Kybele, die Völker Syriens und des Libanons Astarte. In der griechischen Welt fanden sich einige ihrer Charakterzüge bei Artemis, andere bei Aphrodite und Demeter. Die Römer identifizierten sie mit Ceres und Tellus. Überall war sie die Große Göttin, die Herrin des Lebens, und sie flößte den Menschen eine ganz besondere, ehrfürchtig-liebevolle Scheu ein.

In einem ihrer Aspekte zeigte sie noch die freundlichen, nährenden Eigenschaften der alten Erdmütter. In dieser Erscheinungsform war die Göttin fürsorglich und sanft und stillte das urmenschliche Bedürfnis nach Sicherheit und Trost in einer bedrohlichen Welt. Dieses Element ihres Kults floß auch in die christliche Vorstellung von Maria ein, der Mutter Jesu, was von den Kirchenvätern, die sich der heidnischen Wurzeln sehr wohl bewußt waren, mit einigem Argwohn betrachtet wurde. Die Mariolatrie, wie man die exzessive Verehrung der Muttergottes in der Spätantike nannte, wurde häufig verurteilt.

Doch das Bedürfnis nach einer „weiblichen", mütterlichen und mitfühlenden Göttin war keineswegs auf den Nahen Osten beschränkt. Die Chinesen besaßen eine ähnliche Gestalt in Guan Yin, der Göttin der Barmherzigkeit, die noch heute eine der beliebtesten Gottheiten des taoistischen Pantheons ist. Wie Maria wird sie häufig mit einem Kind auf dem Arm dargestellt; in merkwürdigem Widerspruch dazu steht,

## Feenköniginnen

***Die Feenköniginnen des Abendlands haben ihre Entsprechungen – und vielleicht auch ihr Vorbild – in der asiatischen Mythologie.***

Im Abendland läßt sich die Tradition auf Morgane, die Fee, zurückverfolgen, eine ambivalente Gestalt der Artussage, die mal als schöne und verführerische, mit Heilkräften begabte Frau und dann wieder als bösartige Zauberin auftritt.

Im Märchen und in der Kunst nehmen Feenköniginnen auch manche Aspekte der persischen *pari* an. Diese ewig jungen Geistwesen lebten in unterirdischen Palästen voller Schätze und ernährten sich einzig von Düften. Ihre Reize und der Reichtum, den sie Sterblichen schenken konnten, sind dem Abendland dank der Geschichten aus *Tausendundeiner Nacht* schon lange ein Begriff.

Weniger bekannt ist die den *pari* in mancherlei Hinsicht ähnelnde chinesische Göttin Xi Wang Mu, die „Königliche Mutter des Westens". Sie lebte in einem Paradies auf dem Gipfel eines Berges, wo sie, von Feenjungfrauen bedient, die Pfirsiche der Unsterblichkeit hegte.

**In Xi Wang Mus himmlischem Paradiesgarten wuchsen die nur einmal alle 6000 Jahre reifenden Pfirsiche der Unsterblichkeit (Porzellanteller, 18. Jahrhundert).**

daß sie einst eine menschliche Prinzessin gewesen sein soll, die lieber starb als sich einem Ehemann hinzugeben. Als taoistische Unsterbliche wiedergeboren, stellte sie ihre übermenschliche Liebesfähigkeit unter Beweis, indem sie für ihren Vater, der sie wegen ihrer Weigerung zu heiraten zum Tode verurteilt hatte, ihre Augen und Hände opferte.

Im Gegensatz zu dieser demütigen Selbstverleugnung stand ein weniger ansprechendes Merkmal der orientalischen Großen Göttin: ihre aggressive Sexualität. Oft war den Göttinnen ein männlicher Partner zugeordnet. Inanna hatte Dumuzi, Kybele Attis, Aphrodite Adonis, Isis ihren Brudergemahl Osiris. Die Vereinigung des Paares stand in engem Zusammenhang mit dem Wachstum der Feldfrüchte und war von zentraler Bedeutung für das Wohlergehen des Landes. In manchen Kulturen wurde diese „heilige Hochzeit" rituell nachvollzogen, wobei sich eine Priesterin als Stellvertreterin der Göttin einem weltlichen oder geistlichen Würdenträger hingab, der in früheren Zeiten nach dem Liebesakt geopfert worden sein könnte.

Ein weiteres Element des Göttinnenkults waren die orgiastischen Riten, durch welche die Gläubigen ihre Verehrung zum Ausdruck brachten. Die Priester der Kybele vollführten ekstatische Tänze, in deren Verlauf sie sich mit Messern Wunden zufügten. Sie pflegten sich auch zu Ehren der Göttin selbst zu kastrieren. Unser Wort „Fanatiker" stammt von dem lateinischen *fanaticus* ab, womit in Rom Priester orientalischer Göttinnen bezeichnet wurden, die für ihre Exzesse berühmt waren.

Auch hierzu lassen sich leicht Parallelen in anderen Kulturen finden. Die germanische Göttin Freyja, die Schutzpatronin unseres „Freitags", war berüchtigt für ihre Promiskuität. Es hieß, sie habe jedem einzelnen Mitglied des germanischen Pantheons beigelegen. Doch damit nicht genug: Um den Brisingamen zu erhalten, ein magisches Halsgeschmeide, das die Fruchtbarkeit der Erde symbolisierte, soll sie sich bereit erklärt haben, sich dessen Schöpfern hinzugeben – vier Zwergen.

# DIE GROSSE GÖTTIN

Das vielleicht überraschendste Element des Erdmutterkultes war die Beziehung der Göttin zu Tod und Wiedergeburt. Die Gedankenverbindung scheint durch die Sitte der Erdbestattung entstanden zu sein. Es erschien logisch zu hoffen, daß die Erde den in sie „gepflanzten" Toten neues Leben schenken würde. So verbrachte Persephone, der Geist des Frühlings, die kalte Zeit des Jahres in der Unterwelt als Gemahlin des Hades. Und in Ägypten war Isis untrennbar mit Osiris verbunden, dem Herrscher über das Totenreich.

So schwer nachvollziehbar die Widersprüche der orientalischen Großen Göttin auch erscheinen mögen, so finden sich auch dafür Parallelen. Man denke etwa an Indien, wo Parvati, die sanfte Gefährtin Shivas, bei Bedarf als die unnahbare Kriegerin Durga oder gar als die furchterregende, im Blutrausch rasende „Mutter" Kali auftritt, eine der eindrucksvollsten kriegerischen Göttinnen der Welt. In ihrer Eigenschaft als Frauen tragen alle diese Gottheiten den Keim des Lebens in sich, während sie gleichzeitig die Fähigkeit – und den Willen – haben, demselben ein Ende zu setzen.

Die in der indischen Volksreligion am meisten verehrte Göttin ist aber eine weit ältere Gestalt. Die sich hinter unterschiedlichsten Namen verbergende *gramadevi* oder „Dorfgöttin" wird in schlichtesten Tempelchen oder gar im Freien angebetet. Sie ist die Schutzherrin der Dorfgemeinschaft und der Felder – mit anderen Worten, die alte Fruchtbarkeitsgöttin.

**Der König als Osiris, der Herrscher der Unterwelt, mit dem sich jeder Pharao nach dem Tod identifizierte. Ihn beschützen die zwei „Mächtigen", Nechbet (links im Bild) und Wadjet (rechts), die Geiergöttin Oberägyptens und die Schlangengöttin Unterägyptens. Die beiden gehörten zur Schar der eher furchterregenden als mütterlichen Schutzgöttinnen. Darstellung aus dem Grab Tutenchamuns (Tal der Könige, Theben, um 1361–1352 v. Chr.).**

## Trickster und Störenfriede

Die Trickster waren die mythischen Antihelden. Gierig, lüstern und unglaublich selbstsüchtig, genossen sie aufgrund ihres Mutterwitzes – und mitunter ihrer Fähigkeit, selbst in den hoffnungslosesten Situationen zu triumphieren – die Bewunderung der Menschen.

Das einzige Ziel der schamlos egoistischen Trickster war die sofortige Befriedigung eigensüchtiger Wünsche. Diese Meister des Eigennutzes bewiesen durch ihre fast weltweite Verbreitung, wie beliebt sie bei Geschichtenerzählern waren, die ihrer durch ernste Mythen auf die Dauer ermüdeten Zuhörerschaft zwischendurch etwas leichtere Kost zu bieten wünschten. Charakterlich reichten sie von liebenswerten Schelmen bis hin zu durch und durch bösartigen Kreaturen, die bei der Durchsetzung ihrer Absichten nicht einmal vor Mord und Vergewaltigung haltmachten. Was sie alle verband und die Menschen auf der ganzen Welt am meisten faszinierte, war ihre diebische Freude am eigenen Listenreichtum und die unerschütterliche Entschlossenheit, mit der sie ihre Ziele verfolgten.

Trotz ihrer recht derben Streiche konnten Trickster durchaus auch Götter sein. In der Regel nahmen sie in der himmlischen Hierarchie eine mittlere Stellung ein, in der sie bisweilen, wie der griechische Hermes oder der nordamerikanische Coyote, als Boten der höheren Gottheiten fungierten. In vielen Fällen erschienen sie in tierischer Gestalt. Die westafrikanische Mythologie war reich an Geschichten über Anansi, den Spinnen-Trickster; in Indien bewunderte man die sagenhaften Taten des Affengottes Hanuman; die Indianer der amerikanischen Nordwestküste erzählten sich Märchen von Rabe; im mittelalterlichen Europa amüsierten sich die Menschen über die Streiche von Reineke Fuchs. In anderen Kulturen waren die Trickster häufig Gestaltwandler *(Kasten Seite 68)*, konnten also beliebig als Mensch oder Tier auftreten.

Trotz all ihrer List waren Trickster keineswegs immer intelligent; im Gegenteil: Sie ließen sich aufgrund ihrer Habgier oft leicht übertölpeln. Vor allem in Nordamerika kannte man den Typus des Märchens vom dümmlichen Trickster. Ein gutes Beispiel hierfür war die Geschichte von den sauren Eicheln, einer indianischen Delikatesse. Coyote hörte einmal, er brauche die Eicheln nur in Wasser einzuweichen und anschließend auszupressen, aber er weigerte sich zu glauben, daß das Rezept so einfach sei. Erst als sein Gegenüber die Geduld verlor und im Scherz behauptete, die richtige Methode bestehe darin, die Früchte in ein Kanu zu laden und sie in den Fluß zu kippen, machte er sich ans Werk – und mußte mit ansehen, wie die erhoffte Leckerei mit der Strömung davontrieb. Andere Schelmengeschichten erzählten von Trickstern, die auf den Grund eines Teiches tauchten, um das Spiegelbild von Früchten heraufzuholen, die direkt über ihrem Kopf hingen, oder die ihren Schwanz in Brand steckten, um ihn dafür zu bestrafen, daß er sie nicht vor Feinden gewarnt hatte, die sich von hinten anschlichen.

### Der „ausgetrickste Trickster"

Eine weitere Gattung von volkstümlichen Erzählungen handelte vom „ausgetricksten Trickster". In einem Märchen der Lakota gaunerte Icktinike Kaninchen seinen Pelz ab, doch dieser zahlte es ihm heim, indem er ihm eine Decke aus Rinderhaut schenkte, wie sie zur Bespannung von Kriegstrommeln verwendet wurde. Jedesmal, wenn die Trommeln geschlagen wurden, erbebte die Decke mit und rüttelte Icktinike so heftig durch, daß er sich schließlich das Genick brach.

Der listenreiche Odysseus war eine Gestalt, zu dessen schillernder Persönlichkeit auch die Facette eines Tricksters gehörte. Um Agamemnon und Menelaos, die ihn zum Trojanischen Krieg abholen wollten, davon zu überzeugen, daß er kriegsuntauglich, nämlich von Sinnen sei, zog er sich nackt aus, pflügte ein Feld kreuz und quer und streute statt Saatgut Salz in die Furchen. Der Held Palamedes aber durchschaute Odysseus und warf dessen Söhnchen vor den Pflug. Blitzartig zügelte der Vater sein Ochsengespann.

**Der Reineke-Fuchs-Zyklus war im Mittelalter eine beliebte Serie von moralisierenden Fabeln. Dabei gaben Tiergestalten, allen voran der listige Antiheld Reineke Fuchs, satirische Kommentare auf zeitgenössische soziale und politische Verhältnisse ab. Illustration eines französischen Manuskripts zu einer Episode aus *Reineke Fuchs und Isegrim* (14. Jh). Reineke wird von einem Bauern und dessen Frau erwischt, als er versucht, einen Hahn zu fangen.**

Typischer waren allerdings Geschichten, in denen Trickster in scheinbar hoffnungslosen Situationen triumphierten. Dabei konnten sie manche Merkmale des echten Sagenhelden aufweisen, wie beispielsweise eine außergewöhnliche Geburt *(Seite 87)*. Was sie aber von typischen Helden unterschied, war die Tatsache, daß sie nicht durch besondere Kraft oder Tapferkeit zum Ziel gelangten, sondern ausschließlich durch List. Oft hatten ihre Geschichten einen humoristischen Tenor, allerdings auch ein ausgeprägtes Element von Grausamkeit.

Ein gutes Beispiel ist die Geschichte vom Zulu-Trickster Hlakanyana, der einmal, als er gerade versuchte, ein totes Tier aus der Falle eines Menschenfressers zu stehlen, vom rechtmäßigen Eigentümer ertappt und gefangengenommen wurde. Hlakanyana mußte sich nun rasch etwas einfallen lassen. Er gab dem Riesen zu bedenken, daß er gegart viel besser schmecken würde; das Ungeheuer sah es ein und nahm ihn mit nach Hause. Nun befand sich unser Held in einer äußerst brenzligen Situation: eingesperrt in der Küche des Menschenfressers, wo dessen alte Mutter bereits das Feuer unter dem Wasserkessel angezündet hatte, um ihn zum Abendessen zu kochen.

Um seine Kooperationsbereitschaft zu zeigen, stieg Hlakanyana – der wußte, daß das Wasser erst lauwarm sein konnte – freiwillig in den Topf. Dann wartete er, bis das Wasser so heiß war, daß er es gerade eben noch aushalten konnte, behauptete aber steif und fest, es sei noch immer kalt und zum Kochen völlig ungeeignet. Die Alte wunderte sich nicht schlecht. Also schlug Hlakanyana ihr rasch vor, die Plätze zu tauschen, damit sie sich von der Wahrheit seiner Worte überzeugen könne.

## EINE WELT VOLLER GÖTTER UND GEISTWESEN

Kaum saß die Menschenfresserin im Wasser, legte der Trickster auch schon den Deckel auf den Topf. Als die Alte gar war, zog er ihre Kleider an und servierte dem hungrigen Menschenfresser einen schönen Teller Fleischsuppe. Der Riese fand das Mahl so lecker, daß er sogar seinen Bruder herüberrief. Als die beiden aufgegessen hatten, verriet Hlakanyana seine wahre Identität – und die Zutaten des schaurigen Mahles.

Manchmal konnten selbst Götter den Listen eines Tricksters aufsitzen. In einem griechischer Mythos stahl Hermes als Säugling die Rinder des Apoll, band den Tieren zuvor aber Schuhe aus Baumrinde unter, so daß sie keine erkennbaren Spuren hinterließen. Eine ähnliche Geschichte erzählten die Fon aus Dahomey über Legba, den ersten Menschen. Er stahl seinem göttlichen Vater Yamswurzeln, zog dazu aber dessen Sandalen an. Anschließend zeigte er der noch jungen Menschheit, daß die Schuhe mit den Fußstapfen im Yamsbeet übereinstimmten, womit eindeutig bewiesen schien, daß Gott sich selbst bestohlen hatte.

Gelegentlich setzten Trickster ihre Geisteskräfte auch zu edleren Zwecken ein, wodurch sie in manchen Gesellschaften die Rolle von Kulturhelden spielten *(Seite 32)*. Der Spinnen-Trickster Anansi etwa, der den größten Teil seines Lebens damit zubrachte, aus purer Geltungssucht die unsinnigsten Heldentaten anzukündigen und zu vollbringen, hatte seine Laufbahn damit begonnen, daß er auf Geheiß des Himmelsgottes die ganze Welt gesponnen hatte. Im altindischen Epos *Ramayana* fand der göttliche Affe Hanuman Ramas entführte Geliebte Sita und rettete in der Entscheidungsschlacht Rama das Leben. Sein chinesisches Pendant, schlicht „Affe" genannt, überwand unzählige Widrigkeiten, um die heiligen Schriften des Buddhismus von Indien an den kaiserlichen Hof zu bringen. Und Maui, der große Trickster der ozeanischen Tradition, brachte nicht nur die Sonne dazu, langsamer über den Himmel zu wandern, damit den Menschen genügend Zeit für ihre Pflichten blieb, sondern holte auch North Island, die Nordinsel

## Magische Gestaltwandlung

***Tiere und Menschen konnten Rollen tauschen, und Geschöpfe aus Fleisch und Blut waren nicht immer das, was sie zu sein schienen.***

Die meisten älteren Gottheiten besaßen die Fähigkeit, ihre Gestalt nach Gutdünken zu verändern. Über alle Einschränkungen des Stofflichen waren sie erhaben. So kam Zeus gelegentlich als Stier auf die Erde.

Später war die willentliche Gestaltwandlung vor allem Sache der Trickster und Zauberer; die keltische Mythen sind besonders reich an solchen Gestalten. In selteneren Fällen verwandelten sich Menschen auch unfreiwillig. Das klassische Beispiel dafür waren die osteuropäischen Werwölfe. Aber in Südamerika gab es auch Wer-Jaguare, und in China wußte man von Füchsen, die Menschengestalt annahmen.

Alle diese Sagen setzten die Existenz einer hinter den Erscheinungen verborgenen magischen Welt voraus, in der sich die Vorstellungskraft über die normalen Naturgesetze hinwegsetzen konnte.

**Der Jaguar lebte in den Regenwäldern Mittelamerikas. Wegen seiner Gefährlichkeit verehrt, besaß er bei rituellen Verwandlungen viele wichtige Funktionen; der olmekische Wer-Jaguar galt als die Frucht einer tierisch-menschlichen Paarung. Keramik, 12.–14. Jahrhundert.**

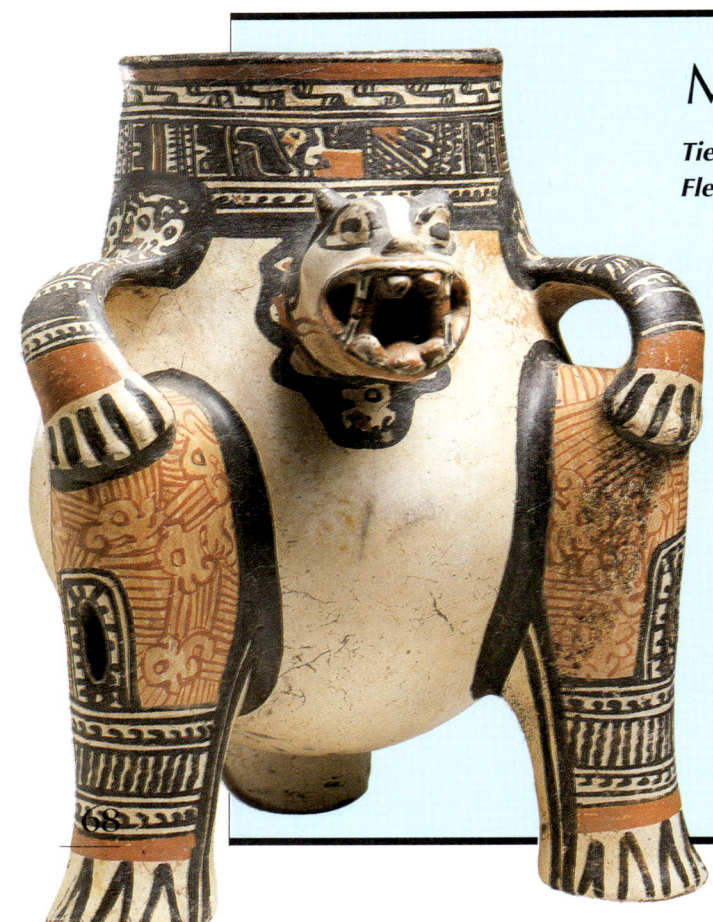

## Taliesin und Elphin

**Zauberer wie der Waliser Taliesin besaßen die Findigkeit und die magischen Kräfte von Trickster-Gottheiten.**

Ein historischer Taliesin lebte im 6. Jahrhundert, doch über sein Leben ist wenig bekannt. Als 800 Jahre später das *Buch von Taliesin* verfaßt wurde, hatte sich bereits viel sagenhaftes Material mit seinem Namen verbunden. Taliesin soll der Hofbarde des Fürsten Elphin gewesen sein, der mit anderen am Hof des großen Königs Artus um dessen Gunst wetteiferte. Als Elphin sich eines Tages unklugerweise brüstete, kein anderer Ritter am königlichen Hof habe eine so tugendhafte Gattin und einen so weisen Barden wie er, ließ ihn Artus einsperren.

Sobald Elphin im Kerker saß, wurde ein Mann zu seinem Palast geschickt, um seine Gattin zu verführen und damit seine erste Behauptung zu widerlegen. Doch Taliesin durchschaute dank seiner hellseherischen Fähigkeiten den Plan sofort. Er überredete eine Küchenmagd, die Gewänder der Fürstin anzulegen und sich für sie auszugeben. Als daher der grausame Verführer versuchte, seine Eroberung dadurch zu beweisen, daß er dem Mädchen einen Finger abschnitt und ihn bei Hof vorführte, konnte Elphin mühelos zeigen, daß es nicht derjenige seiner Gemahlin sein konnte: Er war zu dick und der Nagel zu ungepflegt; außerdem trug er noch Spuren von Teig.

Als nächstes bestand Artus nun darauf, einen Sängerwettstreit zu veranstalten. Taliesin aber verhexte alle seine Konkurrenten, so daß sie nur noch wie Schafe blöken konnten. Als er dann selbst an die Reihe kam, sang er so lieblich, daß die Ketten, mit denen sein Fürst gefesselt war, wie Glas zersprangen. Jetzt mußte König Artus wohl oder übel eingestehen, daß Elphin mit seiner Prahlerei doch recht gehabt hatte. Fortan behandelte er seinen Vasallen und auch dessen Barden mit dem allergrößten Respekt.

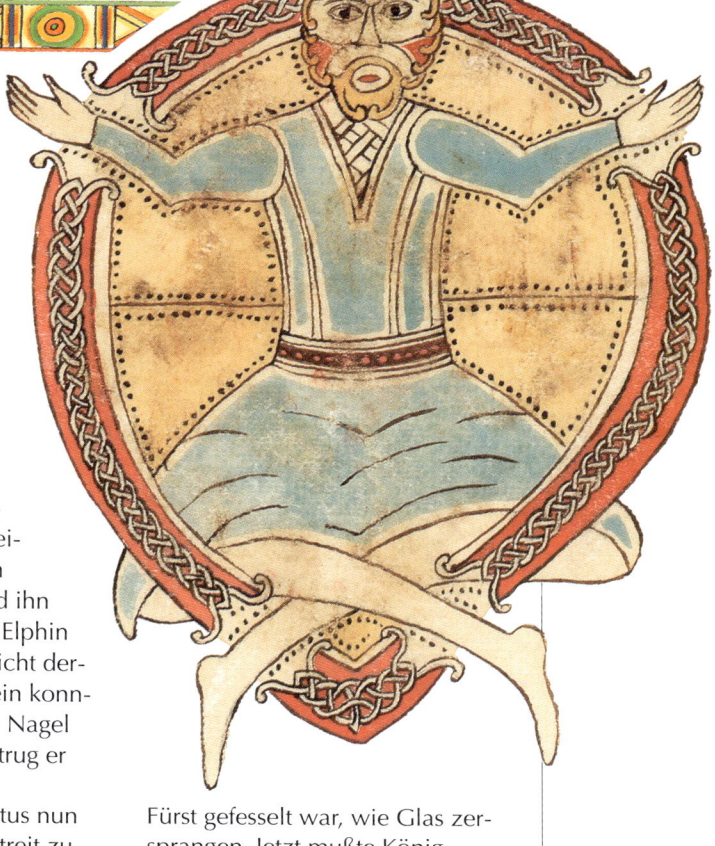

---

Neuseelands, vom Grund des Ozeans herauf. Entsprechend heißt sie bei den Maori „Mauis Fisch".

In seiner kosmischen Funktion konnte der Trickster auch eine zerstörerische Kraft darstellen, und bisweilen handelte er dabei lediglich aus einer flüchtigen Laune heraus. So brachte Coyote nach dem Glauben der Maidu schlicht deswegen Krankheit und Tod in die Welt, weil er die Schöpfung in ihrem ursprünglichen, vollkommenen Zustand auf die Dauer langweilig fand. In einem mikronesischen Mythos gab der Trickster Olifat aus reinem Jux den Haien Zähne und den Skorpionen Giftstachel. Und wie die Aborigines erzählen, spießte der böse Tjinimin in der Traumzeit ohne besonderen Grund die Regenbogenschlange auf. Durch ihre Todeszuckungen gestaltete die gigantische Schlange zwar die australische Landschaft, so wie sie heute ist, löschte aber auch sämtliche Feuer der Welt aus. Es war einzig dem Kulturhelden Kestrel zu verdanken, daß ein Stückchen Glut gerettet wurde und so den Menschen das lebenswichtige Element erhalten blieb.

Wie die germanische Mythologie zeigt, konnten Trickster sogar noch Schlimmeres anrichten. Denn es war der gewissenlose Schelm Loki, der durch eine üble List den Tod Balders, des strahlenden Gottes des Lichts und der Freude, herbeiführte. Und gleichfalls er war es, welcher dereinst die Reifriesen gegen Asgard führen und damit nichts weniger als den Weltuntergang verursachen würde.

EINE WELT VOLLER GÖTTER UND GEISTWESEN

# Hüter von Haus und Herd

Die häusliche Welt hatte ihre eigenen Mythen und Gottheiten. Wer sich eines friedlichen, wohlgeordneten Heims erfreuen wollte, mußte sich bemühen, diese mitunter reizbaren Geistwesen bei Laune zu halten.

Seit die Menschen anfingen, in dauerhaften Unterkünften zu wohnen, verspürten sie auch das Bedürfnis, ihr Zuhause geschützt zu wissen. Das eigene Heim war stets mehr als ein bloßes „Dach über dem Kopf"; es war ein Zufluchtsort, ein Reservat des Friedens und der Geborgenheit in einer feindlichen Umwelt.

Mit der Entwicklung des Ackerbaus und der damit einhergehenden zunehmenden Seßhaftigkeit des Menschen verstärkte sich dieses Bedürfnis. Jetzt konnten Häuser ein Leben lang halten. Auf dem Land konnten Ackerbauern und deren Familien einen solchen Grad an Selbstversorgung erreichen, daß sie sich nur noch selten von ihrem eigenen Grund und Boden zu entfernen brauchten. In den sich herausbildenden städtischen Siedlungen gewährten Mauern und Türen die Möglichkeit, sich von der wimmelnden Menge zurückzuziehen und eine gewisse Privatsphäre zu genießen.

Für den Schutz von Haus und Familie suchte der Hausherr natürlich die Hilfe der Götter. Aber die großen himmlischen Mächte müssen ihm zu entrückt erschienen sein, um sich mit derlei privaten Dingen abgeben zu können. Also sah er sich nach weniger ehrfurchtgebietenden Wesen um. Diese Beschützer von Haus und Hof waren weitgehend schlichte, bo-

denständige, zum Teil sogar komische Gesellen. Trotz ihrer göttlichen Kräfte wurden sie von ihren Schutzbefohlenen mit der Vertraulichkeit behandelt, die einem langjährigen Freund der Familie zusteht.

Bereits das älteste bekannte Beispiel wies alle genannten Merkmale auf. Der altägyptische Gott Bes war ein hausbackener, gemütlicher Bursche. Mit seinem Vollbart, seinen langen Haaren und seiner säbelbeinigen Zwergengestalt war er gewiß keine Schönheit. Aber er war ein umgänglicher Typ; seine Vorliebe für Musik, Tanz und die Gesellschaft von Kindern machte ihn überall zu einem willkommenen Gast.

Ursprünglich scheint er ein nubischer Kriegsgott gewesen zu sein. Als die streitbaren Römer in viel späterer Zeit seinen Kult übernahmen, ließen sie diesen einstigen Aspekt wieder aufleben, indem sie ihm eine Legionärstunika überstreiften. Aber in den Augen der Ägypter – und ebenso der Griechen, die ihn gleichfalls adoptierten – machte seine lächerliche Erscheinung derlei soldatische Prätentionen zunichte. Sie begriffen ihn eher als einen Fruchtbarkeitsgott. In Ägypten wurde er zum Schutzherrn der Gebärenden, während die Griechen gleich Nägel mit Köpfen machten und ihn als einen Satyr darstellten.

So oder so gehörte Bes zu den am häufigsten dargestellten ägyptischen Gottheiten überhaupt: An Türpfosten, Bettgestellen, Stühlen und sonstigen Möbeln prangend, wehrte er böse Geister ab. Es hieß, er fördere die Fruchtbarkeit, beschütze die Kinder, vertreibe Schlangen und bringe allgemein Glück. Mit diesen Fähigkeiten eignete er sich hervorragend als Prototyp aller späteren Schutzgottheiten des Hauses.

*Die römischen Götter*
Auch wenn die Römer Bes in ihr Pantheon aufnahmen, hatten sie in den Laren und Penaten durchaus eigene Haus- und Familiengötter. Der Lar war ursprüng-

**Ein Lar, eine römische Schutzgottheit der Familie, der „gute Geist" des Hauses und die Verkörperung der Geister der Ahnen. Solche Hausgötter wohnten in einem eigenen Schrein am Herd und wurden täglich durch Speiseopfer geehrt. In reichen Häusern fand man bisweilen Miniaturnachbildungen von römischen Tempeln, die als Altar für die Hausgötter und die spezielle Gottheit der Familie dienten (Bronzestatuette, 1. Jahrhundert n. Chr.).**

## HÜTER VON HAUS UND HERD

lich wohl ein Bauerngott, dem insbesondere der Schutz der geernteten Feldfrüchte auf dem Weg zum Markt oblag. Mit der Zeit aber folgte er den Landleuten in die Stadt und wurde mit den Geistern der Ahnen identifiziert. Der *lar familiaris* hatte in jedem Haus seinen eigenen kleinen Schrein und erhielt Opfergaben, die sein Wohlwollen erhalten sollten.

**In vielen Kulturen ist bereits das Haus als solches ein sakraler Raum; oft wird es als Abbild des Kosmos gedacht oder aber zu bestimmten rituellen Zwecken konzipiert. Die an einem Steilhang errichteten Behausungen der Dogon (Mali) spiegeln in ihrer Architektur mythische Vorstellungen wider: Ihre strohgedeckten Kornspeicher sind nach dem Muster desjenigen des „Meisters der reinen Erde" gebaut, der am vierten Schöpfungstag vom Himmel herabstieg. Symbolisch für den fruchtbaren weiblichen Körper ist der Kornspeicher innen in acht Kammern unterteilt, die den acht Dogon-Ahnen und den acht inneren Organen entsprechen.**

Die Penaten waren die Schutzgeister des Vorrats (lat. *penus*). Wenn man sie respektvoll behandelte, sorgten sie dafür, daß die Speisekammer nie leer wurde. Sie traten immer zu zweit oder mehreren auf. Familien, die keinen Mangel leiden wollten, gaben ihnen von jeder Mahlzeit ein wenig ab und stellten ihnen sogar ein eigenes Salzfäßchen zur Verfügung. Die Penaten hatten ihren Schrein meist in der Nähe des Herdes, der auch einer weiteren Schutzgottheit heilig war: Vesta, der Göttin des Feuers. Ihr zu Ehren wurde eine „ewige Flamme" unterhalten; wenn sie durch einen unglücklichen Zufall ausging, durfte sie nicht aus einem bereits brennenden Feuer wieder entzündet, sondern mußte neu geschlagen werden.

Hausschreine vom römischen Typus waren ein weitverbreitetes Phänomen, und in Form von Bildern von Heiligen, Bodhisattvas und den unzähligen Gottheiten, die weltweit die Wände von Millionen von Häusern zieren, erfreuen sie sich noch immer größter Beliebtheit. In Japan, wo der Buddhismus und der einheimische Shintoismus friedlich koexistieren, findet man in vielen Häusern ein „Götterregal", auf dem kleine Idole beider Religionen einträchtig nebeneinander stehen. In Südamerika haben christliche Heiligenbildchen mittlerweile die *huacas,* die heiligen Gegenstände vorkolumbianischer Zeit, weitgehend verdrängt. Bei letzteren handelte es sich in der Regel um grobbehauene oder von Natur aus auffällig geformte Steine, die zum Schutz des Hauses in Nischen aufgestellt oder, in Stoff gewickelt, irgendwo verwahrt wurden. In manchen Häusern fand man aber auch den mumifizierten Leichnam eines Vorfahren; zum jährlichen Fest der Toten wurde er von seinem Ehrenplatz geholt und feierlich durch die Straßen getragen.

In China war bis vor kurzer Zeit für jeden Winkel des Hauses eine andere Gottheit zuständig. Im Einklang mit dem bürokratischen Charakter des chinesischen Pantheons beschützten diese Götter die Bewohner nicht nur, sie beaufsichtigten sie regelrecht. Insbesondere der Küchengott führte im Auftrag des Himmlischen Herrschers über jedes Fehlverhalten – von schlampiger Haushaltsführung bis hin zu mangelndem Respekt gegenüber den älteren Familienangehörigen – penibel Buch. Einmal im Jahr reiste er dann an den himmlischen Hof, um Bericht zu erstatten. In der Praxis allerdings nahmen die Menschen derlei göttliche Anschwärzerei eher auf die leichte Schulter. Am Vorabend seiner Abreise war es üblich, dem Gott Alkohol anzubieten, um ihn beschwipst zu machen, oder ihn mit klebrigen Süßigkeiten zu bestechen, in der Hoffnung, daß dann seine Lippen versiegelt bleiben würden.

## Übernatürliche Störenfriede

In Europa wurden die alten Hausgottheiten im Zuge der Christianisierung in den Untergrund getrieben, meldeten sich aber alsbald in Gestalt von Hausgei-

**Der chinesische Küchengott Zao Jun begann seine Laufbahn als ein Mann namens Jang, der seine Frau verließ, um seine Mätresse zu heiraten. Sein Verhalten blieb aber nicht ungestraft: Die Götter schlugen ihn mit Blindheit und Armut, und seine Mätresse ließ ihn sitzen. Fortan strich er als Bettler durch die Straßen. Eines Tages drang aus einem Haus ein köstlicher Duft. Jang klopfte an und bat um etwas zu essen. Man ließ ihn herein, und die Nudeln schmeckten köstlich, aber auch irgendwie vertraut. Der Zufall hatte ihn zum Haus seiner ehemaligen Gattin geführt. Überwältigt von Scham darüber, was er ihr angetan hatte, stürzte er sich ins Herdfeuer und verbrannte zu Asche. Die Götter aber erbarmten sich des reuigen Sünders und machten ihn zum Küchengott; seitdem ist er für das Wohlverhalten der Familie verantwortlich. Die Abbildung zeigt** *Der Küchengott und sein Hofstaat* **(Druck, 19. Jh.).**

stern wieder zurück. Solche Kobolde besaßen zwar nicht die Autorität ihrer göttlichen Vorgänger, aber wenn sie gereizt wurden, führten sie sich auf wie wildgewordene Poltergeister. Die slawische Welt war mit derlei Kreaturen besonders reich gesegnet. Außer dem *domowoj*, der hinter dem Ofen wohnte und meist als der Geist eines verstorbenen Ahnen galt, gab es noch Geister des Hofes, der Scheune und des Badehauses, und allesamt konnten sie, wenn sie gereizt wurden, erheblichen Ärger machen. Zu ihren westeuropäischen Vettern zählten der deutsche Kobold, der französische *lutin*, der skandinavische *nis*, der englische *brownie* oder *boggart* und der spanische *trasgu*, ein rotgewandeter Zwerg, der nachts durch die Zimmer streifte und je nach Laune Hausarbeiten verrichtete oder die Einrichtung demolierte.

## Unheimliche Treue

Ein typisches Merkmal all dieser Geistwesen war, daß man sie nur äußerst schwer loswurde, wie eine Geschichte aus England veranschaulicht. Ein Bauer hatte einen besonders ungebärdigen *boggart*, der ihn mit seinen Streichen schier in den Wahnsinn trieb. Er verschüttete ihm die Milch, ließ seine Kühe und Pferde nachts aus dem Stall, knallte mit den Türen und zerschlug ihm das Geschirr. Schließlich hatte der Bauer genug. Er lud all seine Habseligkeiten auf einen Wagen und schickte sich gerade an, seinen Hof für immer zu verlassen, als ein Nachbar des Weges kam und fragte, was er da tue. Noch ehe der Bauer antworten konnte, ertönte von dem hinter ihm aufgetürmten Hausrat herab ein Stimmchen: „Tja, Gevatter, wir ziehen halt um."

In den baltischen Ländern kannte man diebische Geistwesen, die dem Herrn des Hauses dienten, indem sie für ihn stahlen. In Finnland hieß ein solches Wesen *para* oder „Träger", und es nahm oft Katzengestalt an. Gewöhnlich kam es mit Butter, Getreide oder Milch im Maul an; bisweilen konnte es nach einem seiner Streifzüge aber auch Geld auswürgen.

Aufsehenerregender war da der litauische *áitvaras*, ein kleiner fliegender Drache, der auf dem Boden wie ein Hahn aussah, in der Luft aber wie eine Feuerkugel. Auch er war auf kleinere Diebstähle spezialisiert, und er ging seiner Arbeit mit solchem Fleiß

**Ein *áitvaras* konnte** seinem Eigentümer durch allerlei Diebereien beträchtlichen Reichtum einbringen; deshalb war sein Marktwert erheblich. Seine Dienste erwies der *áitvaras* aber nur demjenigen, der ihm seine Seele verpfändete.

nach, daß er seinen Besitzer damit auf die Dauer reich machen konnte. Und er lebte ausschließlich von Omeletts – eine um so überraschendere Vorliebe, wenn man bedenkt, daß der *áitvaras* – dem Volksglauben nach – aus den Eiern von Hähnen ausgebrütet wurde; war gerade kein entsprechendes Ei zu haben, mußte man einen *áitvaras* für viel Geld kaufen.

Solche Geschichten gehören mittlerweile ins Reich der Märchen. In unserer Welt der Alarmanlagen und Gebäude- und Hausratsversicherungen scheint das Bedürfnis, das eigene Heim unter übernatürlichen Schutz zu stellen, endgültig verschwunden zu sein. Doch jedesmal, wenn eine Familie ein Tischgebet spricht oder ein Schild mit dem Spruch „Gott segne dieses Haus" an die Wand hängt, knüpft sie unwissentlich an eine uralte Tradition an.

# DIE SCHLANGE, EIN EWIGES SYMBOL

Schlangen oder Drachen kommen seit alters her in den meisten Mythenkreisen der Welt vor, aber ihre Bedeutung und Symbolik variierten erheblich. Das Wort „Drache" ist vom griechischen *drakon* abgeleitet, was soviel wie „große Schlange" bedeutet, und tatsächlich war dieses mythische Zwitterwesen ein natternartiges, geflügeltes Reptil. Drachen wurden häufig als Verkörperungen uranfänglicher Kraft begriffen und im Abendland als feuerspeiende, im Osten als wasserspendende Geschöpfe aufgefaßt. Die Chinesen glaubten, die Drachenkönige lebten unter Wasser, könnten aber zum Himmel emporfliegen, um es regnen zu lassen; Drachen oder *lung* galten als starke Quellen männlicher Yang-Energie, deren Gegenwart sich in gewaltigen Dunstwolken und heftigen Gewittern manifestierte. Drachenkönige waren mächtige Wesen, die verdienstvolle Sterbliche mit reichen Gaben beschenken konnten – ein Merkmal, das sie zum vollkommenen Symbol kaiserlicher Würde machte. Auch in Australien und Afrika standen Schöpfung und lebenspendendes Wasser in enger Beziehung zur Schlange, deren gleitende Fortbewegung an das Strömen fließender Gewässer erinnerte.

Die Regenbogenschlange, der Ahnengeist der Aborigines, hatte dem Land bereits in der Traumzeit unauslöschliche Spuren aufgeprägt; Entsprechendes galt nach dem Glauben der westafrikanischen Fon für Aido-Hwedo. Aber am häufigsten wurden Schlangen wohl mit dunklen Mächten in Verbindung gebracht. In weiten Teilen der Welt galten sie als Verkörperungen des Bösen. Möglicherweise rührte ihr schlechter Ruf von ihrer Vorliebe für dunkle, unterirdische Aufenthaltsorte her. Hinzu kommt, daß die Schlangengestalt phallische Assoziationen nahelegt, die sich in Geschichten von Wollust und Verderbtheit äußerten. Andererseits erschienen sie durch die Fähigkeit, ihre Haut abzustreifen und neu zu erstehen, als beneidenswerte Meisterinnen der Selbstverjüngung. Diese zwiespältige Bewertung entsprach ihrer zugleich abstoßenden und anziehenden Erscheinung.

Der hinduistische Gott Vishnu, der Erhalter, sitzt auf der Schlange Ananta-Shesha, die in den Fluten des Ur-Ozeans schwimmt. Vishnu hält seine gewohnten Attribute Schneckenhorn, Keule, Diskus und Lotos. In seiner zweiten Inkarnation, Kurma, stützte Vishnu den Berg Mandara, mit dem die Götter und Dämonen den Milchozean quirlten, wobei ihnen die Schlange Vasuki half. Nagas, schlangengestaltige halbgöttliche Wesen, bilden mit ihren Kobrahauben einen Baldachin über dem Gott.

*Gegenüber, oben:* Die Ägypter glaubten, der Fortbestand der Welt sei nur dann gewährleistet, wenn die Sonne ihren allnächtlichen Kampf gegen Apophis überlebte, den schlangengestaltigen Gott der Finsternis. Diese sich aufbäumende goldene Uräusschlange war die Verkörperung der Reichsgöttin Wadjet; sie gehörte zu den Insignien des Pharaos Sesostris II. (um 1847–1837 v. Chr.).

*Oben:* In den Mythen des Vorderen Orients waren Schlangen oft Symbole von Chaos und Finsternis und wurden deshalb häufig von Helden bekämpft. Auch in der germanischen Sagenwelt triumphierten Helden wie Siegfried und Beowulf über Lindwürmer und Drachen. Im Christentum wurden sie zur Verkörperung heidnischer Sündhaftigkeit, und in der Kunst des Mittelalters finden sich zahlreiche Darstellungen von Heiligen im Kampf gegen Drachen. Oft glaubte man, die fruchtbarkeitspendende Kraft des Untiers gehe auf dessen Besieger über, und kinderlose Frauen pilgerten daher oft zu den Kultstätten entsprechender Heiliger. Diese Abbildung, eine äthiopische Ikone aus dem 18. Jahrhundert, zeigt den hl. Georg, den legendären Drachentöter,

*Unten:* In den japanischen Mythen verrieten die Drachen den Einfluß ihres Herkunftslandes China. Sie konnten ihre Größe verändern, sich sogar unsichtbar machen, und oft traten sie als Widersacher von Helden auf – wie im Falle von Susanos Begegnung mit der achtköpfigen Schlange Yamata no Orochi. Detail aus einem Stellschirm von Sadahide (19. Jh.).

*Rechts:* Bereits als Kleinkind erdrosselte Herakles zwei Schlangen, die ihm die Göttin Hera mit mörderischer Absicht geschickt hatte. Später kämpfte er erfolgreich gegen die vielköpfige Wasserschlange Hydra. Sobald ihr ein Kopf abgeschlagen wurde, sprossen an dessen Stelle zwei neue, wodurch sie so gut wie unbesiegbar war. Römischer Ring (2. Jh.).

*Links:* In vielen afrikanischen Schöpfungsmythen galt die Schlange als das älteste, seit Anbeginn der Zeit existierende Geschöpf. Die kosmische Schlange fungierte als eine Art Weltenbaum, indem sie mit ihrem geringelten Leib die verschiedenen Ebenen des in Entstehung begriffenen Universums miteinander verband. Goldenes Schlangenornament von der Elfenbeinküste, 19. Jahrhundert.

*Rechts:* Von Wolken umgeben, bewacht der kaiserliche Drache die flammende Perle, ein Symbol der Sonne und des kaiserlichen Schatzes. Seidengewand des Hof-Eunuchen einer chinesischen Kaiserinmutter, 19. Jahrhundert.

*Oben:* Der im südwestlichen Ohio gelegene Great Serpent Mound („Großer Schlangenhügel") ist eines der rätselhaftesten Denkmäler der altamerikanischen Adena-Kultur, die etwa von 600 bis 200 v. Chr. in Blüte stand. Die Archäologen fanden in der Umgebung keinerlei Spuren von Gräbern oder Kultstätten, so daß der Sinn dieser Anlage nur vermutet werden kann. Die gigantische, von Kopf bis Schwanzspitze 500 Meter lange Figur hält ein ovales Gebilde im Maul, das ein Ei darstellen könnte – ein uraltes, weltweit verbreitetes Symbol für die Entstehung des Lebens und der ganzen Welt. Manche Forscher sind deshalb der Ansicht, daß die Schlange eine Schöpfergottheit darstellen könnte.

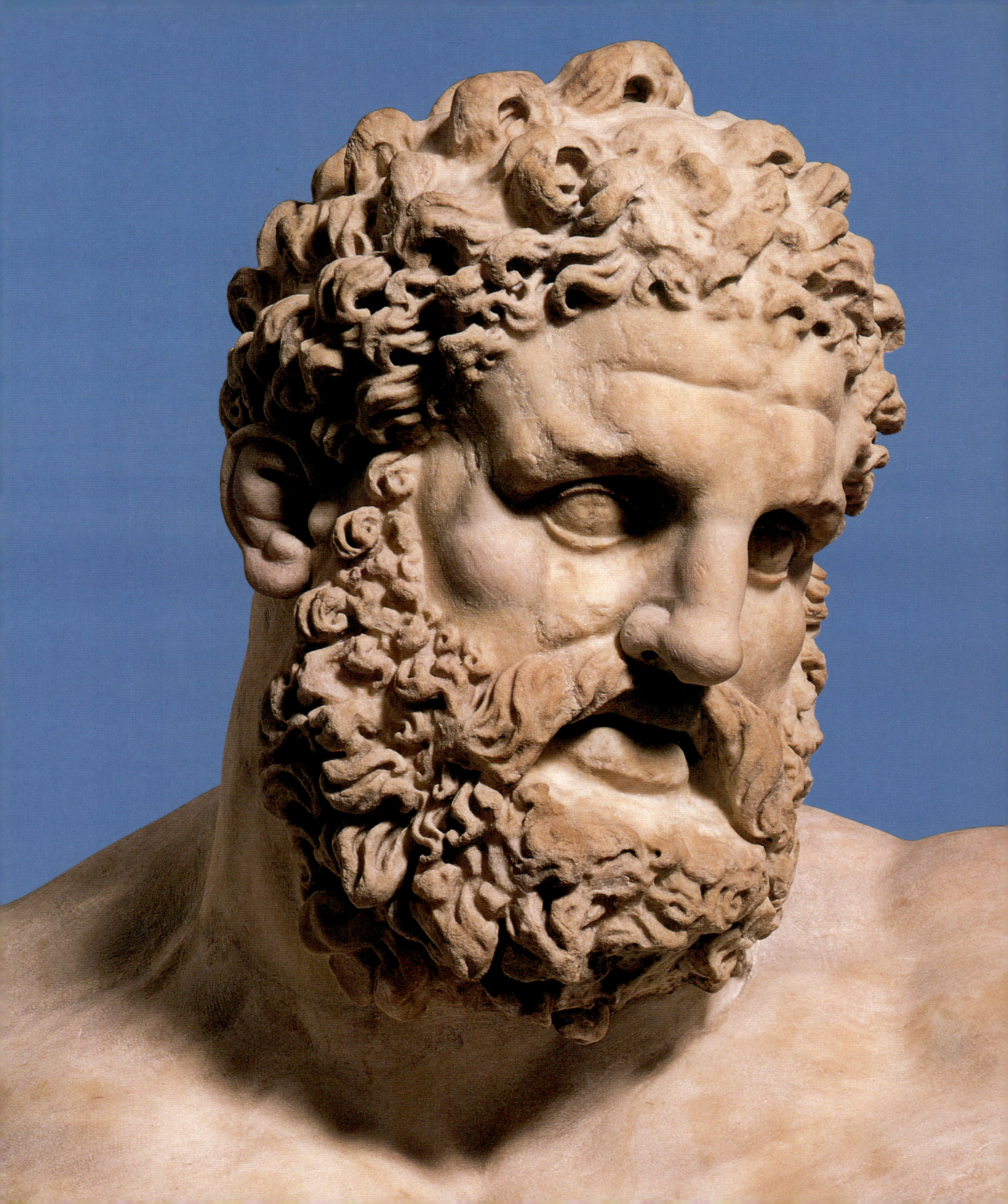

# VON HELDEN, KÖNIGEN UND ÜBERMENSCHEN

Anders als Schöpfungs- und Naturmythen, die die Welt mit Göttern und Geistern bevölkern, behandeln Heldensagen in erster Linie Menschen von außergewöhnlicher Kraft und Tapferkeit, die sich zudem durch besondere Taten auszeichnen. Während in den Mythen über die Erschaffung der Welt Gottheiten häufig auf die Erde herabsteigen und sich wie unseresgleichen verhalten, sind hier die Rollen vertauscht: Außergewöhnliche Menschen zeigen etwas von der Kraft und der Entschlossenheit von Göttern. Besonders große Verbreitung fanden diese Mythen in Kulturkreisen wie etwa dem griechischen, die das Individuum und dessen Potential in den Mittelpunkt stellten.

Der Drang, sich mit hervorragenden Persönlichkeiten zu identifizieren, scheint ein universales Phänomen zu sein. Und ebenso universal ist das Muster, dem die Laufbahn solcher Gestalten folgt. Ihr Leben zerfällt gemeinhin in drei Phasen: Vorbereitung, Auszug und Rückkehr. Zuerst erfahren wir von einer außergewöhnlichen, oft unter schwierigen oder gefährlichen Umständen erfolgenden Geburt, der sich eine an wunderbaren Ereignissen reiche Kindheit anschließt. Bisweilen wird der Jüngling mit einer Herausforderung konfrontiert, durch die sich seine Eignung für ein Heldenschicksal zeigt. Dann kommt die zentrale Suche, zu der der Held aufbricht, um seine Taten zu vollbringen. Dieser abenteuerlich bewegten Lebensphase folgt eine Heimkehr, die triumphal ausfallen kann, fast ebenso häufig aber von Schwierigkeiten begleitet ist, wenn sich die Situation der Zurückgebliebenen verändert hat. Zuletzt wird ein bemerkenswertes Leben durch einen denkwürdigen, häufig tragischen Tod gekrönt.

Die meisten Sagen stellen sich als Lebensgeschichte großer Männer der Vergangenheit dar, und manchen von ihnen – so namentlich dem Tolteken-Herrscher Topiltzin und den Helden des Trojanischen Krieges *(Seite 84–85)* – liegen durchaus reale Persönlichkeiten zugrunde.

Neben dem Helden existierte vielerorts noch eine zweite Gruppe von Personen, denen übermenschliche Kräfte zugeschrieben wurden: die Gottkönige, real existierende Herrscher, die bei ihrem Volk im Ansehen übernatürlicher Wesen standen. In der Regel fungierten solche kultisch verehrten Gestalten als Mittler zwischen ihren Untertanen und der Götterwelt. Nach ihrem Tod wurden sie oft selbst in die himmlischen Sphären entrückt.

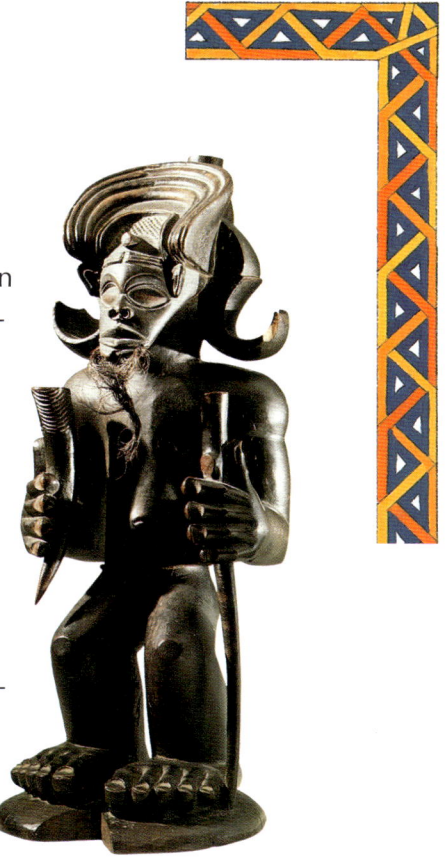

*Oben:* Der zentralafrikanische König Chibinda Ilunga, der Begründer einer Luba/Chokwe-Dynastie, wurde zur kultisch verehrten mythischen Gestalt (Figur aus dem 19. Jahrhundert).

*Gegenüber:* Herakles, ein Sohn des Zeus und der größte griechische Held überhaupt. Dieser rund 2000 Jahre alte römische Marmorkopf ist wahrscheinlich die Kopie eines um 325 v. Chr. entstandenen griechischen Originals. Herakles war wegen seiner Kraft und seiner Furchtlosigkeit in der ganzen griechisch-römischen Welt berühmt.

VON HELDEN, KÖNIGEN UND ÜBERMENSCHEN

# Göttliche Herrscher

Bereits lange vor den Helden gab es die Gottkönige – angeblich von den Göttern gesandte Herrscher, die ihre unumschränkte Macht mit ihrer besonderen Beziehung zur Welt der Unsterblichen rechtfertigten.

Die ersten historisch verbürgten Gottkönige sind die ägyptischen Pharaonen. Sie galten als die irdische Verkörperung von Horus, dem in ganz Ägypten verehrten göttlichen Überwinder des bösen Unruhestifters Seth. Ebenso wie Horus durch seinen Sieg über Seth die Ordnung im Götterreich wiederhergestellt hatte, wurde von dessen irdischem Stellvertreter auf dem Thron Ägyptens erwartet, daß er der Menschenwelt Frieden und Stabilität brachte.

Der göttliche Stammbaum der Pharaonen war makellos. Sie wurden von keinem Geringeren gezeugt als dem Reichsgott Re, der Sonne. Nähere Angaben zu diesem Ereignis finden sich in den Sargtexten der Hatschepsut, einer der wenigen Herrscherinnen in der langen Geschichte des Nilreiches. Möglicherweise weil sie als Frau auf dem Thron Schwierigkeiten hatte, sich durchzusetzen, war es ihr offenbar ein Anliegen, daß die Nachwelt von ihrer legitimen, göttlichen Abstammung erfahre.

Wie die Inschriften ausführen, kam der große Gott in Gestalt des regierenden Herrschers Thutmosis I. zu Hatschepsuts Mutter, während sie im Palast schlief, und weckte sie durch seinen überirdischen Duft. Da er sie begehrte, „ging seine Liebe in ihren Leib über". Ehe er wieder verschwand, offenbarte ihr der Gott, daß sie eine Tochter gebären werde, die den Namen Chenmatemen Hatschepsut erhalten solle, „Sie, die Amun umarmt, die Spitze der Edeldamen".

Als irdische Stellvertreter der Götter hatten die Pharaonen die Pflicht, für die Verwirklichung der Maat oder Ordnung zu sorgen. Wie es in einem Text heißt: „Re hat den König für immer und ewig in die Welt der Lebenden gesetzt, auf daß er über die Menschen richte und die Götter besänftige, Recht geschehen lasse und das Unrecht vernichte." Auch wenn die Herrscher in der Praxis oft einen Großteil ihrer Verantwortung an die Priesterschaft delegierten, konnten im Prinzip nur sie bei den Göttern für ihr Volk eintreten. Und sie sprachen auch nicht lediglich im Namen Ägyptens, sondern für die gesamte Menschheit, denn auch alle übrigen Völker galten als ihnen untertan. Der Pharao verhandelte nicht mit ausländischen Mächten, zumindest theoretisch nahm er lediglich ihre Tribute entgegen.

Das ägyptische System war nur eine von vielen verschiedenen Formen von Sakralkönigtum, die man weltweit kannte, und bei allen Unterschieden hatten die meisten von ihnen doch bestimmte Gemeinsamkeiten. Die Beziehung zu den Göttern konnte eine einigende und stabilisierende Wirkung auf die Gesellschaft ausüben, indem sie der weltlichen Macht das Siegel

**Die Bronzestatue zeigt den falkenköpfigen ägyptischen Gott Horus mit einer göttlichen Opfergeste (um 664–525 v. Chr.). Die Könige der zweiten Dynastie hatten ihre Machtkämpfe als den Konflikt zwischen Horus und Seth um den Thron von Horus' Vater Osiris mythologisiert. Mit der Zeit wurden Ober- und Unterägypten dann jeweils mit Seth und mit Horus assoziiert.**

überweltlicher Autorität verlieh. Opposition oder Kritik wäre einem Akt der Blasphemie gleichgekommen. In einer bedrohlichen und unbegreiflichen Welt bedeutete es für das Volk eine Beruhigung zu wissen, daß der Herrscher dank seiner innigen Beziehung zu den himmlischen Mächten für die Durchsetzung des Willens der Götter auf Erden sorgen würde.

*Kinder der Sonne*

Überall da, wo sich Herrscher auf einen göttlichen Urahn beriefen, begann die Abstammungslinie in der Regel mit der Sonne. Ebenso wie die ägyptischen Herrscher Re, betrachteten die japanischen Kaiser die Sonnengöttin Amaterasu, die im Hohen Himmelsgefilde über den anderen Unsterblichen throne, als ihre Ahnengottheit. Bemerkenswerterweise hielten die Kaiser bis weit in das 20. Jahrhundert hinein an ihrem Göttlichkeitsanspruch fest: Erst nach der katastrophalen Niederlage im Zweiten Weltkrieg ließ sich der damalige Kaiser Hirohito dazu bewegen, der Nation in einer Rundfunkansprache zu versichern, daß er nicht wirklich der „Sohn der Sonne" sei.

Die Reformer des späten 19. Jahrhunderts hatten in ihrem Bestreben, Japan wieder zum Status einer Großmacht zu verhelfen, die Göttlichkeit des Tenno bewußt als ein Mittel zur Festigung der nationalen Einheit hochgespielt. Sie waren aber nicht die ersten, die eine angebliche Abstammung von der Sonne zur Durchsetzung politischer Ziele nutzten. Nach heutigem Wissensstand scheint sich Pachacuti, der peruanische Herrscher, der die Glanzzeit der Inka einläutete, bewußt dazu entschlossen zu haben, die Geschicke seiner Familie an den Sonnengott Inti zu knüpfen, der im peruanischen Pantheon bis dahin eine eher untergeordnete Rolle gespielt hatte. Nicht nur erhob Pachacuti Inti an die Spitze der himmlischen Hierarchie; er ließ auch keine Gelegenheit aus, dessen Beziehung zu den Inka immer wieder hervorzuheben – sei es durch Wiederholung in jeder offiziellen Verlautbarung, durch Einführung neuer Feiertage in das Ritualjahr oder dadurch, daß er unterworfenen Völkern die Verehrung Intis aufzwang.

Für die Wahl einer engen Beziehung zur Sonne gibt es einsichtige Gründe. Sie ist nicht nur der herrlichste, alles andere majestätisch überstrahlende Him-

## Auf dem Prüfstand

**Die zentralafrikanischen Alur erzählten von einem Helden-König, der durch das Verhalten eines Tieres göttliche Legitimation erhielt.**

Ojanga-Mbele war der Begründer des Alur-Reiches, aber rebellische Adlige widersetzten sich seinem Herrschaftsanspruch und stellten ihren eigenen Thronanwärter auf. Beim alljährlichen Fest zu Ehren des Regengottes Rubanga sollte sich der Konflikt schließlich zuspitzen. Es war Brauch, dem Gott eine Kuh zu opfern, und nach allgemeiner Überzeugung war der König der einzige, der das Ritual vollziehen konnte.

Also schlug Ojanga-Mbele ein Gottesurteil vor. Sein Rivale solle die Kuh dazu bringen, vor ihnen ehrerbietig die Knie zu beugen. Der Gegenkandidat versuchte sein Glück, aber das störrische Tier reagierte weder auf Drohungen noch auf Schmeichelworte. Dann trat Ojanga-Mbele vor, und vor den erstaunten Augen der versammelten Priester und Ältesten legte sich die Kuh demütig vor ihm auf den Bauch. Rubangas Urteil war unmißverständlich: Ojanga-Mbele war der rechtmäßige Herrscher, und von da an wurde er von allen Alur respektiert.

## VON HELDEN, KÖNIGEN UND ÜBERMENSCHEN

Gesichter blicken von den Türmen des Bayon von Angkor Thom herab (12. Jahrhundert, Kambodscha). Die Khmer-Herrscher, die diese Tempelanlagen errichten ließen, waren von der javanischen Shailendra-Dynastie beeinflußt. Aus diesem Geist heraus entwickelte sich der Begriff des Devaraja: des Gottkönigs, in dem weltliche und spirituelle Autorität untrennbar miteinander verschmolzen waren. Jayavarman II. beispielsweise identifizierte sich mit Shiva. Eng damit zusammen hing die Konzeption des Tempelberges, eines – den Stufenpyramiden Mittelamerikas vergleichbaren – auf einer Anhöhe erbauten Komplexes, der als der Sitz der Göttlichkeit des Königs betrachtet werden konnte. Solche noch heute ehrfurchtgebietenden Monumente galten als Verkörperungen des Königs und seiner Welt, die weit über seinen Tod hinaus Bestand haben sollte.

melskörper, sie ist auch der Lichtbringer, ohne den alles Leben auf Erden verkümmern würde.

Die „Sonnenkindschaft" war keineswegs das einzige Modell, aus dem Machthaber ihre Legitimation bezogen. Die Herrscher der frühen mesopotamischen Stadtstaaten beispielsweise verstanden sich – anders als die Pharaonen – nicht selbst als Götter, sondern lediglich als irdische Statthalter der jeweiligen Gottheit. In Ur wurde diese besondere Beziehung an jedem Neujahrstag wieder öffentlich besiegelt, indem der König die höchste Zikkurat (Stufenpyramide, Tem-

## Inzest und königliches Blut

*Der in manchen Dynastien, die eine göttliche Abstammung für sich beanspruchten, real praktizierte Inzest spielte auch in vielen Heldensagen eine Rolle, was die Beteiligten häufig teuer bezahlen mußten.*

Die ägyptischen Pharaonen vermählten sich gelegentlich mit ihren eigenen Schwestern. Später wurde diese Praxis sogar die Norm. In Peru war es Brauch, daß der herrschende Inka eine Schwester zur Hauptgemahlin nahm. Dies verdeutlichte die Kluft zwischen göttlichem König und Untertanen, denen derartige Ehen ja untersagt waren. Zugleich gewährleistete es die reine Abstammung des Herrschergeschlechts.

Auch in Heldensagen kommt Inzest bisweilen als ein Mittel zur Konzentration vornehmen Blutes vor. In der altnordischen *Wölsungen-Saga* bringt Signy ihren Zwillingsbruder Sigmund durch eine List dazu, mit ihr zu schlafen, da sie weiß, daß nur ein reinblütiger Wölsung das ihrer Familie angetane Unrecht rächen kann.

Waren Helden die Frucht inzestuöser Beziehungen, so unterstrich dies ihre Erhabenheit über die für den Rest der Gesellschaft geltenden Normen. Die griechischen Helden Kastor und Adonis waren beide Kinder ihrer Großväter.

Bei den Helden selbst wurde Inzest selten geduldet. Die südamerikanischen Chibcha erzählten von einem Herrscher namens Hunsahua, der sich einst in seine eigene Schwester verliebte. Als diese ihm einen Sohn gebar, wurde das Paar aus dem Land gejagt und zuletzt in zwei Steine verwandelt.

peltrum) der Stadt bestieg, um symbolisch mit der Fruchtbarkeitsgöttin Inanna – repräsentiert durch eine Priesterin – vermählt zu werden.

### *Mythische Ahnen*

Wieder einen anderen Ansatz bevorzugte man in bestimmten asiatischen Reichen mit lang dokumentierter Vergangenheit und fest etablierter dynastischer Tradition. Das in solchen Kulturen stark ausgeprägte Geschichtsbewußtsein legte für die Herrschenden die Konsequenz nahe, ihr Geschlecht über die Grenzen des Bekannten hinaus bis in eine mythische Urzeit zurückzuverlängern, die den Herrscher letztlich in Beziehung zu den Göttern setzte. Dabei wurde die dynastische Linie üblicherweise mit einer Serie von Kulturhelden *(Seite 32–33)* ausgeschmückt – Herrschern mit halbgöttlichen Fähigkeiten, die ihre Untertanen mit der einen oder anderen Segnung der Zivilisation beglückt hatten. Ein Volk, das seiner Herrscherfamilie so viel verdankte, zollte ihr natürlich größten Respekt.

Persien war hierfür ein gutes Beispiel. Dessen in islamischer Zeit entstandenes Nationalepos, das *Schahnameh* oder „Buch der Könige", erklärt die Entstehung der Welt mit Allah, greift aber zur Schilderung der Urzeit und der frühesten Herrscher auf ältere Mythen und Sagen zurück. Der erste König, Kajumars, lehrte die Menschen, ihre Nahrung zuzubereiten und sich zu kleiden. Ihm folgte Huschang, dem die Sterblichen das Feuer, die Metallverarbeitung und die künstliche Bewässerung verdanken. Weitere mythische Könige führten die Schrift, die Spinn- und die Webkunst sowie die Einteilung der Gesellschaft in verschiedene Klassen ein. Nach ihnen kamen sterbliche Herrscher, die sich durch übermenschliche Attribute und Fähigkeiten auszeichneten.

Für China setzt der Beginn der historischen Epoche mit der Gründung der Shang-Dynastie an, die in das Jahr 1766 v. Chr. verlegt wird. Aber die Geschichtswerke reichten sogar noch weiter zurück, bis zu den Xia-Kaisern, deren Stammvater Da Yu gegen Drachen kämpfte und seine Gestalt beliebig verändern konnte. Und vor Da Yu gab es Yao, in dessen Regierungszeit zehn Sonnen am Himmel erschienen, und vor diesem Huang Di, den Gelben Kaiser, der seinem Volk das Boot und das Rad schenkte. Zuvor noch hatte es den vogelköpfigen Shen Nong gegeben, der den Ackerbau einführte, und Fu Xi, den schlangengestaltigen Erfinder der Kochkunst und der Fischerei. Die Erben dieser archaischen, schamanistischen Gottkaiser hörten niemals auf, ihre Ahnen zu verehren, und von deren göttlicher Aura umgeben herrschten sie bis 1912.

# Mythisierte Geschichte

Vor Erfindung der Schrift waren Mythen die Erinnerungen ganzer Völker. Durch mündliche Weitergabe wurden die Taten realer Könige und Krieger von Generation zu Generation immer weiter ausgeschmückt, bis wahre Wundergeschichten aus ihnen geworden waren.

Der aztekische Gott Quetzalcoatl wurde in der Regel als eine gefiederte Schlange dargestellt. Manche Zeugnisse schrieben ihm hingegen eine menschliche Gestalt zu: hochgewachsen, weißhäutig und mit wallendem Bart. Und sie erzählten von seiner Niederlage und Flucht: Quetzalcoatl soll sich bis zum Golf von Mexiko durchgeschlagen haben und dann, nach einem wehmütigen Abschied von seinen Anhängern, auf einem Floß aus Schlangen zum mythischen Land Tlapallán davongefahren sein.

Ein so unrühmliches Ende erscheint für einen Gott, dessen Aktivitäten sich im übrigen in kosmischen Dimensionen abspielten, seltsam menschlich, und die Forscher glauben mittlerweile, daß sich die Sage tatsächlich auf einen Menschen bezieht. Wie man weiß, bewahren die Azteken die Überlieferungen eines älteren Volkes, der Tolteken, deren Götter sie übernommen hatten und als deren geistige Erben sie sich verstanden. In Ermangelung schriftlicher Quellen beschränken sich unsere Kenntnisse über die toltekische Geschichte auf das, was die Azteken – vielfach entstellt – mündlich weitergegeben haben. Und um eine entstellte historische Überlieferung scheint es sich bei der Geschichte von Quetzalcoatls Exil zu handeln.

Ein toltekischer Herrscher namens Topiltzin erkor Quetzalcoatl zu „seinem" Gott und nahm auch gleich dessen Namen an. Durch die Verehrung dieser eher sanften Gottheit setzten sich Topiltzin-Quetzalcoatl und seine Anhänger von den Parteigängern eines rivalisierenden Gottes, Tezcatlipoca, ab, dem regelmäßig blutige Menschenopfer dargebracht wurden. Eine Zeitlang behielt Topiltzin die Oberhand, und seine Herrschaft ging in das Gedächtnis des Volkes als ein goldenes Zeitalter ein. Die Wahrheit aber war ein Ende in Schmach und Schande. Die Mythen erklären Topiltzin-Quetzalcoatls Untergang mit der Hinterhältigkeit seiner Gegner, die ihn betrunken machten und ihn dazu verleiteten, seine eigene Schwester zu schänden. Aufgrund dieses Verbrechens wurde er vertrieben und machte sich auf nach Osten. Manche glauben, seine Flucht habe ihn auf die Halbinsel Yucatán nach Chichén Itzá geführt, dessen Ruinen tatsächlich eine verblüffende Ähnlichkeit mit den Bauten der Tolteken aufweisen.

**Diese Darstellung Quetzalcoatls, der göttlichen „Gefiederten Schlange", stammt aus dem Codex Borgia und wurde wahrscheinlich im 15. Jahrhundert angefertigt.**

Die Azteken hofften, Topiltzin-Quetzalcoatl würde eines Tages zurückkehren und ein neues Zeitalter des Friedens einläuten. Als dann bärtige weiße Männer von Osten übers Meer kamen, glaubte daher selbst der aztekische Herrscher, es müsse sich bei ihnen um den zurückgekehrten Topiltzin-Quetzalcoatl und dessen Gefolge handeln. Diese Wunschvorstellung zerschlug sich rasch, als Cortés und seine Konquistadoren nichts als Feuer und Schwert ins Land brachten.

Die Geschichte Topiltzins ist ein Paradebeispiel dafür, wie reale Ereignisse im Zerrspiegel der mythologischen Überlieferung eine völlig neue Gestalt an-

## MYTHISIERTE GESCHICHTE

Angelsächsischer Maskenhelm aus dem Grab von Sutton Hoo (Suffolk, vor dem 7. Jh.). Er besteht größtenteils aus Eisen, und nur der stilisierte Drache vor Nase und Mund ist aus vergoldeter Bronze mit eingelegten Granataugen. In einer Kriegergesellschaft wie der angelsächsischen spielten Sagen um Helden eine wichtige Rolle.

nehmen können. Über den möglichen historischen Hintergrund der Sagen um den Kulturhelden Thunupa streiten die Forscher noch heute. Von ihm erzählten die Andenbewohner, er habe die Webkunst und den Anbau von Obst und Gemüse in die Region eingeführt. Darüber hinaus soll er gegen jede Form von Sittenlosigkeit vorgegangen sein. Am Ende ließ ihn ein feindlicher Häuptling hinrichten, und sein Leichnam wurde in einem Schilfboot auf wunderbare Weise über den Titicacasee getragen. Nach manchen Versionen der Sage soll Thunupa ein Kreuz getragen haben, woraus christliche Missionare schlossen, daß es sich bei ihm um einen der Apostel gehandelt haben müsse, etwa um Thomas oder Bartholomäus.

Unklar ist auch die Identität von König Artus, den mittelalterliche Quellen als einen britannischen Heerführer beschreiben, der im 6. Jahrhundert erfolgreich gegen die anstürmenden Angelsachsen kämpfte. Bewiesen ist dies aber nicht; vielleicht war Artus auch der Anführer einer nach römischem Muster ausgebildeten Söldnertruppe – wenn er überhaupt wirklich existiert hat. Mit Sicherheit läßt sich nur eines sagen: Wenn es tatsächlich einen historischen Artus gegeben hat, dann dürfte dieser Mann nur geringe Ähnlichkeit mit dem idealisierten Ritter aufgewiesen haben, den hoch und spätmittelalterliche Dichter aus ihm machten.

Lange Zeit war es üblich, die Geschichte von der Belagerung Trojas als reine Erfindung abzutun. Dann grub Heinrich Schliemann in der Türkei nahe den Dardanellen den Ruinenhügel von Hissarlik aus und wies nach, daß eine solche Stadt tatsächlich existiert hatte und kostbare Schätze barg. Spätere Grabungen förderten unter anderem eine dünne, von nur kurzer Besiedlung zeugende Schicht zutage, die Spuren von ungewöhnlich großzügigen Vorratsspeichern und von Zerstörung durch Feuer aufwies; eine Kombination, die sich gut in die homerische Schilderung einfügt. Jetzt hält man es für wahrscheinlich, daß dem Trojanischen Krieg – wie sehr er auch ausgeschmückt worden sein mag – doch historische Fakten zugrunde liegen.

VON HELDEN, KÖNIGEN UND ÜBERMENSCHEN

# Zur Unsterblichkeit aufgerufen

Die Geschichten der Helden folgen einem stets gleichbleibenden Muster. Zuerst kommt eine außergewöhnliche Geburt, dann eine an wunderbaren Ereignissen reiche Kindheit und schließlich der Augenblick, in dem der Jüngling das ihm vorbestimmte Schicksal annehmen muß.

Helden sind stark, entschlossen, findig und mutig. Sie sind zielstrebig und stellen sich jeder Herausforderung. Sie tun einfach, was getan werden muß.

Heldensagen waren größtenteils in der Menschenwelt angesiedelt und somit zwangsläufig Abbilder der Gesellschaften, die sie hervorgebracht hatten. Und die wiesen der Frau meist nur eine untergeordnete Rolle zu, weshalb mythische Helden fast immer männlichen Geschlechts sind. Die Mythen der Welt kennen zwar durchaus auch genügend Heldinnen, aber in der Regel handelt es sich bei ihnen um Göttinnen, und für die hatten gesellschaftliche Zwänge und Konventionen keine Gültigkeit.

Wie übermenschlich Helden in ihren Tugenden auch erscheinen mögen, fehlerlos sind sie nicht. Mitunter können sie eine bestimmte körperliche Schwäche haben – die sprichwörtliche Achillesferse etwa *(Seite 89)* – oder mit einem lähmenden Fluch behaftet sein, wie die keltischen Helden von Ulster, die periodisch all ihre Kraft verloren. Häufiger weisen sie psychische oder sittliche Mängel auf: Herakles etwa Jähzorn, Odysseus Verschlagenheit, Roland Hochmut. Dennoch sind ihre Absichten grundsätzlich „gut". Sonst wären sie ja auch keine Helden.

Doch die Hauptpersonen der wichtigsten Sagenzyklen haben mehr als nur eine bloße Liste von

Eigenschaften gemeinsam. Ihr gesamtes Leben folgt einem typischen, wiedererkennbaren Muster, in dem sich drei Phasen unterscheiden lassen: Aufbruch, Erfolg und Rückkehr. Irgendeine Berufung führt sie aus ihrer vertrauten Welt hinaus auf eine Wanderung oder Suche, in deren Verlauf sie furchtbaren Gefahren und Ungeheuern begegnen. Schließlich erreichen sie irgendein hohes Ziel, und dann kehren sie wieder zurück – nicht selten zum Mißvergnügen derer, die sie zurückgelassen haben. Ihr Leben endet meist mit einem tragischen Tod.

Aber die Ähnlichkeiten gehen noch weiter. Ein Vergleich der Lebensgeschichten einiger Helden aus ganz unterschiedlichen Kulturkreisen ergibt rasch unerwartete Echos und Berührungspunkte.

### Geburt und Kindheit

Die Parallelen fangen an im Augenblick der Zeugung oder Geburt des Helden, meist unter außergewöhnlichen Umständen. Das Kind kann, wie der persische Held Rostam, durch Kaiserschnitt auf die Welt kommen oder, wie Väinämöinen, die zentrale Gestalt des finnischen Nationalepos *Kalevala*, von einer Jungfrau geboren werden. Die Mutter kann hinsichtlich der wahren Identität des Vaters getäuscht worden sein – der spätere König Artus wurde gezeugt, als Uther Pendragon, der König der Britannier, sich in Igraine verliebte, die Gemahlin des Herzogs von Cornwall, und den Zauberer Merlin dazu überredete, ihm die Gestalt des abwesenden Ehemanns zu verleihen. Das gleiche Motiv begegnet uns im Zusammenhang mit Herakles: Er wurde von Zeus gezeugt, nachdem dieser das Aussehen des Gemahls der von ihm begehrten Alkmene angenommen hatte. Um die Liebesfreuden länger auskosten zu können, ließ der Götterkönig die Sonne drei Tage nicht aufgehen.

Die Mutter kann ihr Kind auch im Traum empfangen. So wurde etwa der irische Held Cuchulainn

**Diese in turkmenischem Stil ausgeführte persische Miniatur des 15. Jahrhunderts zu Firdausis Heldenepos *Schahnameh* zeigt Rostam, wie er einen Drachen tötet – das zweite seiner sieben Abenteuer. Rostam verkörpert in der persischen Tradition das Ideal des menschlichen Helden, der im Kampf um die Wiederherstellung der Ordnung natürliche und übernatürliche Widersacher besiegt und die schwersten Prüfungen besteht.**

## Verlassene Kinder

***Ein immer wiederkehrendes Motiv ist die Aussetzung des Helden nach der Geburt und seine anschließende Adoption durch Fremde.***

Weit verbreitet ist dieses Motiv in der griechischen Sagenwelt, wo es häufig der Vater oder Großvater ist, der das Kind aus Angst vor späterer Entmachtung zum Sterben verurteilt. So wurde Perseus zusammen mit seiner Mutter Danae in einer Kiste ins Meer geworfen und später von einem Fischer gerettet. Ödipus bekam die Füße durchstochen und wurde unweit von Theben am Berg Kithäron ausgesetzt, aber ein Hirte fand ihn und zog ihn auf. Paris wurde als Kind auf einem Berg verlassen, und es war eine Bärin, die ihm das Leben rettete.

Nach römischer Überlieferung wurden Romulus und Remus von einer Wölfin gesäugt. Die Perser erzählten sich vom Helden Zal, der als Säugling vom sagenhaften Vogel Simurgh gefunden und zusammen mit dessen Jungen aufgezogen wurde.

Moses wurde in einem Binsenkästchen auf dem Nil ausgesetzt. Dazu findet sich eine Parallele bei Karna, einem Helden des indischen Epos *Mahabharata*. Seine Mutter überließ ihn in einem Behälter aus Binsen der Strömung des Flusses Ashva. Auch Karna wurde, wie Moses, gerettet – von einem einfachen Mann, einem Wagenlenker.

**Die Wölfin rettet die Zwillinge Romulus und Remus, die späteren Gründer Roms (Mosaik aus England).**

# VON HELDEN, KÖNIGEN UND ÜBERMENSCHEN

vom Gott Lugh gezeugt. Gesar von Ling, der Held des bekanntesten tibetischen Epos, wurde aus einem Ei geboren, das aus dem Kopf seiner Mutter austrat. Ein Gott war ihr im Schlaf erschienen, hatte ihr Nektar zu trinken gegeben und ihr eröffnet, sie werde ein Kind gebären, das dereinst ihr Land befreien werde. Auf die vielleicht seltsamste Weise kam der chinesische Kriegsheld Nezha zur Welt. Nach 42-monatiger Schwangerschaft träumte dessen Mutter eines Nachts, ein taoistischer Priester sei in ihre Kammer getreten und habe ihr ein Bündel in die Arme gedrückt. Als sie aufwachte, hatten die Wehen bereits eingesetzt, und sie gebar einen runden Fleischklumpen, der auf den Boden rollte. Ihr Mann kam ins Zimmer gestürzt und hackte das monströse Gebilde mit dem Schwert entzwei; Nezha trat gelassen daraus hervor und konnte bereits selbständig stehen.

Wie bizarr die Geburt eines künftigen Helden auch ausfallen mag, sie ist doch nur die leise Ankündigung dessen, was noch kommen soll. Oft weist das Kind irgendein Merkmal auf, an dem erkennbar wird, daß es zu Großem bestimmt ist. Nezha etwa kam mit

**Ein für Helden typisches Abenteuer ist die Konfrontation mit einem Riesen. Hier tritt Yorimitsu, der Held der japanischen Minamoto-Sippe, einen solchen Kampf in Begleitung seiner treuen Gefolgsleute an. Kintaro (unten Mitte im Bild) war bereits als Kind wegen seiner großen Kraft und Weisheit berühmt, die er zum Teil dadurch erworben hatte, daß er mit wilden Tieren als Freunden und Spielgefährten aufgewachsen war.**

einem Armreif und einem Stück roter Seide auf die Welt, die sich später als magische Objekte erwiesen. Außerdem war übermenschliche Körpergröße ein typisches Heldenmerkmal: Rostam soll als Säugling die Milch von zehn Ammen benötigt haben.

Trotz solcher Hinweise auf künftige Größe wird der spätere Held von seiner Umwelt nur selten mit offenen Armen empfangen. Erstaunlich viele Heldensagen weisen das gemeinsame Motiv des unerwünschten Kindes auf, das meist nur durch ein Wunder dem Tod entgehen kann *(Kasten Seite 87)*.

Die Geschichte des kleinen Achill stellt eine Variation dieses Themas dar. Seine Mutter Thetis war eine Göttin, die mit einem menschlichen Ehemann hatte vorlieb nehmen müssen. Aus verletztem Stolz warf sie all ihre Säuglinge ins Feuer, um ihnen, „alles Sterbliche wegzubrennen". Auf diese Weise verlor sie sechs Kinder. Beim siebten, eben Achill, schritt ihr Mann ein. Als letzten Versuch, ihren Sohn vor dem Schicksal aller Sterblichen zu bewahren, tauchte Thetis ihn in den Fluß Styx, dessen Fluten unverwundbar machten. Weil sie aber vergaß, auch die Ferse zu benetzen, an der sie das Kind festgehalten hatte, blieb ihm diese Schwachstelle, an der er schließlich zugrunde gehen sollte.

Die Bedrohung konnte aber auch direkterer Natur sein. Herakles mußte sich als Säugling gegen zwei Schlangen zur Wehr setzen, die die eifersüchtige Hera geschickt hatte, damit sie ihn und seinen Zwillingsbruder im Schlaf töteten. Und Gesar von Ling überlebte gleich mehrere Anschläge eines Höflings, der in ihm den künftigen Rivalen erkannt hatte. Lebendig begraben, trat er unversehrt wieder ans Licht; von Dämonenvögeln angegriffen, schoß er die Untiere mit seinem Spielzeugbogen vom Himmel herunter.

Bisweilen vollbringt der Held bereits als Kind Taten, die von seiner wahren Natur Zeugnis ablegen. Cuchulainn tötete im Alter von zwölf Jahren den riesigen Wachhund des Schmiedegottes Culann und diente diesem dann so lange, bis sich ein würdiger Ersatz gefunden hatte. Daher stammt sein Name, der soviel wie „Kampfhund des Culann" bedeutet. Theseus, der spätere Überwinder des Minotauros, griff ein Löwenfell, das Herakles anläßlich eines Besuches bei seinem Vater liegengelassen hatte und das der Knabe für ein echtes Raubtier hielt, unerschrocken an, während alle anderen Kinder schreiend weggerannt waren.

Wenn der Jüngling sich schließlich dem Mannesalter nähert, muß er nicht selten eine Art Prüfung be-

# Wolfdietrichs Triumph

***Die deutsche Wolfdietrich-Sage ist eine klassische Heldengeschichte mit Aussetzung während der Kindheit, Drachentötung, einer Zeit der Verbannung und triumphaler Heimkehr.***

Wolfdietrich war der Sohn Hugdietrichs, des Kaisers von Byzanz, und der schönen Hildeburg. Doch die beiden hatten heimlich geheiratet, denn Hildeburgs Vater Walgund duldete keine Freier, und als das Kind zur Welt kam, befand sich Hugdietrich in der Fremde auf einem Feldzug. Als Hildeburg das Kind eines Tages vor dem Stadttor zurücklassen mußte, damit ihre Eltern es nicht sahen, verschwand es. Tage später wurde es in einem Wald wiedergefunden, wo es mit jungen Wölfen spielte. So erhielt Wolfdietrich seinen Namen.

Walgund erfuhr von der Heirat und fand sich damit ab. Wolfdietrich wuchs zu einem stolzen und starken Jüngling heran, einem in jeder Hinsicht würdigen Erben der Kaiserkrone. Doch einige Adlige brachten das Gerücht in Umlauf, er sei gar nicht Hugdietrichs Kind. Als der alte Kaiser starb, wurde Wolfdietrich vertrieben, und an seiner Stelle kamen seine zwei jüngeren Brüder auf den Thron.

Wolfdietrichs einziges Ziel war es nun, seine Ehre wiederzuerlangen und sein Erbe zurückzugewinnen. Zuvor hatte er allerdings viele Prüfungen zu bestehen. Einmal fiel er in die Hände einer greulichen Hexe, der Rauhen Else, die ihm in Gestalt einer Bärin erschien; als er sich widerwillig bereit erklärte, sie zu heiraten, verwandelte sie sich in eine schöne Prinzessin, und er lebte viele Jahre glücklich mit ihr zusammen. Dann versuchte er, den Langobarden-König Ortnit als Verbündeten zu gewinnen. Der aber war von einem Drachen getötet worden. Sofort entschloß sich Wolfdietrich zum Kampf. Mit Hilfe eines Zauberhemdes, das unverwundbar machte, und eines Schwertes, dessen Klinge in Drachenblut gehärtet worden war, konnte er das Ungeheuer töten.

Nach vielen Abenteuern kehrte er nach Byzanz zurück und besiegte seine Widersacher. Dann zog er in die Lombardei, um sich zum Kaiser des Heiligen Römischen Reiches krönen zu lassen. Dies war möglicherweise eine mythologisierte Erinnerung an den Ostgoten Theoderich, der im 6. Jahrhundert mit Duldung von Byzanz König von Italien wurde.

stehen. Dies ist die Schwelle zu seinem eigentlichen Heldendasein. Nun muß er alle Hoffnung auf ein normales Leben fahrenlassen.

Eine der bekanntesten Bewährungsproben dieser Art ist das Herausziehen eines Schwertes aus einem Fels. Sie ist uns vor allem aus der Artus-Sage vertraut. Artus war noch ein einfacher Knappe, als auf dem Marktplatz der Stadt, in der er lebte, das Schwert Excalibur erschien und durch seine Aufschrift zu wissen gab: „Wer dieses Schwert aus diesem Stein zieht, ist der rechtmäßige König von ganz England." Als er eines Tages das Schwert vergessen hatte, das sein Herr für ein Turnier benötigte, zog der Jüngling kurz am Heft der magischen Waffe, und die Klinge glitt widerstandslos heraus, obwohl sich schon viele ältere und scheinbar stärkere Ritter erfolglos daran versucht hatten. Nachdem Artus die Probe noch dreimal vor Zeugen erfolgreich wiederholt hatte, stand seine Zukunft als Herrscher von England für alle zweifelsfrei fest.

Die Excalibur-Episode ist eine relativ späte Beifügung zur Artus-Sage und findet sich auch in der – wahrscheinlich älteren – isländischen *Wölsungen-Saga*. Interessanterweise tritt sie hier in Verbindung mit dem aus Märchen wie Dornröschen wohlbekannten Motiv vom „Störenfried bei einem Fest" auf. Bei der Hochzeit von Wölsungs Tochter Signy erschien plötzlich ein Fremder, in Wirklichkeit niemand anders als Odin. Er stieß ein Schwert in den Dachfirst und erklärte, es solle demjenigen gehören, der es herauszuziehen vermöge. Signys Bruder Sigmund schaffte dies und beschämte dadurch seinen Schwager, der es vergeblich versucht hatte. Und so begann die Tragödie der Wölsungen, die zum Untergang der Familie führen sollte.

Theseus mußte einen riesigen Felsblock heben, um ein Schwert und Sandalen hervorzuholen, die sein Vater darunter gelegt hatte, um seine Kraft auf die Probe zu stellen. Anschließend machte sich der junge Held auf nach Athen, wo er seinen rechtmäßigen Platz als Königssohn einnehmen sollte. Dabei wählte er bewußt den gefährlichsten Weg, der ihn zu Kämpfen gegen verschiedene Wegelagerer und Ungeheuer zwang. Solche aufeinanderfolgenden Kraftproben, die – wie die zwölf „Arbeiten" des Herakles – das Land von schlimmen Plagen befreien, finden sich auch im Leben der persischen Helden Rostam und Isfandiar.

**Zwei der Haupthelden der Artus-Sage waren Gawain und Lanzelot. Gawain war der Neffe der Feenkönigin Morgane, und Lanzelot war ebenfalls von königlichem Geblüt. Als Kind war er aber entführt und von der Dame vom See aufgezogen worden. Das Bild aus dem *Livre de Messire Lancelot du Lac* (Buch des Herrn Lanzelot vom See – französische Handschrift des 15. Jh.) zeigt höchstwahrscheinlich Gawain, wie er den Grünen Ritter enthauptet.**

Die Bewährungsprobe kann auch in einem Wettkampf bestehen, den der Held gewinnen muß, ehe er den ihm vorbestimmten Weg einschlagen kann. So mußte Gesar in einem Pferderennen siegen, um König von Ling werden zu können, und es gelang ihm, obwohl sein Reittier zuerst wie eine wertlose Schindmähre ausgesehen hatte. Bisweilen sind es eher geistige Gaben, die der Held unter Beweis stellen muß. Menelik, der sagenhafte Begründer der äthiopischen Königsdynastie, war ein unehelicher Sohn Salomos, hatte seinen Vater aber noch nie gesehen. Als er in Jerusalem ankam, um die Frage seiner Abstammung zu klären, stellte Salomo ihn auf die Probe und befahl einem Diener, sich als König zu verkleiden. Menelik weigerte sich aber, dem falschen Herrscher seine Huldigung darzubringen, und durchstreifte den Palast, bis er seinen Vater fand und vor ihm auf die Knie fiel.

Und so ist der Held endlich bereit, seiner Bestimmung zu folgen. Manchmal ist die Veränderung für alle erkennbar: Gesar verwandelt sich in einen strahlenden Krieger, seine traurige Mähre in ein stolzes Roß, und Menelik kehrt gar auf goldenen Wolken nach Äthiopien zurück. Ebenso oft ist die Verwandlung aber innerlich. Der Held kennt jetzt die vor ihm liegende Aufgabe; es ist für ihn Zeit, sie entschlossen und mit unerschütterlicher Zielstrebigkeit in Angriff zu nehmen.

VON HELDEN, KÖNIGEN UND ÜBERMENSCHEN

# Die epische Suche

Den Kern der meisten klassischen Sagen macht eine „Suche" aus. Der Held muß sich in eine Welt voller Gefahren hinauswagen, um irgendein hohes Ziel zu erreichen. Wenn er zurückkehrt, ist er durch seine Erlebnisse verändert, wenngleich nicht unbedingt glücklicher.

Die heroische Suche stellt eine idealisierte Überspitzung der Situation dar, die jeder junge Mensch an der Schwelle zum Erwachsenenalter erlebt, wenn er gezwungen ist, den Schoß der Familie zu verlassen und seinen eigenen Weg zu gehen. Jeder kann sich mit den jungen Abenteurern auf ihrem Weg in die Selbständigkeit identifizieren. Während der Held in Märchen „normalen" Zielen wie Liebe und Reichtum nachjagt – meist in Form einer schönen Prinzessin und eines Goldschatzes –, ist die Zielsetzung in Sagen und Mythen meist komplexer oder differenzierter.

Bisweilen wird dem Helden das Ziel durch Notwendigkeit diktiert. Zwei der bekanntesten „Suchen" ereignen sich nach dem Trojanischen Krieg. In der *Odyssee* sucht der siegreiche König Odysseus eigentlich nur den Weg in die Heimat, doch diese Heimkehr wird zu einer einzigen Abfolge von Abenteuern und leidvollen Prüfungen. Äneas wiederum, der Held des nach ihm benannten Werkes Vergils, war ein trojanischer Fürst und mußte für sich und seine Gefolgsleute eine neue Heimat suchen. Er fand sie zuletzt in Italien und wurde dadurch zum Stammvater Roms.

### Die Erfüllung einer Aufgabe

Andere klassische Sagen beschreiben hingegen die Erfüllung einer Aufgabe, die dem Helden in aller Regel von einer Person gestellt wird, die ihm übel will, was ihre besondere Schwierigkeit und Gefährlichkeit erklärt. So wurde einem ängstlichen Herrscher geweissagt, daß Jason ihn einst töten werde. Daraufhin schickte er den jungen Mann auf die Suche nach dem Goldenen Vlies. Und König Polydektes verlangte von Perseus, daß er ihm das Haupt der Medusa hole, um in der Zwischenzeit dessen Mutter Danae ungestört verführen zu können.

Im um 1700 v. Chr. schriftlich fixierten altbabylonischen Gilgamesch-Epos werden zwei eigenständige „heroische Aufgaben" geschildert: einmal die Tötung des Walddämons Humbaba, dann die mystische Suche nach dem Geheimnis der Unsterblichkeit. Oft treiben den Helden rein persönliche Beweggründe, wie Rama im altindischen Epos *Ramayana* der Wunsch, seine entführte Gemahlin Sita wiederzufinden. Die Suche kann aber auch dem Gemeinwohl dienen, wie die lange, gefahrvolle Reise, zu welcher der – historisch belegte – Mönch Xuanzang aufbrach (der Sage nach

# Das Geheimnis des Grals

**Kaum eine mittelalterliche Sage dürfte besser bekannt sein als die Geschichte von der Gralssuche. Doch die Herkunft des heiligen Gefäßes ist in Dunkel gehüllt.**

Nach mittelalterlicher Sage wurde der Gral aus einem einzigen kostbaren Stein gefertigt, der auf die Erde fiel, als Luzifer vom Himmel stürzte. Nach langer Zeit gelangte der heilige Becher in die Hände Josephs von Arimathia, der ihn Jesus für das letzte Abendmahl überließ. Später fing Joseph darin einige Tropfen vom Blut des gekreuzigten Heilands auf.

Von dem Augenblick an besaß der Gral übernatürliche Kräfte. Er konnte nicht nur jede Krankheit heilen; er konnte auch den Alterungsprozeß verlangsamen, so daß diejenigen, die ihn hüteten, Jahrhunderte alt wurden. Dank diesen wunderbaren Eigenschaften überstand Joseph alle Verfolgungen, die er erst im Heiligen Land, dann in Rom und schließlich an einem nicht näher spezifizierten Ort in Südfrankreich erdulden mußte.

Dort stiftete er eine den Aposteln nachempfundene Ordensgemeinschaft von zwölf Gralshütern. Diese waren zu einem makellosen Leben verpflichtet, und als einer von ihnen heimlich sündigte, brachte eine im ganzen Umland ausbrechende Hungersnot dies sofort ans Licht. Joseph stellte einen Tisch mit zwölf Stühlen auf. Elf Gralshüter nahmen daran Platz, ohne daß ihnen etwas geschah, aber als der Sünder versuchte, sich zu ihnen zu setzen, wurde er vom Erdboden verschlungen. Seitdem war dieser Stuhl der „Gefährliche Stuhl"; nur Ritter von vollkommener Tugend konnten unbeschadet darauf Platz nehmen.

Zuletzt brachte Joseph den Gral nach England, wo er seither in dem Hügel von Glastonbury Tor, im Südwesten der Insel, verwahrt wird. Eine andere Quelle berichtet, ein Ritter namens Titurel sei von einem Engel zum Hüter des mystischen Schatzes ernannt worden, den er auf dem – möglicherweise in Spanien gelegenen – Berg Montsalvatch finden würde. Als Titurel auf dem bezeichneten Gipfel angelangt war, wurde ihm eine Vision des heiligen Gefäßes zuteil, und er errichtete mit seinen Gefährten zu dessen Unterbringung einen Tempel.

Als das Gebäude vollendet war, stieg der Gral, inmitten von jubilierenden Engelschören, aus der Höhe herab und ließ sich selbsttätig auf dem Altar nieder. Danach bewachte Titurel ihn viele hundert Jahre lang selbst, ehe er ihn seinem Sohn Amfortas anvertraute.

**Glastonbury Tor (Somerset, England). In diesem weithin sichtbaren Hügel soll der heilige Gral, das wahre Abendmahlsgefäß, vergraben liegen.**

in Begleitung des Affenkönigs), um die heiligen Schriften des Buddhismus von Indien nach China zu holen.

Zwei der vielleicht abenteuerlichsten Sagenkomplexe dieser Art gelten der Suche nach einem Objekt, über dessen genaue Beschaffenheit sich die Gelehrten noch immer streiten. Vom Hochmittelalter an galt der heilige Gral als das Gefäß, aus dem Christus beim letzten Abendmahl getrunken hatte *(Kasten Seite 93)*. Mittlerweile nimmt man an, daß es sich in den älteren Fassungen der Sage dabei eher um eine Art Füllhorn oder aber um ein mit Wasser aus dem Jungbrunnen gefülltes Gefäß gehandelt haben dürfte.

Noch geheimnisvoller ist der sogenannte *sampo*, der Gegenstand, um den sich die Haupthelden des *Kalevala* streiten. Über die genaue Natur dieses Wunderdings wird nirgends im Epos etwas ausgesagt. Bekannt ist nur, daß es in einem Berg verborgen liegt und eine unerschöpfliche Quelle des Reichtums ist. Da *sampo* Pfosten bedeutet, vermuten manche Forscher, daß das Wort ein hölzernes Kultbild bezeichnet haben könnte. Andere deuten das Gebilde als eine Zaubermühle, die einen endlosen Strom von Salz, Getreide und Geld produzierte. Jedenfalls garantierte der *sampo* seinem Besitzer Reichtum und Glück, und der Held Väinämöinen suchte sich Gefährten, um ihn aus dem Nordland zu holen.

Die eigentliche Handlung dieses zentralen Teils der Sagen liefern größtenteils die verschiedenen Prüfungen, die der Suchende auf dem Weg zu seinem heroischen Ziel bestehen muß. Mitunter, wie im Falle der zwölf Arbeiten des Herakles, sind sie überhaupt der Zweck der Suche. Der griechische Held unternahm zur Sühne der Blutschuld eine Abenteuerfahrt, da er in einem Anfall von göttlichem Wahnsinn seine Frau und seine Kinder erschlagen hatte.

**Im chinesischen Roman *Die Reise nach dem Westen* bricht der Mönch Xuanzang auf nach Indien, um die buddhistischen Sutras zu holen. Begleitet wird er auf der abenteuerlichen Reise von einem mit magischen Kräften und einem menschlichen Körper ausgestatteten Affen. Unterwegs begegnen sie Schweinekopf und Bruder Sand, und gemeinsam bestehen sie 81 Prüfungen – darunter diesen Kampf gegen eine Dämonin (Holzschnitt, 17. Jahrhundert).**

**Menelaos im Kampf gegen Hektor, den größten Helden der Trojaner** (Vasenmalerei, um 610 v. Chr.). Der Konflikt zwischen den Griechen und dem Stadtstaat Troja (oder Ilios), von dem Homers *Ilias* nur einen kleinen Ausschnitt schildert, begann mit der Geburt des Paris, der von seinem Vater Priamos, König von Troja, als Säugling ausgesetzt wurde. Zum Jüngling herangewachsen, wurde er von Zeus dazu ausersehen, den während der Hochzeit des Sterblichen Peleus mit der göttlichen Seejungfrau Thetis entbrannten Streit, wer die schönste Göttin sei – Athene, Hera oder Aphrodite –, durch sein Urteil zu schlichten. Jede Göttin verhieß Paris reichen Lohn für den Fall, daß er sie erwählen sollte, und er sprach den Siegespreis Aphrodite zu, die ihm die schönste Frau der Welt versprochen hatte: Helena, die Gemahlin des Menelaos, des Königs von Sparta. Damit zog er sich die immerwährende Feindschaft der zwei anderen Göttinnen zu. Und damit waren die Weichen gestellt für einen Krieg epischen Ausmaßes.

Solche Bewährungsproben sind keineswegs auf die antike Mythologie beschränkt. Wie die ostafrikanischen Buganda erzählen, vollbrachte der erste Mensch, Kintu, eine Reihe von scheinbar unmöglichen Taten, um die Tochter des Himmelskönigs zur Frau zu bekommen. Er mußte auf einen Schlag Speisen für hundert Leute essen, aus Steinen Brennholz hacken und ein großes Gefäß mit Wasser füllen, das weder aus einem See noch aus einem Fluß, Teich oder Brunnen stammen durfte. Entgegen allen Erwartungen bestand Kintu die Prüfungen und begründete mit seiner himmlischen Gattin die Herrscherdynastie von Buganda.

Manchmal muß der Held bestimmte Vorbedingungen erfüllen, ehe er seine eigentliche Aufgabe in Angriff nehmen kann. Rama mußte zuerst in Erfahrung bringen, wo seine Sita gefangengehalten wurde, ehe er sie befreien konnte. Perseus mußte sich Zaubertasche, Flügelschuhe und Tarnkappe beschaffen, um der schrecklichen Medusa gegenübertreten zu können. In einer afrikanischen Sage mußte Prinz Djabe Sisse die Sprache der Tiere erlernen, um von einer Eidechse, einem Schakal und einem Bussard die zum Auffinden der verschollenen Stadt Wagadu benötigten Informationen erhalten zu können. Anschließend mußte er den Bussard zehn Tage lang ernähren, damit dieser genügend Kraft hatte, um die von den Dschinnen geraubte Zaubertrommel zurückzuholen, die allein das Geheimnis der Stadt enthüllen konnte.

Und wieder ist es die Gralssage, in der wir der vielleicht tiefsinnigsten Prüfung dieser Art begegnen. Nach langer Suche gelangt Parzival endlich zur Gralsburg: Sie liegt inmitten einer trostlosen Einöde, und eine seltsam traurige Stimmung umgibt sie. Ihr Herr, der geheimnisvolle Fischerkönig, leidet offenbar an einer alten, schwärenden Wunde. Am Abend, sie haben sich gerade zu Tisch gesetzt, treten Jungfrauen ein und tragen in einer seltsamen Prozession mehrere mysteriöse Gegenstände durch den Saal. Darunter sind ein vielarmiger Kerzenleuchter, eine blutende Lanze und der Gral selbst. Parzival ist zu höflich, um seinen Gastgeber nach der Bedeutung des Schauspiels zu fragen. Als er am nächsten Morgen aufwacht und alle Türen der Gralsburg versperrt findet, erfährt er, daß auf dem Fischerkönig ein Fluch liegt, den nur er hätte aufheben können – eben durch die Frage, die er nicht gestellt hat. Fünf Jahre verzweifelter Suche mußten vergehen, ehe Parzival die Gelegenheit erhielt, den Schaden, den er durch seine scheinbare Gleichgültigkeit verursacht hatte, wiedergutzumachen.

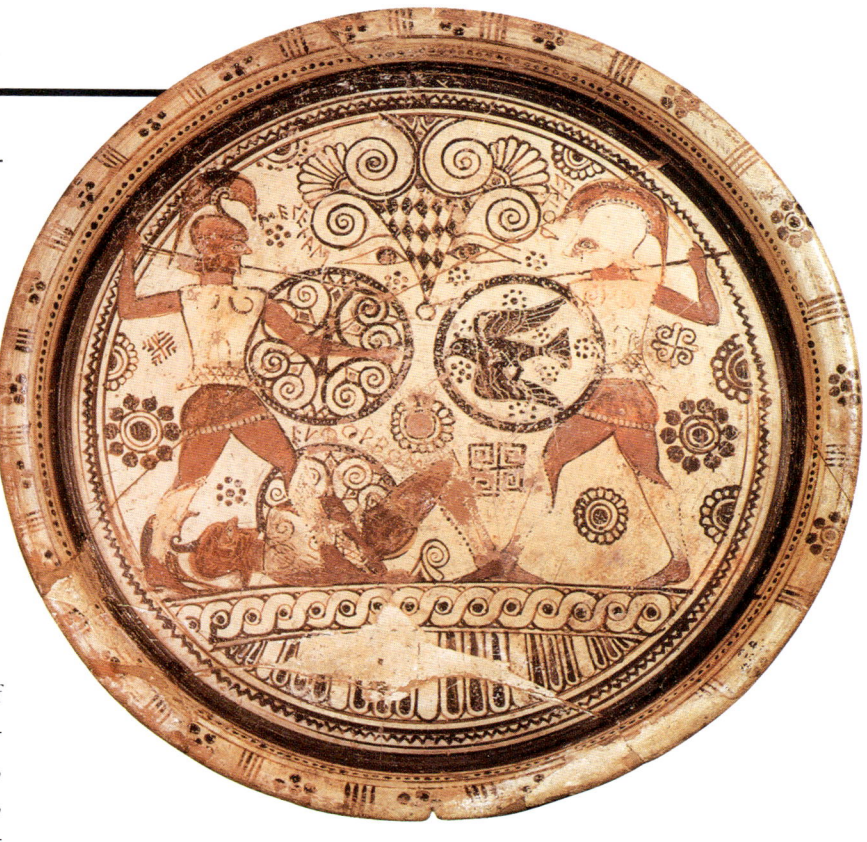

## Der Held und seine Helfer

Anders als in Märchen, wo Helden in aller Regel allein in die Welt hinausziehen, begeben sie sich in Mythen und Sagen meist in Begleitung eines oder mehrerer Gefährten auf ihre Abenteuerfahrten. Odysseus und

## VON HELDEN, KÖNIGEN UND ÜBERMENSCHEN

Äneas hatten jeweils eine große Schar von Gefolgsleuten bei sich. Jason lud Krieger aus ganz Griechenland ein, ihn auf der Suche nach dem Goldenen Vlies zum Schwarzen Meer zu begleiten; insgesamt wurden 56 auserwählt, darunter Herakles und der Sänger Orpheus. Und selbst Herakles scharte zur Bewältigung einiger seiner Arbeiten zahlreiche Krieger um sich; als er loszog, um den Gürtel der Amazonenkönigin Hippolyta zu rauben, nahm er den athenischen Helden Theseus und Achills Vater Peleus mit.

Bisweilen sind die Gefährten des Helden recht seltsame Gestalten. Gilgamesch konnte Humbaba nur mit Hilfe Enkidus töten, eines riesigen, behaarten „Wildmanns", den die Götter eigens als seinen Freund erschaffen hatten. Zu Ramas Helfern bei der Suche nach Sita zählte unter anderem ein ganzes Affenheer, das ihm der Affenkönig Sugriva zur Verfügung gestellt hatte. Und in der märchenhaften Aufbereitung der Suche nach den buddhistischen Schriften wurde der Mönch Xuanzang nicht nur von einem „chinesischen Sugriva" begleitet, sondern auch noch von zwei höchst ausgefallenen Gestalten: einem schweinsköpfigen Ungeheuer und einem in Ungnade gefallenen himmlischen Beamten namens Bruder Sand, der sich bis dahin seinen Lebensunterhalt als Wegelagerer verdient hatte.

Außer mehr oder weniger menschlichen Helfern können Helden bisweilen auch göttliche Gönner haben. Der Affe im Märchenroman über Xuanzangs Reise in den Westen konnte sich der wohlwollenden Unterstützung Guan Yins gewiß sein, der Göttin der Barmherzigkeit. Und Rama hatte sich durch die Errichtung eines Kultbildes den großen Gott Shiva gewogen gemacht. In den griechischen Sagen traten die Götter

**Rama** (mit dunkler Haut, Mitte links im Bild) schickt sich an, mit Hilfe seiner Affen und Bären die Dämonenstadt Lanka zu stürmen, wo seine Gemahlin Sita gefangengehalten wird. Hanuman, der Affengott, und der Affenkönig Sugriva hatten Rama ein Heer zur Verfügung gestellt, und Hanuman spielte bei der Zerstörung Lankas eine entscheidende Rolle (Manuskript aus Rajasthan, 17. Jh.).

## Zweierlei Wildschweinjagd

***Sowohl griechische als auch keltische Sagen berichten von der Jagd auf einen riesigen Eber. Die jeweilige Behandlung des Motivs veranschaulicht interessante kulturelle Unterschiede.***

Nördlich des Golfs von Korinth wurden die Fluren des Reiches Kalydon von einem furchterregenden Wildschwein verwüstet. Artemis hatte es ausgeschickt, weil ihr von König Öneus keine Erntedankopfer dargebracht worden waren. Der König rief zu einer Hetzjagd auf das Ungeheuer auf, und viele der größten Krieger Griechenlands folgten seiner Einladung. Doch es war Atalante, eine der wenigen Heldinnen der griechischen Mythologie, die das Tier erlegte. Meleagros, Öneus' Sohn, versetzte ihm dann den Todesstoß.

Was die Griechen aber vor allem interessierte, waren die Ereignisse nach der Jagd. Meleagros verliebte sich in Atalante und überließ ihr das Fell des Ebers. Darüber waren seine zwei Onkel zutiefst empört, da sie der Ansicht waren, die Trophäe hätte in der Familie bleiben sollen. Erzürnt tötete Meleagros die beiden und setzte damit eine Tragödie in Gang, die zu seinem eigenen Tod und zum Selbstmord seiner Ehefrau und seiner Mutter führen sollte.

Im walisischen *Mabinogion* jagen König Artus und seine Mannen den Eber Twrch Trwyth. Auf der Hatz durch Irland, Wales und Cornwall kommen mehrere Dutzend Menschen um. Die Geschichte schwelgt in haarsträubenden Übertreibungen und gipfelt nicht etwa in der Tötung des Wildschweins, sondern ihm werden das Rasiermesser, der Kamm und die Schere entrissen, die es zwischen den Ohren trägt.

**Keltische Bronzestatuette eines Ebers, 1. Jahrhundert v. Chr.**

---

sogar als selbständig handelnde Akteure auf, die den Helden bei seiner Suche unterstützten oder aber behinderten. Herakles wurde Zeit seines Lebens von Hera verfolgt, die ihn haßte, weil er die Frucht der Verbindung ihres Gemahls Zeus mit einer anderen Frau war. Zahlreiche Mißgeschicke, die Odysseus erdulden mußte, wurden durch Poseidon ausgelöst, weil er dessen Sohn, den Kyklopen Polyphem, geblendet hatte. Andererseits konnte Perseus die Enthauptung der Medusa nur mit Hilfe Athenes erfüllen: Sie gab ihm den blanken Schild, der es ihm ermöglichte, das Ungeheuer gespiegelt zu sehen, ohne durch dessen direkten Anblick versteinert zu werden. Dieselbe Göttin schenkte Jason einen Zweig aus dem heiligen Eichenhain von Dodona, wodurch das Schiff des Helden, die *Argo*, die Gabe der Sprache erhielt.

Anders als die Göttinnen spielen sterbliche Frauen in dieser männlichen Welt der Helden meist nur eine passive Rolle. Wohl lernen die Helden häufig schöne Jungfrauen kennen und verlieben sich mitunter auch in sie, aber immerwährendes Liebesglück ist ihnen selten beschieden. In Mythen und Sagen werden Liebschaften oft genug als bloße Ablenkungen behandelt. Wie Perseus für Andromeda und Herakles für Hesione mag sich der Held in Gefahr begeben, um eine Prinzessin vor einem Meeresungeheuer zu retten, doch ist das Monster erst einmal erlegt, zieht er weiter, anderen Heldentaten entgegen.

In der griechischen Sagenwelt legen Helden überhaupt ein wenig ritterliches Verhalten an den Tag. Bisweilen lassen sie die Mädchen grausam im Stich, wie Theseus, der Ariadne auf Naxos zurückließ, obwohl er den Minotauros nur dank ihrer Hilfe hatte besiegen können. Die Folgen solcher Herzlosigkeit können fatal sein; von Äneas verlassen, legte sich Dido, die Königin von Karthago, auf einen Scheiter-

VON HELDEN, KÖNIGEN UND ÜBERMENSCHEN

## Rosse, wie sie Helden gebühren

***Die Beziehungen des Helden zu seinen menschlichen Gefährten waren nicht immer unproblematisch, aber das Band, das ihn mit seinem Reittier verknüpfte, erwies sich als unzerreißbar.***

In Tibet errang Gesar von Ling sein Königreich, indem er mit seinem geliebten Roß Kyang Go Karkar ein Pferderennen gewann. Die arabische Überlieferung erzählt von al-Borak, „Blitz", der menschengesichtigen milchweißen Stute, die den Propheten Mohammed von der Erde in den Siebten Himmel trug. Rachsch, das Pferd des persischen Helden Rostam, konnte mit seinen scharfen Augen nachts aus drei Kilometer Entfernung den Fußabdruck einer Ameise auf einem schwarzen Tuch zu erkennen.

Nach germanischem Glauben konnte Sleipnir, Odins achtbeiniges Roß, jedes Hindernis überwinden, und wie die *Edda* berichtet, durchquerte Sigurd den Feuerring um Asgard auf dem Rücken seines treuen Hengstes Grani, der ein Nachkomme Sleipnirs war. Sigurd hatte ihn ausgewählt, indem er eine ganze Pferdeherde in einen reißenden Fluß trieb, um zu sehen, welches Tier die Kraft haben würde, ans andere Ufer zu schwimmen.

In der mittelalterlichen Epik schenkte Karl der Große Aymons Söhnen den Hengst Bayard, der seinen Rücken beliebig verlängern konnte, wenn alle vier „Haimonskinder" ihn gleichzeitig reiten wollten. Bavieca überlebte den Cid um zweieinhalb Jahre und ließ während dieser ganzen Zeit niemanden mehr aufsteigen.

Das reale Vorbild für einige dieser sagenhaften Hengste war Bukephalos, das Lieblingsroß Alexanders des Großen. Bereits als Jüngling soll Alexander seine künftige Größe bewiesen haben, indem er den bis dahin nicht zu zähmenden Hengst zuritt. Dies gelang ihm durch eine Kombination von Mut und Scharfsinn: Er hatte nämlich beobachtet, daß das ungebärdige junge Tier regelmäßig vor seinem eigenen Schatten scheute. Und so näherte Alexander sich ihm von der sonnenabgewandten Seite.

**Der persische Held Rostam hatte in Rachsch ein ideales Pferd gefunden. Diese Miniatur aus dem *Schahnameh* zeigt Rostam beim Einfangen seines künftigen Reittiers (um 1435).**

haufen und gab sich selbst den Tod. Und selbst der tugendhafte Held Rama handelte zuletzt schändlich an der wiedergewonnenen Sita: Auf den Verdacht hin, sie könnte ihrem Entführer gestattet haben, sich irgendwelche Freiheiten bei ihr herauszunehmen, verstieß er sie. Wie Dido, mußte sich auch Sita auf einen Scheiterhaufen legen, um ihre Liebe unter Beweis zu stellen. Sie allerdings wurde im letzten Augenblick durch göttlichen Eingriff aus den Flammen gerettet.

*Das Ende der Suche*

Von seiner allbeherrschenden Entschlossenheit vorangetrieben, erreicht der Held schließlich sein Ziel. Mitunter ist der Augenblick der Erfüllung ganz anders, als er ihn sich erträumt hatte. Auf jeden Parzival oder Galahad, dem es vergönnt ist, den Gral in all seiner Herrlichkeit zu schauen, kommt ein Lanzelot, dem der Eintritt in die Kapelle verwehrt wird, weil er der höchsten Erfüllung nicht würdig ist. Odysseus, durch seine langen Leiden an Leib und Seele erschöpft, verschlief seine Ankunft im geliebten Ithaka und wurde von den phönizischen Seeleuten, auf deren Schiff er die letzte Etappe seiner Irrfahrt zurückgelegt hatte, schlafend am Strand ausgesetzt. Gilgamesch zog auf der Jagd nach der Unsterblichkeit bis ans Ende der Welt und noch darüber hinaus, und mußte erfahren, daß seine Suche vergebens gewesen war. Vor die Aufgabe gestellt, eine Woche lang wach zu bleiben, erkannte er, daß er nicht einmal imstande war, den Schlaf zu besiegen, geschweige denn den Tod.

Es gibt auch erfolgreiche Helden. Jason gelang es mit Medeas tatkräftiger Unterstützung, das Goldene Vlies zu erringen und unversehrt in die Heimat zurückzukehren. Nachdem Xuanzang und seine Gefährten nicht weniger als 81 verschiedene Abenteuer bestanden hatten, bekamen sie die buddhistischen Sutras von keinem Geringeren als dem Buddha selbst überreicht. Obendrein wurde den Gefährten die Gabe des

DIE EPISCHE SUCHE

Fliegens zuteil, was die Rückreise erheblich beschleunigen sollte. Bei ihrer Heimkehr wurden die Pilger dann vom Kaiser höchstpersönlich durch ein Fest geehrt. Während Xuanzang dem versammelten Hofstaat aus den heiligen Schriften vorlas, begannen er und seine Gefährten zum Erstaunen aller Anwesenden, sich vom Erdboden zu erheben. Sie schwebten bis zum Buddha empor und wurden von ihm angemessen belohnt: Xuanzang und der Affenkönig wurden selbst zu Buddhas.

Häufiger aber wird die Rückkehr des Helden von den Daheimgebliebenen, die sich inzwischen den veränderten Umständen angepaßt haben, als eine Störung, ja eine regelrechte Bedrohung empfunden. Perseus mußte feststellen, daß Polydektes seine Mutter noch immer belästigte, rächte sich dafür aber immerhin auf denkwürdige Weise: Als der König ein Festgelage veranstaltete, trat Perseus in den Saal und erklärte, er habe mitgebracht, wonach man ihn ausgesandt hatte. Er zog das Haupt der Medusa aus seinem Beutel und hielt es Polydektes hin, der – wie jeder unter dem Blick Medusas – zu Stein erstarrte.

Jason mußte bei seiner Heimkehr erfahren, daß seine Eltern von seinem Onkel, König Pelias, ermordet worden seien. Medea überredete Pelias, in einen brodelnden Kessel zu springen, dem er verjüngt wieder entsteigen werde. So starb er eines qualvollen Todes. Odysseus fand bei seiner Rückkehr den Palast voller Freier vor, die hofften, Königin Penelopes Hand zu erringen. Mit Hilfe seines Sohnes Telemach schlachtete er sie bis zum letzten Mann ab.

Das Beste, was sich der heimkehrende Held erhoffen kann, ist die Möglichkeit, die durch seine Erfahrungen erworbene Weisheit sinnvoll zu nutzen. So widmete Gilgamesch den Rest seiner Regierungszeit der Verschönerung von Uruk. In seinem Streben nach göttlichem Status gescheitert, beschloß er, aus der Menschenwelt das Beste zu machen.

VON HELDEN, KÖNIGEN UND ÜBERMENSCHEN

# Der Tod des Helden

Helden sterben immer einen denkwürdigen Tod. Ob sie im Kampf gegen eine erdrückende Übermacht untergehen oder auf geheimnisvolle Weise der Welt entrissen werden – stets hinterlassen sie eine düster strahlende Erinnerung, die zu einem wesentlichen Aspekt ihrer Sage wird.

Leicht sterben Helden nicht; nur etwas Besonderes kann ihre übermenschliche Kraft überwinden. Bisweilen ist dies die Feindschaft der Götter. Als der griechische Held Bellerophon versuchte, auf dem Rücken seines geflügelten Rosses Pegasos den Olymp zu erreichen, schleuderte Zeus ihn auf die Erde, wo er als blinder, menschenscheuer Krüppel endete. Nachdem Jason seine Frau Medea verraten hatte, irrte er als Bettler von Stadt zu Stadt, verfolgt vom Zorn der Götter. Schließlich gelangte er nach Korinth, wo die *Argo* am Strand verrottete. Als sich der Held in ihren Schatten setzte, um über sein trauriges Los nachzusinnen, fiel der Bug herab und zerschmetterte ihn.

Manchmal ziehen es die Himmlischen vor, ihr Opfer mit Wahnsinn zu schlagen. Attis etwa hatte als Priester am Tempel der phrygischen Fruchtbarkeitsgöttin Kybele das Keuschheitsgelübde abgelegt. Als er es brach, wurde von auf ebendiese Weise bestraft; in seiner Raserei kastrierte er sich und verblutete. Besonderen Anklang fand sein Kult in Rom, wo sich Attis-Priester am Todestag des vergöttlichten Helden, dem 22. März, verstümmelten und als Symbol für die Regenerationskraft der Natur ihre abgeschnittenen Genitalien in der Erde vergruben.

Wenn der Held durch Menschenhand starb, dann mußte die Übermacht schon mehr als erdrückend sein. In der Karlssage hielt Roland mit einer Handvoll Ritter ein ganzes Sarazenenheer auf, bevor er ein letztes Mal in sein Horn stieß und seinen Wunden erlag. Horatius Cocles verteidigte die Brücke vor Rom sogar ganz allein gegen die Etrusker, bis es gelang, die Stützpfeiler abzubrechen; der Held fiel in voller Rüstung in den Tiber und ertrank. Der geblendete Samson brachte dank seiner übermenschlichen Kraft die Tempelsäulen, an die er gekettet war, zum Einsturz und riß 3000 Philister mit in den Tod.

Vor jeder Schlacht stimmten die Wikinger Preislieder auf berühmte Helden der Vergangenheit an. Da

**Rolands Tod bei Roncesvalles (Miniatur aus dem 14. Jh.).** Verzweifelt weint Karl der Große über dem blutigen Leichnam des geliebten Neffen. Der hatte durch seine Halsstarrigkeit allerdings tatkräftig am eigenen Untergang mitgewirkt.

DER TOD DES HELDEN

## Rückkehr der Könige

**Das Motiv des Herrschers, der einst zurückkehren wird, um sein Volk zu retten, findet sich fast auf der ganzen Welt.**

In der keltischen Überlieferung ist Artus der „einstige und künftige König". Zusammen mit seinen Kriegern schläft er unter einem Hügel und wird dereinst zurückkehren, um die Herrschaft der Britannier wiederherzustellen. Ähnliches wird von Karl dem Großen erzählt, dem ersten Kaiser des Heiligen Römischen Reiches, sowie von einem seiner bedeutendsten Nachfolger, Friedrich Barbarossa, der in den Tiefen des Kyffhäusers (Thüringen) ruhen soll. Nach einer Version der Sage sitzt „Kaiser Rotbart" an einem Marmortisch, während sein Bart langsam wächst und wächst; wenn er lang genug ist, um sich dreimal um die Tischplatte zu schlingen, ist die Zeit der Rückkehr des großen Kaisers gekommen.

Die altindischen Sanskrittexte der *Puranas* erzählen von König Muchukunda, der in einer Höhle schlief, bis Krishna ihn aufweckte. Der armenische Held Meher wartet mit seinem Pferd noch immer in einer Höhle: Erst am jüngsten Tag wird er wieder daraus hervorkommen. Mythen dieses Typus erwachsen aus derselben Hoffnung, die in vielen Religionen den Glauben an die Wiederkehr einer Heilandsgestalt speist.

**Oranyan, König des Reiches Ile-Ife, das im heutigen Nigeria lag, gelobte seinem Volk, bei Gefahr von den Toten aufzuerstehen (königliche Gestalt, Messingplakette, 16. Jh.).**

war etwa Bjarki, der zusammen mit elf anderen Leibwächtern Hrolf Krakis den Tod fand. Hrolf Kraki war wahrscheinlich ein historischer dänischer König des 6. Jahrhunderts. Ein weiteres Vorbild für jeden nordischen Krieger war der furchtlose Ragnar Lodebrok, von dem die Sage berichtete, er sei lachend in den Tod gegangen *(Kasten Seite 103)*.

Auch nordische Frauen wußten furchtlos zu sterben. In der *Wölsungen-Saga* opferte Signy ihre Söhne, um ihren Mann zu vernichten. Mit den Worten, sie wünsche nicht länger zu leben, trat sie dann in die brennende Königshalle. Und Brünhild erstach sich selbst, um zusammen mit ihrem geliebten Sigurd (Siegfried) begraben werden zu können. Und das, nachdem sie aus Eifersucht seinen Tod herbeigeführt hatte.

Bisweilen können Helden überhaupt nur durch Verrat getötet werden. Rostam, der in jeder Schlacht unbesiegt geblieben war, starb durch die Heimtücke eines Verwandten: Er stürzte zusammen mit seinem treuen Roß Rachsch in eine mit Schwertern gespickte Grube, die sein Halbbruder ausgehoben hatte. Er fand noch die Kraft, sich etwas aufzurichten und den verdienten Pfeil auf den Verräter loszuschicken. Dann fiel er wieder zurück und starb.

Robin Hood wurde heimtückisch in einem Kloster überfallen, als er nach einem Aderlaß, dem er sich

101

wegen einer Krankheit unterzogen hatte, durch den Blutverlust geschwächt darniederlag. Es gelang ihm, wie Rostam, den Verräter zu töten, doch seine Wunde war tödlich, und er fand nur noch die Kraft, einen Pfeil aus dem Fenster des Klosters zu schießen; dort, wo der Pfeil auf die Erde falle, so sagte er seinen Gefährten, solle man ihn begraben. Der chinesische Held Guan Yu, ein großer Streiter für die Gerechtigkeit, wurde aus dem Hinterhalt überfallen und gefangengenommen. Er hatte die Wahl, zum Feind überzuwechseln oder zu sterben. Er wählte den ehrenvollen Weg und wurde Seite an Seite mit seinem Sohn hingerichtet. Nach seinem Tod wurde er vom Volk als Kriegsgott verehrt.

Ein typisches Motiv vieler Heldensagen ist eine Schwachstelle, die den im übrigen unbesiegbaren Krieger verwundbar macht. Wohlbekannt ist die germanische Variante der Achillessage *(Seite 89)*, in der Siegfried verletzlich blieb, weil ihm bei seinem Bad in Drachenblut ein Blatt zwischen die Schulterblätter gefallen war. Und die Suaheli sprechenden Stämme Ostafrikas erzählen von Liongo, einem mächtigen Krieger, den nur ein in seinen Bauchnabel gerammter kupferner Nagel töten konnte. Auch er fiel einem Verrat zum Opfer: Sein eigener Sohn stach in diese einzige schwache Stelle.

Wie die Sage berichtet, taumelte der tödlich verwundete Liongo bis in Sichtweite der Stadt Shaka und wollte noch einen letzten Pfeil auf deren Mauer abschießen. Doch in dem Augenblick sank er auf die Knie und starb. Da er mit aufgelegtem Pfeil in dieser Haltung erstarrte, glaubten die Feinde, er sei noch am Leben, und wagten sich drei Tage lang nicht aus der Stadt hinaus. Auch der spanische Held El Cid war schon tot, als er auf dem Rücken seines Pferdes festgebunden wurde, um den letzten, entscheidenden Angriff gegen die Sarazenen anzuführen. Als dem irischen Krieger Cuchulainn bewußt wurde, daß sein Tod unmittelbar bevorstand, band er sich an einem Felsblock fest. Drei Tage lang wagte niemand, sich ihm zu nähern. Erst als sich die Kriegsgöttin Badb in Gestalt einer Krähe auf der Schulter des Helden niederließ und er sich nicht rührte, waren seine Feinde sicher, daß er wirklich gestorben war.

Der persische Herrscher Kaj Chosrau wanderte vor den Augen seiner Gefährten hinaus in einen Schneesturm und wurde nie wieder gesehen. Der tödlich verwundete König Artus wurde von drei Feen in ein Boot getragen und auf die Insel Avalon entführt. Einer anderen Überlieferung zufolge soll er überhaupt nicht gestorben sein *(Kasten Seite 101)*.

**Mahavira, von Geburt ein Adliger aus der hinduistischen Kriegerkaste, hält seine erste Lehrrede in seinem *samavasarana*, einer von den Göttern erbauten kreisförmigen, mehrstufigen Konstruktion, in der auch seine Zuhörer Platz finden. Vardhamana, wie sein Name eigentlich lautete, ist nach jainistischem Glauben der 24. Tirthamkara („Furtbauer", Heilsbringer) des gegenwärtigen Zeitalters.**

Die in solchen Sagen zumindest angedeutete Vergöttlichung des Helden kommt in anderen ganz explizit zum Ausdruck. Der sterbende Herakles beispielsweise wurde inmitten eines von Zeus hinabgeschleuderten Schauers von Blitzen vom brennenden Scheiterhaufen gerissen und geradewegs auf den Olymp getragen. Und Mahavira, der Stifter des Jainismus, soll vor den versammelten Herrschern der Welt leibhaftig in den Himmel gehoben worden sein. Als er spürte, daß sein Ende nahte, rief er die Könige zusammen und hielt für sie eine letzte, siebentägige Lehrrede. Dann bestieg er einen Thron, und alle Lichter im Universum verloschen. Seine Zuhörer schliefen ein, und als sie wieder aufwachten, war er verschwunden. Und so begegnen uns die zentralen Motive der Heldentradition in den unterschiedlichsten Kulturkreisen immer wieder.

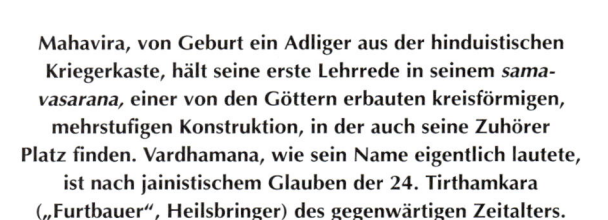

DER TOD DES HELDEN

# Der dem Tod ins Gesicht lachte

***Einer der am meisten bewunderten Heldentode der altnordischen Welt war derjenige des Ragnar Lodebrok, dessen Furchtlosigkeit in einer Schlangengrube auf die schwerste Probe gestellt wurde.***

Der Gestalt des Ragnar Lodebrok liegt höchstwahrscheinlich ein historischer Wikingerfürst des 9. Jahrhunderts zugrunde. In den Sagas war er ein furchtloser Krieger, der im Alter von 15 Jahren den dänischen Thron bestieg. Er heiratete das Pflegekind eines armen Bauern, das sich später als die Tochter des Helden Sigurd und der Brünhild entpuppen sollte. Eine andere seiner insgesamt vier Gemahlinnen befreite er aus einer von einem gigantischen Drachen umwundenen Burg. Der Beiname Lodebrok, „Lederhose", spielt auf den Umhang und die Hosen aus Schafhäuten an, die er bei diesem Abenteuer trug.

Nach einem gescheiterten Raubzug wurde Ragnar Lodebrok in England von König Ella von Northumbria gefangengenommen und in eine Schlangengrube geworfen. Anfangs schützte ihn noch das Zauberhemd, das ihm seine Mutter geschenkt hatte. Doch als man ihm dieses auszog, konnte ihn nichts mehr vor dem Natterngift bewahren. Gelassen nahm er sein Schicksal hin und brüllte ein Todeslied hinaus, in dem er erklärte, daß er lachend sterbe.

Die Rache für Ragnars Tod sollte fürchterlich sein. Jahre später nahmen seine Söhne Ella gefangen und weideten ihn aus, indem sie ihm den Rücken aufrissen und seine Gedärme in Form eines Wappenadlers ausbreiteten.

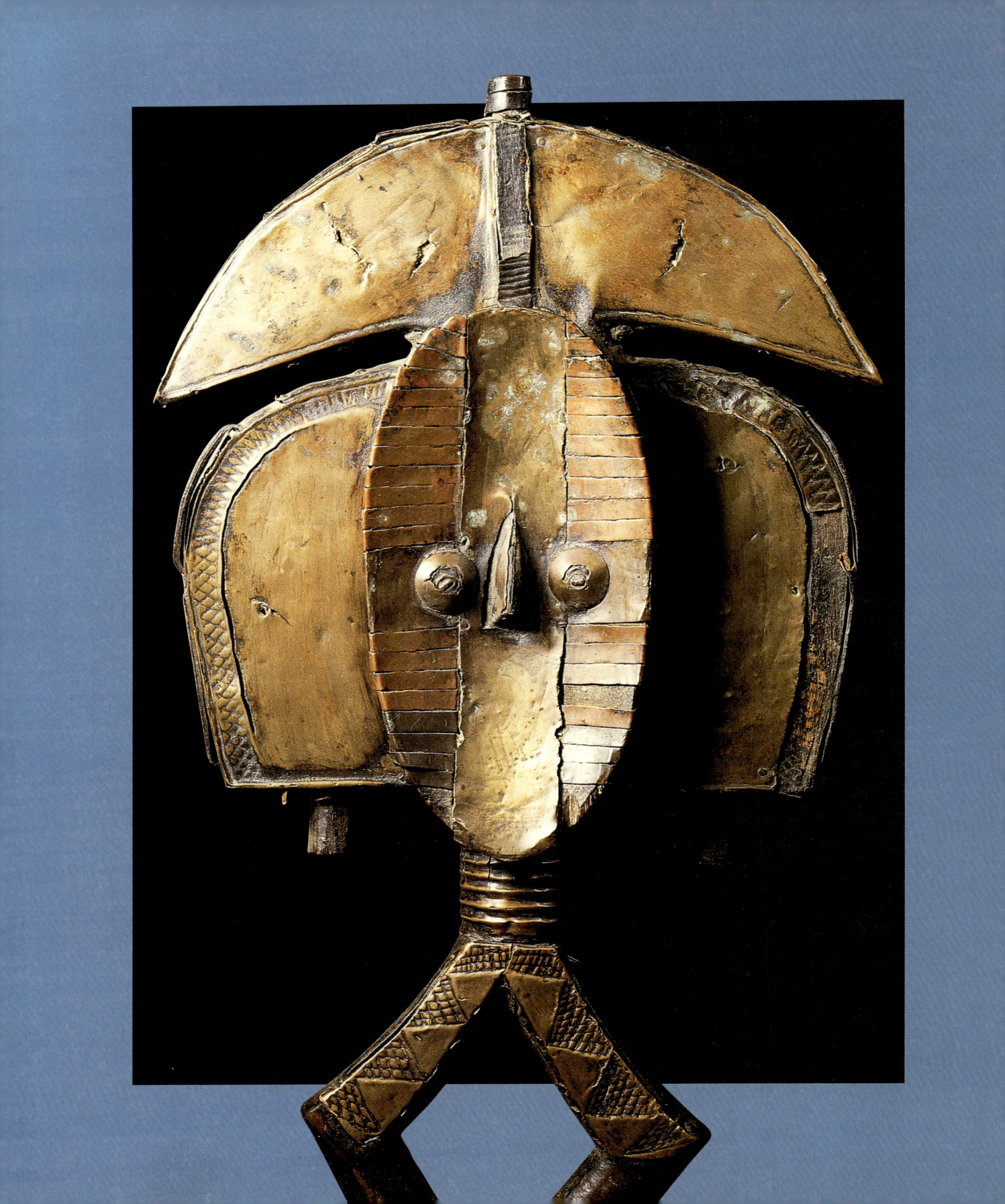

# DAS MYSTERIUM DES TODES

Wenn die Mythen unseren fernen Vorfahren dabei halfen, sich mit den großen Fragen des menschlichen Daseins auseinanderzusetzen, dürfte kein Thema sie vor eine schwierigere Aufgabe gestellt haben als das Problem der Unausweichlichkeit des Todes. Warum mußte alles, was lebte, irgendwann sterben? Was geschah mit dem Menschen nach seinem Tod? Ging er einfach ins Nichts ein, oder durfte er etwas mehr erwarten? Und falls ja, was? Es war mehr als schlichte Neugier, was nach einer Lösung dieser Rätsel verlangte: Die Antworten hatten weitreichende Auswirkungen darauf, wie die Menschen ihr Leben gestalteten. Schließlich war es der feste Glaube an ein jenseitiges Dasein, der zur Errichtung der ägyptischen Pyramiden und der chinesischen Kaisergräber führte. Und die gleiche Überzeugung bestimmte, wenn auch auf weniger spektakuläre Weise, die Hoffnungen, Bestrebungen und Gewohnheiten – und damit letztlich die Schicksale – unzähliger Millionen von Individuen.

Überraschend ist die oft verblüffende Ähnlichkeit der Antworten auf die Frage, warum und wie der Tod in die Welt kam. Viele Völker der Erde gelangten völlig unabhängig voneinander zu dem Schluß, der Tod sei aufgrund eines Irrtums oder aber zur Strafe für die Verderbtheit der Menschen in die Welt gelangt. Bisweilen wurde er als bloße vorübergehende Phase eines größeren Zyklus von Werden und Vergehen begriffen, wie er in der Natur zu beobachten ist.

Die meisten Kulturen vertraten die Auffassung, nach dem Tod müsse es noch etwas geben. Auch in diesem Punkt zeigen sich auffällige Parallelen zwischen den Völkern: So glaubten die Menschen auf der ganzen Welt, daß jemand, dem die vorgeschriebenen Bestattungsrituale versagt blieben, als ruheloser Geist umgehen würde. Gleichfalls weltweit anzutreffen war die Überzeugung, die Seele trete nach dem Tod eine lange Reise an, für die sie angemessen ausgerüstet werden müsse. Die Übereinstimmungen zeigen sich mitunter in ganz konkreten Einzelheiten: In Griechenland ebenso wie im China der Kaiserzeit und in Südamerika pflegte man den Toten Münzen ins Grab zu legen, damit die Seele auf dem Weg in ihre letzte Heimat die anfallenden Zölle und Mautgebühren entrichten könne.

Aber auch die Bilder, die die Menschen von „ihrem" jeweiligen Totenreich zeichneten, wiesen ausgeprägte Ähnlichkeiten auf. Ob sie von Unterweltsbesuchen ihrer Helden erzählten oder einander mit Geschichten von Untoten und Wiedergängern erschreckten: Stets schöpften sie aus einem Fundus archaischer Ängste, die aus den Tiefen des kollektiven Unbewußten aufstiegen.

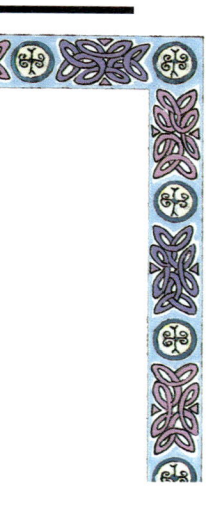

*Unten:* **Bunte Laternen schwimmen auf dem Motoyasu bei Hiroshima. Anlaß ist das buddhistische** *bon-***Fest, das jeden August zu Ehren der Toten gefeiert wird.**

*Gegenüber:* **Früher pflegten die Kota, die im Kongogebiet und in Gabun ansässig sind, ihre Toten unbestattet im Wald auszusetzen. Man legte eine Wächterfigur wie die hier gezeigte,** *mbulu ngulu* **genannt, neben sie. Holz mit Kupfer und Messing, Gabun (19. Jh.).**

# Wie der Tod in die Welt kam

Überall empfanden die Menschen den Tod als eine grausame Zumutung. Manche versuchten, seine Existenz als Folge eines Irrtums zu erklären, andere als eine Strafe. Es gab aber auch die Auffassung, man müsse ihn als einen heimlichen Segen begreifen.

Um das Ansehen der Himmlischen besorgt, weigerten sich manche Völker Afrikas, Australiens, Ozeaniens und Südamerikas rundheraus, den Göttern die Verantwortung für die Sterblichkeit des Menschen zuzuschreiben. Statt dessen führten sie jeden Todesfall, insbesondere wenn er unerwartet eintrat, auf das Wirken böser Kräfte zurück. Ein gutes Beispiel dafür liefert eine Geschichte aus Angola, in der ein Jäger aus Rache für seinen verstorbenen Bruder den Tod gefangennahm. Der Tod jedoch wies jegliche Schuld von sich. Um seine Aussage zu untermauern, nahm er den Jäger mit ins Land der Toten. Dort rief er alle Neuankömmlinge als Zeugen auf. Manche waren infolge eines Schadenszaubers gestorben, andere aufgrund ihrer eigenen Unbesonnenheit. Das alles, erklärte der Tod, hätten sich die Menschen selbst zuzuschreiben; nicht die Götter seien Schuld.

Eine andere weitverbreitete Erklärung führte die Existenz des Todes schlicht auf einen verhängnisvollen Irrtum zurück. Ursprünglich habe der Schöpfer etwas völlig anderes im Auge gehabt, aber dann durchkreuzte irgendein Zwischenfall seine Pläne. Eine in

## Die Treppe zum Himmel

***Ein Mythos der kalifornischen Wintun erzählte, wie der Trickster Coyote aus reiner Mißgunst den Tod in die Welt der Tiere und der Menschen brachte.***

Als der Schöpfergeist Olelbis die Menschenwelt erschuf, beschloß er, sie durch eine Steintreppe mit dem Himmel zu verbinden. Auf der obersten Stufe wollte er zwei Brunnen einrichten, einen mit reinigendem, einen mit verjüngendem Wasser. Die Menschen würden dann lediglich hinaufzusteigen und zu trinken brauchen, um ihre Jugend wiederzuerlangen. Die Aufgabe, die Treppe zu konstruieren, vertraute er zwei Geisterbrüdern an; diese machten sich in Gestalt von Bussarden ans Werk.

Doch dann kam Coyote des Wegs, ein Trickster, der zu gern Unheil stiftete. Als er die beiden so fleißig arbeiten sah, fing er an, den Sinn ihres Tuns zu bezweifeln.

Wozu, fragte er, soll die Treppe eigentlich gut sein? Würden die Menschen wirklich bereit sein, ewig da hinauf- und hinunterzusteigen und ihr Leben immer wieder von vorn zu beginnen? Wäre es nicht besser, einfach geboren zu werden, zu leben und dann zu sterben? „Besser, sich über die Geburt zu freuen und über den Tod zu trauern", behauptete er, „denn das ist ein Zeichen von Liebe."

Coyote konnte überzeugend reden, und nach und nach verloren die Brüder jede Freude an ihrer Arbeit. Schließlich gaben sie die Sache auf, und in ihrer Enttäuschung rissen sie auch noch ab, was sie bereits gebaut hatten. Da bekam Coyote einen Schreck, denn insgeheim hatte er natürlich gehofft, sich noch schnell als einziger in den Himmel schleichen zu können, bevor die Verbindung unterbrochen wurde. In seiner Angst bastelte er sich aus Blütenblättern ein Paar Flügel. Doch als er damit in den Himmel zu fliegen versuchte, stürzte er ab. Und Olelbis bestimmte, daß Coyote sterben müsse – ebenso wie alle Menschen.

weiten Teilen Afrikas anzutreffende Geschichte erzählt, der Schöpfer habe einst das Chamäleon beauftragt, den Menschen die frohe Botschaft zu überbringen, daß sie ewig leben würden. Die Echse kroch aber so langsam dahin, daß der Gott die Geduld verlor und ihr einen zweiten Boten mit der gegenteiligen Meldung hinterherschickte. Und dieser – ein flinker Gecko – entledigte sich seiner Aufgabe mit Erfolg: Er kam als erster an und richtete den Menschen aus, daß sie sterben müßten. Und dabei ist es geblieben.

Gelegentlich wurde das Motiv des „irrtümlichen Todes" mit der Vorstellung der Häutung verknüpft. Die Beobachtung, daß Schlangen sich durch Abwerfen ihrer alten Haut scheinbar unaufhörlich erneuern, führte mancherorts zur Entstehung des Mythos, die Menschen hätten ursprünglich die gleiche Fähigkeit besessen. Doch stets lief irgend etwas schief. In einem afrikanischen Märchen fing eine Schlange den Boten ab, der die neuen Häute brachte, und ergaunerte sich damit das Privileg, das die Götter eigentlich den Menschen zugedacht hatten. Nach einer australischen Version ruinierten Kinder die neuen Häute, bevor ihre Eltern sie überstreifen konnten, und brachten auf diese Weise den Tod in die Welt.

Eine andere Gruppe von Mythen erklärte, der Tod sei ursprünglich nur ein vorübergehender Zustand gewesen, der durch irgendeinen Zufall für alle Ewigkeit festgeschrieben wurde. Den kalifornischen Huchnom zufolge beabsichtigte Taikomol, der Schöpfer, als er den ersten Toten bestattete, ihn am folgenden Morgen wiederzubeleben. Kaum aber hatte er anderntags den Leichnam ausgegraben, breitete sich ein so intensiver Verwesungsgeruch aus, daß den übrigen Stammesmitgliedern übel wurde. Da gab Taikomol den Plan auf, Tote wiederzubeleben.

Dann gab es noch die Idee einer Diskussion um die Einführung des Todes, bei der die falsche Seite gewonnen habe. In Nordamerika fiel die Rolle des *ad-*

## DAS MYSTERIUM DES TODES

*vocatus diaboli* oft dem Trickster Coyote zu, der es unter Aufbietung seiner ganzen Überredungskunst erreichte, daß den Menschen der Weg in den Himmel und damit zur ewigen Erneuerung verwehrt blieb *(Kasten Seite 106–107)*. Nach einem Mythos der Maori bekamen sich der Schöpfergott Tane und der böse Whiro über das Thema Tod in die Haare, und obwohl Tane den Sieg davontrug, schickte Whiro den Tod in die Welt, um sich an den Menschen zu rächen.

Weit verbreitet war der Gedanke, der Tod sei eine Strafe, auch wenn die Untat, die damit geahndet werden sollte, bisweilen geradezu lächerlich erscheint. Die im Kongo lebenden Luba etwa behaupteten, die Menschen hätten anfangs bei Gott gewohnt, hätten sich dann aber als so lärmende, lästige Nachbarn entpuppt, daß sie auf die Erde verbannt worden seien, wo sie seither Krankheit und Tod ausgesetzt sind.

Alternativ dazu konnte der Tod zur Strafe für die Untat eines einzelnen über die ganze Welt verhängt worden sein. In diesem Fall wurde die Schuld oft einer Frau zugeschrieben. Viele Kulturen kannten das Motiv „Büchse der Pandora", aus der durch weibliche Neugier alle Übel in die Welt gekommen sein sollen.

So erzählte ein Mythos der Aborigines, den ersten Menschen sei – ganz wie im Mythos vom Garten Eden – ausdrücklich verboten worden, sich einem bestimmten hohlen Baum zu nähern, in dem Bienen ihr Nest gebaut hatten. Die Männer hielten sich daran, aber eine Frau wollte unbedingt an den Honig kommen und fällte den Baum. Aus dem Stumpf aber flatterte der Tod in Gestalt einer Fledermaus hervor, die jedes Geschöpf durch die leichteste Berührung ihrer Schwingen dahinraffte. Und eine afrikanische Erzählung schilderte die schrecklichen Folgen, welche die Vergeßlichkeit Nambis hatte. Nambi war mit dem sagenhaften Begründer des Reiches Buganda vermählt, und als sich die beiden anschickten, vom Himmel hinabzusteigen, um die Erde mit Menschen zu

**Bei den Chinesen lief nicht nur das Leben, sondern auch der Tod in bürokratisch geordneten Bahnen ab. Jeder Mensch bekam von einem Beamten des Himmlischen Herrschers seine bestimmte Lebensspanne zugeteilt. War diese verstrichen, begab sich die Seele ins Reich des Yen Lo Wang *(links)*. Dieses Totenreich enthielt zehn Höllen; in jeder von ihnen wurde – unter der Aufsicht eines von Yen eingesetzten Ministers – jeweils eine Gattung von Sündern abgestraft. Porzellanfigur aus der Ming-Dynastie.**

## Der ominöse Rabe

***In vielen Kulturen als Todesvogel gefürchtet, wurde der Rabe andererseits auch als vollendeter Überlebenskünstler bewundert. In Nordamerika war Rabe ein Kulturheld, der mit der Schöpfung verbunden war, aber im großen und ganzen hatte der Vogel den Ruf eines Unglücksboten.***

Die Kelten assoziierten den Raben mit den Kriegsgöttinnen Badb und Morrigan, die beide in Rabengestalt über die Schlachtfelder zu fliegen pflegten. Nach germanischem Glauben sandte Odin jeden Tag seine zwei Raben Hugin („der Kluge") und Munin („der Verständige") in die Welt, damit sie ihm abends alles berichteten, was sie gesehen und gehört hatten. Nach deutschem Volksglauben kündigte ein über ein Haus fliegender Rabe den Tod eines seiner Bewohner an.

Eine andere Tradition schrieb dem Vogel – zum Teil aufgrund derselben Merkmale, die ihm anderswo einen üblen Ruf einbrachten – eine positive Bedeutung zu. Zwar brachten auch die Perser den Raben mit Schlachtfeldern in Verbindung, doch sie assoziierten ihn mit Verethragna, dem Schutzgeist des Sieges. Daher glaubten sie, daß eine Feder oder ein Knochen des Vogels einem Krieger übermenschliche Kraft verleihen könne.

**Ein Rabe auf dem Tower von London. Der Sage nach wird das Bauwerk so lange bestehen, wie die Vögel dort bleiben.**

bevölkern, wurde ihnen eingeschärft, sich ja zu beeilen. Auf halbem Wege aber fiel Nambi ein, daß sie das Körnerfutter für ihre Hühner vergessen hatte, und kehrte um. So konnte der Tod sie einholen, und fortan wich er den Menschen nicht mehr von der Seite.

Andere Völker nahmen die Gewißheit des Todes gelassen hin und stellten ihn als einen notwendigen Aspekt des Daseins dar, als eine Bedingung für das Wohlergehen der Menschheit als Ganzes. Manche faßten ihn als letzte Rast für den müden Wanderer auf; die Dogon aus Mali behaupteten, ihre Stammeltern hätten einst darum gefleht, von den Leiden des Greisenalters ein für allemal erlöst zu werden.

Andere betrachteten den Tod als eine Notwendigkeit angesichts der Vermehrung der Menschen. Die Caraja aus dem Amazonasbecken sagten, die Menschen hätten ursprünglich in der Unterwelt gelebt, doch da niemand starb, sei es dort auf Dauer zu eng geworden. Also seien sie in die Oberwelt gezogen, wo es genügend Platz gab – dafür aber auch den Tod.

In der altpersischen Mythologie versuchte Jima, der Stammvater des Menschengeschlechts, der Überbevölkerung dadurch Herr zu werden, daß er die Erde vergrößerte; doch selbst dadurch erzielte er nur einen Aufschub, denn nach drei erfolgreichen Versuchen sandte der Geist des Bösen einen grausamen Winter, der den größten Teil aller Lebewesen tötete.

Allen solchen Mythen liegt die Vorstellung zugrunde, das Gemeinwohl stehe über dem Wohl des einzelnen. Doch eine solche Einsicht bot demjenigen, der seiner eigenen Auslöschung oder der einer geliebten Person entgegensah, wenig Trost. Beruhigender war da schon der Gedanke, daß das Ende des gegenwärtigen Ichs nicht absolut sein würde.

Daran anknüpfend entwickelte sich als eine mögliche Lösung der Gedanke der Wiedergeburt – des Wiederauftretens der Seele in einem neuen Körper, so wie ein Schauspieler nach seinem Abgang in einer neuen Rolle auf die Bühne zurückkehren konnte. Eine andere Idee war die vom Beginn eines neuen Lebens, aber in einer völlig anderen, jenseitigen Welt. Diese zwei Konzepte werden von den großen Weltreligionen vertreten. Das Mysterium des Todes blieb, aber der Stachel verlor etwas von seiner Schärfe.

DAS MYSTERIUM DES TODES

# Die lange Reise der Seele

In den verschiedensten Teilen der Welt fand sich der Glaube, die Seele breche nach dem Tod zu einer langen Reise auf. Ein Zweck der Bestattungsriten und der Grabbeigaben war, die Seele mit allem auszustatten, was sie unterwegs benötigen würde.

Indianische Mythen erzählten von Totendörfern, zu denen die Seele auf Pfaden gelangte, die sich von denen, die ihr vom Leben her bekannt waren, nur geringfügig unterschieden. In Ägypten nahm sie dieselbe Route, die Amun-Re allabendlich nach Sonnenuntergang einschlug und die ihn durch die zwölf Höhlen der Unterwelt führte. Jede dieser Höhlen wurde von tierköpfigen Ungeheuern bewacht. Um an ihnen vorbeizukommen, mußte der Verstorbene die richtigen Zaubersprüche kennen, weshalb ihm eine Abschrift des Totenbuches mit ins Grab gelegt wurde.

Eine chinesische Überlieferung sprach von sieben Prüfungen, welche die Seele auf dem Weg zu ihrer Wiedergeburt bestehen müsse. Zuerst begegnete sie Dämonen, die sie unbarmherzig schlugen, sofern sie nicht mit Geld besänftigt wurden, das man dem Toten deshalb vorsorglich mit ins Grab gegeben hatte. Dann gelangte sie in einen Gerichtssaal, wo sie – ähnlich wie ihre ägyptische Schwester *(Seite 113)* – gewogen wurde. Durch keinerlei Schuld belastete Seelen konnten passieren, für die anderen folgte ein Spießrutenlauf zwischen Reihen von Bluthunden, die jeden Übeltäter am Geruch erkannten (Hunde wurden oft mit dem Totenreich in Verbindung gebracht).

Wenn die Seele diese schreckliche Prüfung bestand, gelangte sie zu einem Spiegel, in dem sie sah, was sie in der nächsten Inkarnation erwarten würde. Nach dem Erklimmen einer Anhöhe, von wo aus sie

## Grabbeigaben

**Schon in ältesten Zeiten wurden den Toten Kleider, Nahrung, Werkzeuge und mitunter auch Schätze mit ins Grab gelegt.**

Bereits im Paläolithikum gab man den Verstorbenen Geräte und Tierknochen mit ins Grab. Und ein im heutigen Irak freigelegtes Neandertalergrab enthielt so viel Pollen, daß für die Archäologen nur ein Schluß denkbar war: Der Tote, ein Jäger mit zertrümmertem Schädel, mußte auf einem Blütenlager zur letzten Ruhe gebettet worden sein.

In der Bronzezeit waren Grabbeigaben längst zu einem Statussymbol geworden, und die Reichen und Mächtigen verließen diese Welt grundsätzlich mit einem Vermögen an Kupfer- und Goldgerät. In manchen Kulturen wurden die Schätze auch zusammen mit dem Leichnam auf den Scheiterhaufen gelegt; Homer beschreibt in der *Ilias* eine solche Prestigehandlung im Zusammenhang mit der Bestattung des Patroklos durch seinen Freund Achill.

**Die Ägypter legten ihren Toten kleine Figuren, sogenannte Uschebti, mit ins Grab. Im Jenseits, so glaubte man, würden sie dem Verstorbenen als Diener zur Verfügung stehen. Aus dem Grab Hunutmehyts bei Theben, bemaltes Holz, um 1295–1186 v. Chr.**

**Nach dem Glauben vieler Völker mußte der Dahingeschiedene auf dem Weg ins Jenseits ein Gewässer überqueren – so auch bei den Griechen, deren Schattenreich von Flüssen umgeben war. Eine solche Überfahrt gestaltete Arnold Böcklin in seinem düsteren Gemälde *Die Toteninsel* aus dem Jahre 1880.**

einen letzten Blick auf ihr vergangenes Leben werfen konnte, mußte sie eine schmale Brücke überqueren, unter der ein Abgrund gähnte. Drüben erwartete sie das Rad des Gesetzes, von dem die Seele in ihr neues Leben befördert wurde – doch erst nachdem sie vom Wasser des Vergessens getrunken hatte.

Nach dem Glauben der bolivianischen Guarayu mußte die Seele eine Entscheidung treffen: Sie fand sich an einer Weggabelung wieder, von der ein breiter, bequemer und ein enger, beschwerlicher Pfad abgingen. Der richtige war natürlich der zweite, denn nur durch das Überstehen von Mühsal und Gefahr konnte die Seele zur ewigen Ruhe gelangen.

Dann mußte sie Flüsse überwinden, darunter ein von Raubfischen wimmelndes Wildwasser, über das nur eine schwankende Hängebrücke führte. Dann mußte sie ein Land ewiger Nacht durchqueren und zwischen aneinanderschlagenden Felsblöcken hindurch gelangen. Weiterhin mußte sie einen sprechenden Baum passieren, ohne sich von dessen Lügen täuschen zu lassen. Schließlich galt es, ohne Bedauern all das hinter sich zu lassen, woran das Herz hing. Bestand die Seele alle Prüfungen, erreichte sie das Land der Ahnen. Durch einen Trunk aus einem Jungbrunnen wiederhergestellt, konnte sie nun ein neues Leben beginnen – das ihrem früheren sehr ähnelte.

Die beklemmendste Wanderung erwartete die nordgermanische Seele. Während gefallene Krieger der Freuden Walhalls *(Seite 114)* teilhaftig wurden, mußten sich die, welche den verachteten „Stroh-Tod" erlitten hatten, also zu Lande kampflos gestorben waren, aufmachen nach Niflheim, dem Totenreich, wo die Riesin Hel in ihrer gleichnamigen Festung herrschte. Die Wanderung durch die Kälte und über zerfurchte Wege war lang und mühsam. Um den Toten den letzten Weg zu erleichtern, gab man ihnen deshalb ein Paar stabile „Hel-Schuhe" mit.

Zuletzt erreichte die Seele Hels trostloses Reich. Um hineinzugelangen, mußte sie zunächst Gjallar überqueren, die Brücke über den Grenzfluß Gjöll, an der die ausgemergelte Magd Modgud Wache hielt und jedem Reisenden das Lebensblut als Wegzoll abverlangte. Am anderen Ufer durchwanderte der blutleere Leichnam den Eisenwald, ein Dickicht von Bäumen mit klirrenden Metallblättern. Zuletzt gelangte die Seele ans Helgatter und zur Gnipahöhle, in der Garm lauerte, der Höllenhund. Um passieren zu können, mußte ihm jeder Neuankömmling den „Helkuchen" zuwerfen, den er bei seiner Bestattung mitbekommen hatte. Zuletzt erwartete den, der diesen mühseligen Weg hinter sich gebracht hatte, nichts als Nebel, Frost und Dunkelheit – und die kalte Aufmerksamkeit Hels.

DAS MYSTERIUM DES TODES

# Das Totengericht

Die Vorstellung eines „Jüngsten Gerichts" findet sich erstmals im alten Ägypten. Im Jenseits mußten die Seelen Osiris gegenübertreten – und wehe denen, die der Gott für schuldig befand: Deren Herz wurde von Ammut verschlungen, der „Fresserin der verurteilten Toten".

Der Gedanke einer moralischen Beurteilung, die über das ewige Schicksal des Menschen entscheidet, ist heute fester Bestandteil der großen Religionen. Das war nicht immer so. Nach Auffassung vieler alter Kulturen hing das Schicksal des Verstorbenen von weitaus zufälligeren Umständen ab. Von größter Wichtigkeit war oft, wie mit dem Leichnam verfahren wurde: Wer unter Beachtung der erforderlichen Riten bestattet wurde, konnte mit einem glücklichen Los rechnen, aber der Unbestattete mußte befürchten, dazu verdammt zu sein, auf ewig als ruheloser Geist oder Wiedergänger an den Stätten seines Lebens zu spuken. Spuren solcher Vorstellungen fanden sich noch vor kurzer Zeit in Osteuropa, wo sie in die Geschichten über Vampire und Untote einflossen.

Andere Gesellschaften, insbesondere die mit einer mächtigen Oberschicht, projizierten ihre ständische Ordnung auf das Jenseits. Hier hing das Schicksal des einzelnen nach dem Tod weniger von seinem Verhalten als von seiner Stellung im Leben ab. Die Reichen und Mächtigen erwartete ein herrliches Los; der Rest der Bevölkerung konnte bestenfalls eine schattenhafte Fortsetzung seines irdischen Alltags erwarten. So hofften die Inka, die ja eine aristokratische Kriegerkaste waren, zum Palast der Sonne aufzusteigen, dessen Pforten den Untertanen grundsätzlich verschlos-

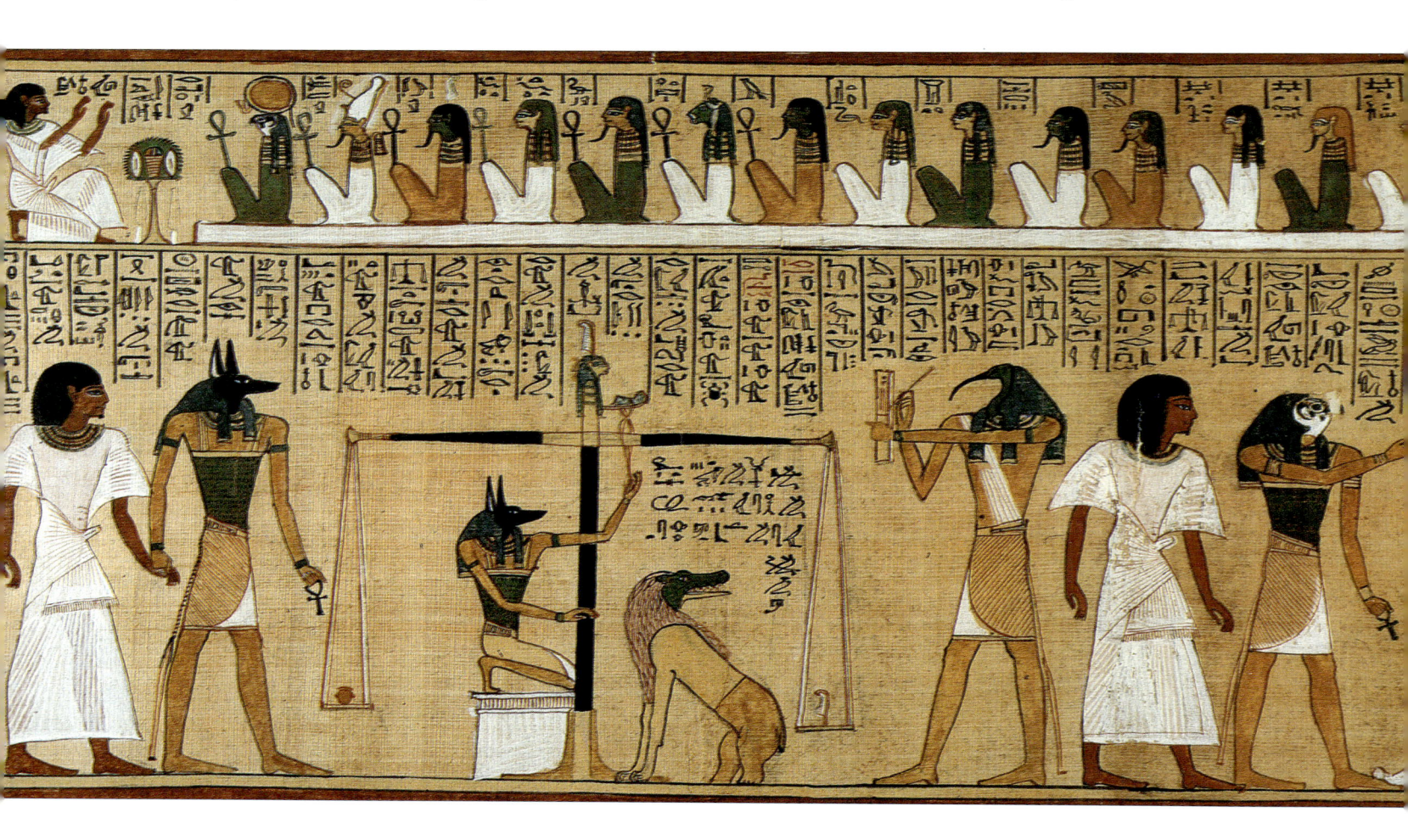

## DAS TOTENGERICHT

sen waren. Auch in weiten Teilen Polynesiens blieb der gesellschaftliche Status über den Tod hinaus erhalten.

Soweit bekannt, waren die Ägypter das erste Volk, das eine ethische Dimension in seine Jenseitsvorstellungen einbaute. Dies war kaum ein Zufall, da die Idee eines ewigen Lohns für sittliches Betragen nur in einer wohlgeordneten, seßhaften Gesellschaft Fuß fassen konnte. Jäger und Sammler, die tagtäglich ums Überleben kämpfen mußten, dürften schwerlich imstande gewesen sein, den Begriff einer universalen Ordnung zu fassen, den eine solche Idee voraussetzt.

Spätestens zu Beginn des Neuen Reiches, Mitte des 2. vorchristlichen Jahrtausends, war die ägyptische Lehre vom Totengericht vollkommen ausgebildet. Papyrushandschriften und Grabmalereien geben detailliert Auskunft über die damaligen Jenseitsvorstellungen. Die Seele schritt nach einer schwierigen und gefahrvollen Reise durch das Sechste Tor und betrat die Halle der Vollkommenen Wahrheit, die Stätte des Gerichts. Dort thronte Osiris in Gegenwart seiner Gemahlin Isis und deren Schwester Nephthys. Vor diesen Gottheiten mußte der Verstorbene ein sogenanntes Negatives Bekenntnis sprechen. Darin bestritt er, 42 einzeln aufgeführte Sünden – von Mord und Ehebruch bis hin zu übler Nachrede und Wucher – begangen zu haben. Die Ägypter hatten große Angst, daß ihnen im entscheidenden Moment nicht die richtigen Worte einfallen würden. Deshalb bereiteten viele ihre Verteidigungsrede noch zu Lebzeiten vor, wobei sie sich von Tempelpriestern fachkundig beraten ließen. Die Papyrusrolle mit dem Wortlaut wurde ihnen nach dem Tod mit ins Grab gelegt.

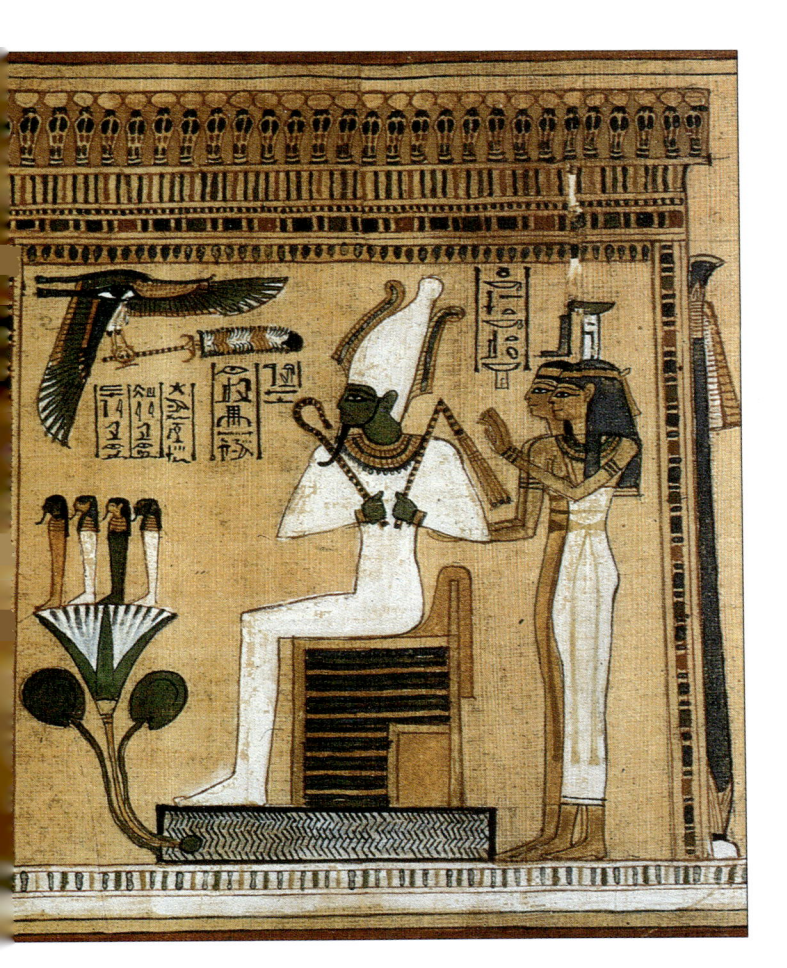

Nach diesem Unschuldbekenntnis kam der Augenblick der Wahrheit: Nun wurde das Herz des Toten gegen eine Feder gewogen. Der schakalköpfige Gott Anubis fungierte als Wägemeister, während der ibisköpfige Gott Thot das Ergebnis aufschrieb. Hinter ihm kauerte das Ungeheuer Ammut, das die, die beim Negativen Bekenntnis gelogen hatten, sofort verschlang. Die Schuldlosen aber erwartete eine glückliche Zukunft in Jaru, einem Paradies, das den lieblicheren Gefilden des Niltals täuschend ähnelte.

Die griechische Mythologie sprach von drei Totenrichtern: Minos, Rhadamanthys und Aiakos, die zoroastrische Tradition von Mithra, Sraoscha und Raschnu. Auch andere, fernere Kulturen gelangten zu ähnlichen Vorstellungen, wobei diese nicht selten von den jeweiligen gesellschaftlichen Gegebenheiten bestimmt waren. So mußten chinesische Seelen langwierige und strenge Prüfungen über sich ergehen lassen, die den Staatsexamina für angehende kaiserliche Beamte ähnelten. Japan mit seiner Tradition autokratischer Militärherrschaft hatte einen göttlichen Despoten, Emma-O, der Übeltäter dazu verdammte, die Ewigkeit in einem Kessel voll flüssigen Metalls zu verbringen. Und fast am anderen Ende der Welt glaubten die Pueblo-Indianer, die Toten defilierten an dem Schutzgeist Tokonaka vorbei, der ihnen mit der Gelassenheit eines Dorfältesten ihr jeweiliges Los zuteilte.

**Blatt eines für den königlichen Schreiber Hunefer um 1285 v. Chr. angefertigten Totenbuches. Anubis führt den verstorbenen Hunefer in den Gerichtssaal (links im Bild). Anschließend wird der Tote vor Osiris (rechts im Bild) einer Liste von Sünden angeklagt; die Wahrhaftigkeit seiner Unschuldsbeteuerungen wird durch Wiegen seines Herzens ermittelt. Nur das unschuldige Herz ist leichter als die Feder in der anderen Waagschale – wie hier.**

DAS MYSTERIUM DES TODES

# Höllen und Paradiese

Viele Kulturen hatten spezifische Vorstellungen von Himmel und Hölle – von Orten, die ganz anders waren als die, die man auf Erden kannte. Aber ebenso häufig erzählen die Mythen von einem Jenseits, das sich nicht wesentlich vom Diesseits unterschied.

Die in der gegenwärtigen Welt herrschenden Bedingungen konnten einen starken Einfluß darauf haben, was man vom Jenseits erwartete. Nehmen wir als Beispiel die Vorstellung der Germanen von dem Paradies der gefallenen Krieger, Walhall. Dabei handelte es sich um ein gewaltiges Bauwerk, das 500 Tore aufwies, jedes davon so breit, daß 800 Krieger in voller Rüstung nebeneinander hindurchschreiten konnten. Auf dem Schlachtfeld gefallene Krieger wurden von den Walküren (Seite 16) abgeholt und von Odin willkommen geheißen. Die Freuden, die ihnen dort winkten, waren von der Art, wie sie wohl nur ein kerniger germanischer Recke zu würdigen wußte.

Denn die gefallenen Helden verbrachten ihre Tage auf dem Kampfplatz – einer himmlischen Walstatt, wo sie mit Schwert und Streitaxt aufeinander einhieben, begleitet von den Schreien der Verwundeten. All die empfangenen Wunden jedoch verschwanden wieder, wenn die Sonne sank. Stark und gesund wie eh und je versammelten sich sämtliche Krieger in Walhall zu einem leckeren Mahl aus dem Fleisch des Ebers Sährimnir, der, nicht anders als die Krieger, jeden Tag wiederhergestellt wurde. Das Fleisch wurde mit Met aus dem nie versiegenden Euter der Ziege Heidrun hinuntergespült. Walküren reichten den Honigwein in gewaltigen Trinkhörnern.

*Diese im 19. Jahrhundert entstandene Schnitzerei an einem Gemeinschaftshaus der Maori krönte einen Torbogen und symbolisierte die Pforte zur Unterwelt. Der Firstbalken solcher Häuser kennzeichnete den Versammlungsplatz, von dem aus die Geister ihre Reise ins Totenland antraten.*

Dann machten es sich die Helden bequem und lauschten den Schilderungen ihrer eigenen Ruhmestaten von einst. Derweil mußten ihre weniger glücklichen Volksgenossen in Niflheims düsterer Halle Elvidner („Elend") leiden, wo der einzige Teller Hunger hieß und das Eßbesteck Gier.

## Inseln im Westen

Walhall konnte nur von Menschen ersonnen werden, bei denen Kriegertugenden ganz oben auf der Werteskala standen. In gleicher Weise spiegelten die Jenseitswelten anderer Kulturen deren Weltanschauung wider. Die schreckliche polynesische Unterwelt, Po, war außer Übeltätern solchen Leuten vorbehalten, die das Pech gehabt hatten, infolge Verhexung zu sterben. In einer Ecke lauerte dort Miru, ein gefürchteter Rächer, mit einem großen Netz in der Hand. Kam eine Seele vorbeigeflogen, fing er sie ein und schleuderte sie in einen riesigen Ofen. Vom Glück begünstigte Geister konnten hingegen nach Hawaiki gelangen, dem Land der Ahnen, worunter man sich eine im Westen gelegene Insel oder Inselgruppe vorstellte, die sich praktisch in nichts von der jeweiligen Heimat des Verstorbenen unterschied.

Der Glaube an eine paradiesische Anderswelt auf irgendwelchen „westlichen Inseln" war verblüffend weit verbreitet. Die gleiche Vorstellung fand sich

# HÖLLEN UND PARADIESE

in Westeuropa, in der keltischen Idee von Avalon, der im Westen gelegenen Insel der Seligen, auf die der sterbende Artus auf magische Weise versetzt wurde.

Vorstellungen von jenem mystischen Archipel lagen auch den frühen irischen Berichten von wundersamen Reisen über den Ozean zugrunde, wie der *Reise des Mael Duin* und der etwas späteren *Reise des hl. Brendan*. Besonders wichtig für die Artussage war die Geschichte Tadgs, der zu einer fernen Insel segelte, wo Hunger unbekannt war und die Sonne ständig schien – und dies, obwohl Tadg und seine Gefährten Irland im tiefsten Winter verlassen hatten. Auf der Insel fanden sie drei Hügel mit drei Burgen; eine war weiß, eine silbern und eine golden. In den ersten zwei, erfuhren sie, lebten die verstorbenen Herrscher Irlands; die letzte war für künftige Könige bestimmt.

Im alten Griechenland fanden sich sehr ähnliche Vorstellungen von einer im Westen gelegenen Jenseits-Insel. Der Glaube war bereits in der Epoche Homers fest etabliert. Zu jener Zeit begann die keltische Kultur aufzublühen, und die Kelten breiteten sich immer weiter über Europa aus. Hatten sie den Gedanken der „westlichen Inseln" von den Griechen übernommen? Es wäre durchaus möglich. Fest steht jedenfalls, daß Homer von diesen glücklichen Inseln, wo „kein Schnee" ist, „kein Winterorkan, kein gießender Regen", erzählte. Wenig später schilderte sie auch der Dichter Hesiod: Dort herrsche Zeus' Vater Kronos über ein irdisches Paradies für tote Helden, wo „süße Früchte wie Honig, strotzende, dreimal im Jahr ihnen trägt der spendende Acker".

## Die Schrecken der Unterwelt

Die Vorstellung, die die Griechen von der Unterwelt hatten, ist in der abendländischen Kultur besonders lebendig geblieben. Die bekannteste frühe Schilderung der griechischen Unterwelt liefert uns Homer in seiner *Odyssee*. Um den toten Seher Tiresias befragen zu können, segelte Odysseus in nördlicher Richtung über den Ozean, bis er ein nebelverhangenes Land immer-

**Weit verbreitet war unter den Kelten der Glaube an eine im Westen gelegene Anderswelt-Insel. In Britannien kannte man sie als Avalon und Inseln der Seligen. Steep Holm Island** *(unten)* **im Bristol Channel vermittelt einen Eindruck davon, wie sich die Kelten eine derartige Jenseits-Insel vorgestellt haben mögen.**

## DAS MYSTERIUM DES TODES

währender Nacht auftauchen sah – das Reich des Hades. Er machte halt und tat, was die Zauberin Kirke ihm empfohlen hatte, um die Geister der Toten zu beschwören: Er hob eine Grube aus und ließ das Blut eines Opfertieres hineinrinnen. Schreiende, körperlose Gestalten tauchten auf, tranken von dem Blut und gewannen für kurze Zeit Bewußtsein und Sprache zurück – ein Detail, das Homer von den Nekromanten seiner Zeit, die auf diese Weise die Geister Verstorbener zu beschwören pflegten, übernommen haben dürfte.

Das Bild, das wir durch die wiederbelebten Geister vom griechischen Jenseits gewinnen, ist trostlos. Die körperlosen Schatten trugen noch immer die Spuren der Wunden oder Krankheiten, an denen sie gestorben waren. Das Dasein, das sie fristeten, war so elend, daß einer von ihnen, der Held Achill, Odysseus anvertraute, er wäre lieber der ärmste Bauer auf Erden als der König des ganzen Totenreiches.

Mit der Zeit machten die antiken Jenseitsvorstellungen eine gewisse Entwicklung durch. Spätere griechische und lateinische Schriftsteller zeichneten das Bild einer differenzierteren Welt, in der mittlerweile auch die Vorstellung von Lohn und Strafe ihren Platz hatte. Die „guten" Toten erwartete jetzt ein Dasein nie endender Freuden im Elysium, einem im Westen gelegenen Reich der Seligen. Dort verbrachten sie ein ewiges Leben voller Wonnen und Lustbarkeiten.

Ein ganz anderes Los war den Frevlern beschieden. Sie wurden von den schlangenhaarigen Erinnyen durch einen Feuerfluß in den Tartaros getrieben, um dort die mannigfaltigsten Qualen zu erleiden. Dort streckte der hungernde Tantalos ewig seine Hand nach Früchten aus, die er niemals ergreifen konnte, wirbelte Ixion, auf ein Feuerrad geflochten, in rasendem Flug durch die Luft und war Sisyphos dazu verdammt, einen Felsblock einen Berg hinaufzuwälzen – und kurz vor dem Gipfel immer wieder zu scheitern.

**Yama, der tibetische Todesgott, dreht das Rad des Lebens. Die Achse bilden die drei Wurzeln des Unheilsamen – Gier, Haß und Verblendung –, symbolisiert durch Hahn, Schlange und Schwein. Unten, in der vierten der sechs Lebenssphären, befindet sich das Höllenreich. In den meisten östlichen Religionen stellen die verschiedenen Höllen Stationen im Kreislauf von Tod und Wiedergeburt dar. Nach dieser Anschauung ist kein Daseinszustand von ewiger Dauer (Thangka oder Tempelbanner, 19. Jh.).**

# HÖLLEN UND PARADIESE

Vielleicht ist die Vorstellung von einem bipolaren Jenseits dem Menschen ebenso angeboren wie die Begriffe Gut und Böse oder Lohn und Strafe. Auf alle Fälle findet man sie auch bei Kulturen, die einander nicht beeinflußt haben können. So besitzen die Vorstellungen der Griechen eine verblüffende Entsprechung am anderen Ende der Welt: bei den Hopi des US-amerikanischen Südwestens.

Die Hopi siedeln ihr Paradies in den nördlich von Flagstaff, Arizona, gelegenen San Francisco Peaks an. Wie in Griechenland der Olymp, sind diese Berge der Wohnsitz der Götter beziehungsweise, im Falle der Hopi, der Kachinas. Kachinas sind wohlwollende Geister, die sich in Naturerscheinungen, im Verlauf von Ritualen, bei denen Tänzer von ihnen in Besitz genommen werden, oder in Puppen manifestieren können. Das Reich der Kachinas ist ein Schlaraffenland, reich an Nahrung und, trotz der Trockenheit der realen Landschaft, voll von kühlen Süßwasserseen.

Die Hopi kennen auch eine Hölle. Sie nennen sie Land der Zwei-Herzen, der Hexen. Stirbt ein Übeltäter, tragen die Zwei-Herzen ihn in ihre Heimat, die Wüste, und überlassen ihn seinem Schicksal. Unter einer glühenden Sonne durch die Einöde taumelnd, dann kriechend, schreit der Elende nach Wasser, doch erhält keines; er fleht um Hilfe, doch es kommt niemand. Solch ein Mensch hatte aus seinem Leben eine Wüste gemacht, und jetzt forderte die Wüste ihn ein.

## Die Speise der Toten

**Der Glaube, wer in der Unterwelt Speisen oder Getränke zu sich nehme, könne nie wieder in die Menschenwelt zurückkehren, fand sich in vielen Kulturen der Welt.**

Das Motiv der verbotenen Unterweltspeise äußert sich bereits in den frühesten erhaltenen Mythen. Ein akkadischer Text aus dem 3. vorchristlichen Jahrtausend erzählt, der babylonische Gott Nergal, der später zum Herrscher der Unterwelt wurde, sei bei seinem ersten Besuch davor gewarnt worden, irgend etwas zu essen, da er sonst für immer dort gefangen bleibe. In einem jüngeren, kurzen akkadischen Epos weigerte sich der Held Adapa aufgrund einer ähnlichen Warnung, die von den Göttern angebotenen Speisen zu essen. Anschließend erfuhr er allerdings, daß er betrogen worden war: Man hatte ihm das Brot und das Wasser des Lebens angeboten, und durch seine Ablehnung hatte er die Unsterblichkeit verspielt.

Von Mesopotamien aus gelangte das Motiv nach Griechenland, wo es uns in der Geschichte der Persephone *(Seite 59)* begegnet, die dazu verurteilt wurde, einen Teil jedes Jahres in der Unterwelt zu verbringen, weil sie im Palast des Hades ein paar Granatapfel-Samen verzehrt hatte. Eine keltische Sage berichtete von Conle, der für immer in der Anderswelt bleiben mußte, weil er einen ihm von einer Fee zugeworfenen Apfel gegessen hatte. Im *Kalevala* hütete sich der entsprechend gewarnte Held Väinämöinen bei seinem Besuch in Tuonela, dem finnischen Totenland, einen ihm angebotenen Krug mit Bier anzurühren.

**Nachdem Persephone von der Totenspeise gekostet hatte, mußte sie (mit einem Ährenkranz in der Hand) ein Drittel jedes Jahres bei ihrem Gemahl Hades in der Unterwelt verbringen.**

## Besuche im Jenseits

Zu den interessantesten Motiven der Weltmythologie gehören die Reisen in eine Parallelwelt – oft das Land der Toten. Manchmal gelangten die Helden durch einen Zufall dorthin, häufiger aber absichtlich – um einen geliebten Menschen zurückzuholen oder um geheimes Wissen zu erwerben.

Eine der bekanntesten schottischen Volksballaden erzählt von Thomas von Erceldoune („Tom der Reimer"), einem Dichter des 13. Jahrhunderts, welcher der Königin des Elfenlandes begegnete. Sie nahm ihn mit in ihr Reich und gebot ihm, sieben Jahre lang zu schweigen, wolle er je wieder in die Heimat zurück. Als die Prüfung vorüber war, schenkte ihm die Königin einen Apfel, der die Gabe der Prophezeiung verlieh, und ließ ihn ziehen. Nach Erceldoune – dem heutigen Earlston in Lauderdale – zurückgekehrt, erwarb sich Thomas rasch den Ruf eines großen Wahrsagers und wurde fortan der Wahre Thomas genannt. Nach einem langen und erfüllten Leben hörte er eines Abends, vor seinem Haus sei eine weiße Hirschkuh erschienen, und begriff, daß sie eine Botin aus dem Elfenland war. Er ging hinaus, folgte dem Tier in den Wald und wurde nie wieder gesehen.

Das Elfenland ist eine schottische Version der keltischen Anderswelt, und die Begebenheit, die diese Ballade schildert, ist ein Beispiel für eine weltweit verbreitete Mythengattung: Geschichten von Reisen, die über die Grenzen der Menschenwelt hinaus in ein Jenseits führen. Bisweilen ist das Ziel, wie in der Geschichte Thomas' von Erceldoune, eine parallel neben der Alltagswelt existierende „andere" Wirklichkeit. Weitere Reisen dieser Art sind die Seelenflüge der Schamanen, die beispielsweise in der Arktis in das Unterwasserreich der Meeresgöttin Sedna führten.

In den Mythen ist das Ziel der Reise allerdings meist das Totenreich. Gewöhnlich sind derartige Unternehmungen den Helden vorbehalten, doch erfährt man bisweilen auch von normalen Sterblichen, die durch Zufall dorthin gelangten. Eine solche Geschichte erzählten die zentralafrikanischen Bantu von einem Mädchen namens Marwe, das dazu abgestellt war, die Affen vom Bohnenacker fernzuhalten. Doch sie ließ sich durch irgend etwas ablenken, und im Nu waren die Beete kahlgerupft. Aus Angst vor dem Zorn ihrer Eltern lief Marwe zu einem See und stürzte sich hinein.

Nun war der See aber der Eingang zum Geisterland, wo die Seelen der Ahnen lebten. Auf dem Grund des Gewässers fand Marwe einen Tunnel, der in eine seltsame, dämmerige Welt führte. Dort begegnete ihr eine Geisterfrau, die sich bereit erklärte, sie in ihrer Hütte wohnen zu lassen, wenn sie ihr dafür im Haushalt zur Hand gehe. Und so kochte Marwe für sie – hütete sich aber, selbst irgend etwas zu essen, da sie wußte, daß sie ihr neues, fremdartiges Zuhause sonst nie wieder würde verlassen können *(Kasten Seite 117).*

Nach einiger Zeit bekam sie Heimweh. Sie erhielt die Erlaubnis heimzukehren, aber nur unter der Voraussetzung, daß sie zuvor die Hände in beinahe kochendes oder beinahe gefrierendes Wasser tauche. Sie entschied sich für letzteres. Wie sich zeigte, war es eine kluge Wahl, denn als sie die Arme wieder herauszog, funkelten sie von edelsteinbesetzten Reifen aus massivem Gold. So kehrte sie als reiche Frau in ihr Dorf zurück und heiratete den Mann ihrer Wahl, der zwar an einer entstellenden Hautkrankheit litt, aber

***Oben:** Maske des Hamatsa- oder Kannibalenbundes der Kwakiutl im Nordwesten Nordamerikas, die einen rabengestaltigen Diener des gefürchteten Menschenfressers-am-Nordende-der-Welt darstellt. Sie wurde während eines Winterrituals getragen, in dessen Verlauf sich ein Initiand symbolisch dem Tod stellen mußte, indem er sich von dem kannibalischen Wesen in Besitz nehmen ließ. Damit bewies er, daß er es bändigen und die natürliche Ordnung wiederherstellen konnte. Artefakt aus dem späten 19. Jahrhundert.*

# Den Tod überlisten

***Eine Geschichte aus Ghana schildert, wie es dem Ashanti-Trickster Dubiaku gelang, keine geringere als Frau Tod zu überlisten.***

Eine arme Frau hatte elf Kinder und nicht genügend Geld, um alle durchzubringen. Also flehte sie eines Tages den Himmelsgeist an, er möchte Frau Tod bitten, sich ein paar von ihnen zu holen. Der Himmelsgeist willigte ein, meinte aber, daß die Knaben selbst zu Frau Tod gehen sollten. Also forderte der Gott sie zu einer Mutprobe heraus. Sie sollten zu Frau Tod gehen und zum Beweis, daß sie dagewesen seien, vier Dinge zurückbringen: eine Pfeife, eine Schnupftabaksdose, einen Kaustock und einen Feuerstein.

Die Knaben liefen sofort los und wurden von Frau Tod freundlich empfangen. Sie gab ihnen zu essen und legte ihnen dann Schlafmatten hin – direkt neben denen ihrer eigenen Kinder. Frau Tod wollte warten, bis die Kinder eingeschlafen seien, und sie dann auffressen. Satt von der Mahlzeit, ließen zehn von ihnen bald ein zufriedenes Schnarchen vernehmen; der elfte aber, Dubiaku, blieb wach.

In der Hoffnung, Dubiaku durch Freundlichkeit einzulullen, fragte Frau Tod ihn, ob sie ihm noch irgend etwas bringen könne. Er bat um eine Pfeife. Kaum hatte sie sie ihm gegeben, verlangte er nach Schnupftabak. Dann wollte er einen Kaustock.

Frau Tod wurde immer ärgerlicher, aber sie konnte Dubiaku nichts antun, ohne zu riskieren, die anderen zu wecken. Als er seinen nächsten Wunsch äußerte – etwas zu essen –, begab sie sich nach draußen, um Brühe für ihn aufzuwärmen. Als sie das Feuer anzündete, flogen Splitter ihres Feuersteins umher. Dubiaku sammelte sie ein und weckte dann, da er seine Pfänder beisammen hatte, seine Brüder auf. Sie legten ihre Kleider so hin, daß sie wie schlafende Gestalten aussahen, und schlichen durch die Hintertür hinaus.

Nun war die Brühe fertig, und Frau Tod kam wieder herein. Da sich nichts rührte, nahm sie an, daß Dubiaku endlich eingeschlafen sei. Jetzt konnte sie ihren Plan ausführen. In aller Ruhe fraß sie die Kinder eins nach dem anderen auf – nur daß es ihre eigenen waren! Inzwischen führte Dubiaku seine Brüder sicher zurück nach Hause.

nach guter Märchenmanier schlagartig genas und zum schönsten Jüngling weit und breit wurde.

Eine andere Gruppe von Unterweltreisenden, die wir nach dem berühmtesten Beispiel den „Orpheus-Typus" nennen könnten, unternimmt das Abenteuer aus Liebe. Der griechische Mythos erzählt von dem thrakischen Sänger Orpheus, der in Hades' finsteres Reich hinabsteigt, um seine tote Gemahlin Eurydike zurückzuholen. Mit seinem lieblichen Gesang schafft er es tatsächlich, den gestrengen Herrn der Unterwelt zu erweichen. Doch eine Bedingung wird ihm gestellt: Er darf sich erst nach Eurydike umsehen, wenn sie die Oberwelt wieder erreicht haben. Es kommt, wie es kommen muß – Orpheus kann sich nicht beherrschen, und seine Geliebte ist verloren.

Dieses Motiv findet sich in vielen Kulturen wieder. In Hawaii beispielsweise kennt man die Geschichte von Hiku, dem Sohn der Mondgöttin, und seiner Geliebten, der schönen Königin Kawelu. Auch Hiku stieg auf der Suche nach seiner zu früh verstorbenen Liebsten in die Unterwelt hinab, doch anders als Orpheus bediente er sich einer List, um sein Ziel zu erreichen. Nachdem er sich mit einem übelriechenden Öl eingerieben hatte, kletterte er an einer Liane in den Abgrund. Vom Gestank des Öls getäuscht, glaubte der Herrscher des finsteren Landes, Hiku sei ein Leichnam wie jede andere auch, und kümmerte sich nicht weiter um ihn. So konnte der Held ungestört suchen – und fand die verlorene Geliebte auch tatsächlich wieder. Deren Geist hatte mittlerweile die Gestalt eines Schmetterlings angenommen. Hiku fing ihn in einer Kokosnußschale und kletterte zurück in die Menschenwelt, dorthin, wo der Leichnam der Königin noch immer aufgebahrt lag. Diese Geschichte endet glücklich: Es gelang Hiku, den Geist wieder in den Körper zu überführen, und er sah Kawelu erwachen wie aus tiefem Schlaf, gesund und munter, wenn auch ohne Erinnerung an die Ereignisse, die sich seit ihrem Tod zugetragen hatten.

Eine weitere Gattung von Jenseitsreisen ist die Unterweltsfahrt des Helden, eine besondere Variante der Abenteuerreisen sagenhafter Helden *(Seite 78–103)*. Hier ist der Zweck der Reise meist der Erwerb besonderen, übermenschlichen Wissens. So war es auch im Falle des sumerischen Königs Gilgamesch, der sich in der vergeblichen Hoffnung, das Geheimnis der Unsterblichkeit zu entdecken, über die Grenzen der Menschenwelt hinauswagte. Aus einem ähnlichen Grunde hing Odin – wie die *Lieder-Edda* in rätselvollen Versen berichtet – neun Tage lang von der Weltesche Yggdrasil herab, um die Kenntnis der Runen, den Schlüssel zur Weisheit, zu erlangen.

Gleichfalls der Wunsch nach Erkenntnis war es, der Odysseus an die Grenzen des Hades führte *(Seite 115–116)*. Der Held hoffte, mit Hilfe des toten Sehers Tiresias endlich in die Heimat, nach Ithaka, zurückzukehren. In Vergils Epos *Äneis* unternahm der trojanische Held Äneas eine ähnliche Fahrt, um seinen toten Vater zu finden. Sein Motiv war Sohnesliebe; doch als er dann dem Schatten seines Erzeugers gegenüberstand, verkündete dieser ihm nicht nur sein Geschick, sondern auch dasjenige des Römischen Reiches.

Andere Unterweltreisende verfolgten weniger edle Ziele. Mythen müssen nicht immer ernst sein, und manchmal wurde auch die Höllenfahrt humorvoll behandelt, ja zum Teil sogar regelrecht parodiert. Die griechischen Helden Theseus und Pirithoos beispielsweise drangen aus keinem anderen Motiv in Hades' Reich ein als dem Wunsch, dessen Gemahlin Perse-

**Höhlen sind der Inbegriff des Unterweltlichen, und in den Mythen sind sie oft Wohnstätten der Toten oder Schauplätze von Ur-Erscheinungen. Eine Vielzahl von Gängen, wie hier in Cox's Cave (Somerset, England), erinnert an ein Labyrinth. In der griechischen Sage ließ König Minos von Kreta ein Labyrinth für den Minotauros bauen, die monströse Frucht der Vereinigung seiner Gemahlin mit einem Stier. Im Mittelalter erzählte man sich, der englische König Heinrich II. habe zum Schutz seiner Geliebten Rosamunde ein Labyrinth erbauen lassen.**

Der Maisgott der Maya, Eins-Hunahpú, kommt tanzend aus der Unterwelt, aus der ihn seine Söhne, die Göttlichen Zwillinge, nach Überwindung der Herren von Xibalbá befreit haben. Das Gebilde auf dem Rücken von Eins-Hunahpú stellt den dreifältigen Kosmos dar. Der Kopf eines Ungeheuers (unten im Bild) steht für die Unterwelt, eine gewebte Matte (Mitte im Bild) ist die irdische Welt, und das Dach, ein Himmelsstreifen mit einem Vogel, symbolisiert die himmlische Sphäre. Bemalte Vase aus dem Grab eines Adligen in Buenavista, Belize, 8. Jahrhundert.

phone zu entführen. Die beiden wurden erwischt und zur Strafe an einen Felsen geschmiedet. Theseus hatte das Glück, von Herakles wieder befreit zu werden, der zur Verrichtung seiner zwölften Arbeit gleichfalls in die Unterwelt gekommen war; Pirithoos aber mußte für alle Zeiten dort unten bleiben.

### Ein Sieg über die Fürsten der Finsternis

Doch was Frechheit im Angesicht des Todes anbelangt, kann es kein Held der Welt mit Hunahpú und Ixbalanqué aufnehmen, den Göttlichen Zwillingen im *Popol Vuh*. Das nicht lange nach der spanischen Eroberung aufgezeichnete heilige Buch der Maya schildert mit Genuß die Abenteuer dieser halbgöttlichen Kulturhelden. Ihr größtes war die Begegnung mit den gräßlichen Fürsten von Xibalbá („Stätte der Angst"), dem Totenreich der Maya. Ihr Motiv war der Wunsch, Vater und Onkel, die beide unter erniedrigenden Umständen ums Leben gekommen waren, zu rächen. Die Schilderung ihrer Taten in Xibalbá ist eine klassische Trickster-Geschichte mit scheinbar unlösbaren Aufgaben und unüberwindlichen Gegnern, die mit Witz und Findigkeit gleichermaßen aus dem Weg geräumt werden. Als man ihnen lebensecht herausgeputzte Bildnisse der Fürsten von Xibalbá vorführte, schickten sie eine Mücke aus, damit sie die echten stach und dadurch zwang, sich zu verraten. Als man ihnen brennende Fackeln und Zigarren aushändigte und ihnen befahl, sie anderntags in exakt dem gleichen Zustand zurückzubringen, simulierten sie mit Federn des Roten Ara und Glühwürmchen Flammengezüngel und Tabaksglut.

Auf dem Höhepunkt der Geschichte stellten sie sich ihren Feinden als Magier verkleidet vor, zu deren Fähigkeiten die Wiederbelebung von Toten gehörte. Nachdem sie ihre Künste an einem Hund und einem Menschen vorgeführt hatten, boten sich die Fürsten von Xibalbá selbst als Versuchskaninchen an. Wie sich denken läßt, wurden sie natürlich nicht wiederbelebt, und der Triumph der Zwillinge war vollkommen.

DAS MYSTERIUM DES TODES

# Von Untoten und Wiedergängern

Der Glaube an ein Leben nach dem Tod warf für diejenigen, die der Sensenmann einstweilen verschont hatte, ein ernstes Problem auf: Was wäre, wenn es den Toten in den Sinn käme, ihr Grab oder das Totenreich zu verlassen und das Land der Lebenden heimzusuchen?

Eine bemerkenswerte Theorie besagt, daß Bestattungsrituale ursprünglich zu keinem anderen Zweck entwickelt worden seien, als die Toten an ihren Platz zu verweisen, auf daß sie für immer dort blieben. Mit den oft aufwendigen Zeremonien habe man eine klare Trennungslinie zwischen Hier und Dort ziehen wollen, zwischen Sein und Nichtsein. Das schien den Menschen vieler alter Kulturen notwendig, gingen sie doch vielfach davon aus, daß das Sein des Menschen nicht mit dessen letztem Atemzug ende. Die Indianer der Waldlandkultur im Osten Nordamerikas glaubten ebenso wie die zoroastrischen Perser, daß die Seele noch für eine bestimmte Zeit das Bewußtsein behielt und in der Nähe des Körpers blieb. Merkwürdigerweise betrug diese Zeit in beiden Kulturen exakt vier Tage.

Bei den Nordgermanen glaubte man, der Körper des Verstorbenen lebe im Grab auf irgendeine Art weiter. Wenn er seine Ruhestätte verließ, wurde er zu einem der Wiedergänger des nordischen Volksglaubens, ein furchterregender Untoter von der Art, wie sie uns in den isländischen Sagas begegnen – stets auf Mord aus und stärker als der kräftigste Mensch.

Die komplexen Vorstellungen der Ägypter von der Beschaffenheit der Seele nach dem Tode könnten sich aus der Verschmelzung verschiedener regionaler Traditionen entwickelt haben. Sie unterschieden drei Wesenheiten: Ka, Ba und Ach. Das Ka war ein feinstoffliches Ebenbild des Verstorbenen, das im Grab verblieb und dort ein „ganz normales" Leben führte – weswegen seine „Wohnung" ja auch mit Lebensmitteln, Möbeln und anderem Gerät ausgestattet werden mußte. Das Ba konnte sich dagegen frei bewegen und mit Leichtigkeit in der Menschen- wie in der Götterwelt umherschweifen; es wurde in Gestalt eines Vogels dargestellt. Das Ach schließlich war die Vereinigung von Ka und Ba – eine ersehnte Vergöttlichung und die Voraussetzung für das ewige Leben.

**In der karibischen Volksreligion Voodoo spielen die Geister der Toten eine besonders große Rolle. Eine aus dem Grab zurückgeholte und mit der Fähigkeit zu reden und zu handeln begabte Seele oder Leiche wird als Zombie bezeichnet. Hexenmeister konnten solche Wiederbelebungen durchführen, aber auch sich selbst in böse Geistertiere verwandeln. Rigaud Benoit:** *Tänzer in Dämonskostümen* **(Haiti, 20. Jahrhundert).**

In den meisten Kulturen blieb die Seele gewöhnlich in der Nähe ihres verstorbenen Körpers; aus diesem Grund galten Friedhöfe als gefährliche, unheimliche Orte. Oft suchte sie auch Stätten ihres einstigen Wirkens auf, insbesondere ihr früheres Zuhause. In manchen Kulturen, so in Rom mit seinen Laren oder im Inkareich mit seinen „Familienmumien" *(Seite 70–72)*, hieß man sie freundlich willkommen. Anderswo aber zeigte man sich weit weniger gastlich. Aus Angst vor solchen Spukerscheinungen brannten die neuseeländischen Maori das Gebäude, in dem jemand gestorben war, bisweilen nieder, wodurch spätere Besuche unmöglich gemacht werden sollten. Man errichtete auch Sterbehütten, damit nicht das Haus der Familie zerstört zu werden brauchte.

Viele Kulturen unterschieden zwischen wohlwollenden oder zumindest friedlichen Geistern, die den Übergang ins Jenseits geschafft hatten, und ruhelosen Gespenstern. Der häufigste Grund für ihr trauriges Los war entweder, daß sie eines gewaltsamen Todes gestorben waren – in diesem Fall mußten sie bis zum Ende ihrer „eigentlichen" Lebensspanne auf der Erde bleiben – oder daß man sie nicht mit den angemessenen Ritualen bestattet hatte. Letzteres war bei den indischen Bhutas der Fall, bösartigen Geistern, die an verlassenen Orten spukten, sich aber auch in Bäumen und auf Hausdächern einnisteten. Sie waren dazu verdammt, ruhelos über ihrem Aufenthaltsort zu schweben, ohne einen Schatten zu werfen. Nachts stießen sie auf schlafende Tiere oder Menschen nieder

## Verabredung in Samarra

***Ein berühmtes orientalisches Märchen bringt den Glauben an die Unausweichlichkeit des Todes auf überraschende Art und Weise zum Ausdruck. Es ist eine unheimliche Geschichte.***

Ein Diener, der sich im Auftrag seines Herrn zum Basar von Bagdad begeben hatte, erblickte dort den Tod. Seine Überraschung verwandelte sich in Entsetzen, als die grimmige Gestalt die Augen hob und ihn durchdringend fixierte. Überzeugt, der Tod sei seinetwegen gekommen, lief er in Panik nach Hause und raffte seine Habseligkeiten zusammen. Als sein Herr kam, war er im Begriff zu gehen. Gefragt, was er vorhabe, erzählte er stammelnd von seiner Begegnung auf dem Basar. Er müsse weg, erklärte er, er werde Bagdad verlassen und durch die Wüste nach Samarra fliehen.

Da faßte der Herr einen kühnen Entschluß. Er würde den Tod aufsuchen und ihn fragen, warum er den armen Mann so erschreckt habe. Also machte er sich auf zum Basar und erblickte gleichfalls den furchterregenden Fremden. Doch als er ihm die Frage stellte, sah der Tod ihn verwundert an. „Ihn erschrecken?" entgegnete er langsam. „Nein, das war nicht meine Absicht. Aber ich gebe zu, daß ich überrascht war, ihn in Bagdad zu sehen. Ich habe nämlich morgen eine Verabredung mit ihm. In Samarra."

und träufelten ihnen Krankheiten ins Ohr. Ihre chinesische Entsprechung waren die Gui, die durch die Welt schweiften und Unglück und Tod verursachten. Besonders gefürchtet waren die Gui von Selbstmördern, weil sie versuchten, Lebende dazu zu verführen, gleichfalls Hand an sich zu legen. Man traf Vorsichtsmaßnahmen, um Gui daran zu hindern, in die Häuser einzudringen, und stellte ihnen deshalb sogar kleine Tempelchen als Wohnung zur Verfügung.

Eine andere Gattung von ruhelosen Toten waren die afrikanischen und karibischen Zombies – von Hexenmeistern wiederbelebte Leichname. Sie dienten ihrem Meister als Sklaven, die jeden Befehl befolgten. Ein ähnliches Phänomen stellte die europäische Nekromantie dar, die Weissagung durch Totenbeschwörung. Eine besonders gefürchtete Sorte von Nekromanten begnügte sich angeblich nicht damit, körperlose Geister zu befragen, sondern belebte zu diesem Zweck Leichname wieder.

Es kam auch vor, daß Tote zu positiven Zwecken auferweckt wurden. Aus Hawaii stammt die Geschichte eines Schamanen namens Eleio, der eines Tages eine schöne Jungfrau vorübergehen sah, ihr bis zu einem Bestattungsplatz folgte und von ihr erfuhr, sie sei der Geist eines unlängst verstorbenen Mädchens. Nachdem er ihre Eltern über seine Beobachtung informiert hatte, versetzte sich Eleio in Trance und schaffte es, den Geist erneut herbeizurufen. Schließlich gelang es ihm, den Geist mit dem Leichnam des Mädchens wiederzuvereinigen, indem er ihn durch die Fußsohlen hineinpreßte. Das Mädchen erwachte wieder zum Leben, und kurze Zeit darauf nahm Eleio sie zur Frau.

### Keine Ruhe im Jenseits

Aus der ganzen Welt sind Geschichten überliefert, in denen Geister aus dem Totenreich zurückkehrten, um eine bestimmte, unerledigt gebliebene Aufgabe zu erfüllen. Eine indianische Geschichte handelte von einer jungen Mutter, die beim Schaukeln ins Wasser fiel und ertrank. Glücklicherweise gelangte sie dabei in das Reich eines gütigen Geistes, der sie fortan täglich ans Ufer des Sees zurückbrachte, damit sie ihr kleines Kind weiter stillen konnte.

In anderen Fällen kehrten Geister mit einer für die gesamte Gemeinschaft wichtigen Botschaft zurück. Eine aztekische Sage aus der Zeit der spanischen Eroberung erzählte, Prinzessin Papan, eine Schwester des Herrschers Motecuhzoma, sei am Tag nach ihrer Bestattung aus dem Grab auferstanden, um ihren Bruder vor einer Flotte, beladen mit einer Armee grauäugiger Helmträger, zu warnen – doch ohne Erfolg.

Andere Geister kehrten einzig zu dem Zweck zurück, um von den Lebenden zu schmarotzen. Dies waren die Untoten der Grusel-Tradition, aus der noch heute Filmindustrie und Horrorliteratur so erfolgreich schöpfen. Osteuropa steuerte nicht nur den Vampir bei, sondern etwa auch die *kikimora*, die Seele eines ungetauften Mädchens, die sich Schlafenden nachts auf die Brust setzte, sowie die *rusalka*, eine Nixe, die Männer ins Wasser lockte oder zerrte und dann ertrinken ließ. Die japanischen *gaki* waren Geister, die aufgrund einer Untat eine Zeitlang auf Erden umgehen mußten, ehe sie wiedergeboren wurden. Sie waren dazu verurteilt, ununterbrochen Hunger und Durst zu leiden, ohne ihre Bedürfnisse befriedigen zu können, da sie keine Verdauungsorgane besaßen. Eine gewisse Erleichterung konnten sie sich dadurch verschaffen, daß sie – entweder durch die natürlichen Öffnungen oder durch Wunden oder Insektenstiche – in den Körper von Lebenden eindrangen und ihnen die Nahrung entzogen. Je fetter die *gaki* wurden, desto mehr magerten ihre Wirte ab. Die einzige Möglichkeit, die Eindringlinge loszuwerden, bestand darin, Medizin einzunehmen, die ihnen nicht schmeckte, damit sie sich ein neues Opfer suchten.

Zahlreich und vielfältig waren die Qualen, die die Untoten den Lebenden zufügen konnten. So ist es kein Wunder, daß sich die Menschen mit Talismanen behängten, um sie von sich fernzuhalten. Der beste Schutz lag aber immer noch darin, die Toten gnädig zu stimmen – zunächst durch eine korrekte Bestattung, dann durch das regelmäßige Darbringen von Gaben. Gräber, Denkmale und Kapellen, Friedhofsbesuche, Totengedenktage – all diese Dinge dienten dem Zweck, die Geister an ihrem Platz zu halten, was bedeutete: möglichst weit weg von den Lebenden.

**In Japan nahmen Geister die unterschiedlichsten Erscheinungsformen an. Ein Holztafeldruck von Tsukioka Yoshitoshi: *Der Geist Yugaos, der Geliebten Genjis* (1886).**

VON UNTOTEN UND WIEDERGÄNGERN

# OPFERHANDLUNGEN

Opferriten zielten seit den frühesten Zeiten darauf ab, die Beziehung zwischen dem Irdischen und dem Sakralen zu festigen – in manchen Kulturen zum Vorteil der Gesellschaft als Ganzes, in anderen lediglich zu dem einer weltlichen oder geistlichen Elite. In vielen Regionen entstanden Opferrituale aus dem Glauben heraus, die Erde, die Götter oder bestimmte Himmelskörper benötigten Nahrung, um überleben zu können. Der Ursprung des Brauches konnte auch in Mythen über den Tod eines Urwesens liegen, wie etwa Pan Gu, aus dessen Leib die Erde oder irgendeine wichtige Kulturpflanze geschaffen wurde. Damit erwuchs aus einem Akt schöpferischer Gewalt neues Leben. Zum Andenken an dieses selbstlose Geschenk wurden Zeremonien durchgeführt, die Leben, Tod und Wiedergeburt unauflöslich ineinander verflochten – und die in den mittelamerikanischen Kulturen ihre wohl eindrucksvollste Ausprägung erhielten.

*Links:* Die genaue Bedeutung der in Djenné (Mali) in Gräbern und Hausfundamenten aufgefundenen Figuren bleibt ein Rätsel. Man weiß, daß in Westafrika früher Menschenopfer dargebracht wurden – zum Dank für einen Sieg (wobei Kriegsgefangene rituell getötet wurden), im Rahmen von Häuptlingsbestattungen und als eine Form der Ahnenverehrung. Dieser Reiter aus Terrakotta (13. Jahrhundert), dessen rote Färbung eine Beziehung zum Tod herstellt, könnte als symbolischer Ersatz für ein nicht mehr praktiziertes Menschenopfer gedacht gewesen sein.

*Oben:* Kali, der furchterregende Aspekt der großen Göttin des Hinduismus. Die oft blutbeschmierte, mit Reißzähnen bewehrte und mit Totenköpfen und Leichnamen geschmückte Gestalt bot einen grausigen Anblick. Noch im 19. Jahrhundert brachten ihre Anhänger, die „Thugs", ihre Hingabe an die Göttin zum Ausdruck, indem sie ihr zu Ehren hinterrücks Männer erdrosselten.

**Links:** Im China der Shang-Zeit wurden die Seelen der Ahnen durch Opfer am Leben erhalten. Wenn ein Herrscher bestattet wurde, war das königliche Grabmal oft Schauplatz ähnlicher Tier- und Menschenopfer wie etwa in Afrika. Auch wenn diese Sitte schon früh aufgegeben wurde, verlor der Kult der königlichen Ahnen – sowie der Glaube an den Kaiser als den göttlichen Urahn seines Volkes – nichts von seiner Bedeutung. Enthauptungsbeil aus Bronze, Shang-Dynastie, 1766–1027 v. Chr.

**Oben:** Blut galt bei vielen Völkern als heilige Lebenssubstanz, deren sich die Götter bedienten, um die Menschheit zu erschaffen. Bei den Maya praktizierten die Adligen Formen der Selbstkasteiung, um die Erde zu ernähren, den Göttern zu danken, die Bande zu den Ahnen zu festigen und ihre eigene Macht zu mehren. Dieses Relief aus Yaxchilan, Chiapas (726 n. Chr.) zeigt eine Prinzessin, der eine Vision zuteil wird, als sie Papier verbrannt hat, das mit Blut aus ihrer durchbohrten Zunge getränkt war.

Auch in anderen altamerikanischen Kulturen waren rituelle Selbstverstümmelungen und Menschenopfer weit verbreitet. Die Azteken bauten ihrem Regengott Tlaloc einen Tempel auf dem Gipfel eines Berges und opferten dort in jedem Frühjahr ein Kind, mit dessen Blut sie anschließend eine Statue des Gottes bemalten. Diese Maßnahme diente dazu, Dürren abzuwenden. Analog dazu schlachteten die Inka ihren Berggöttern Tiere und töteten sogar halbwüchsige Kinder.

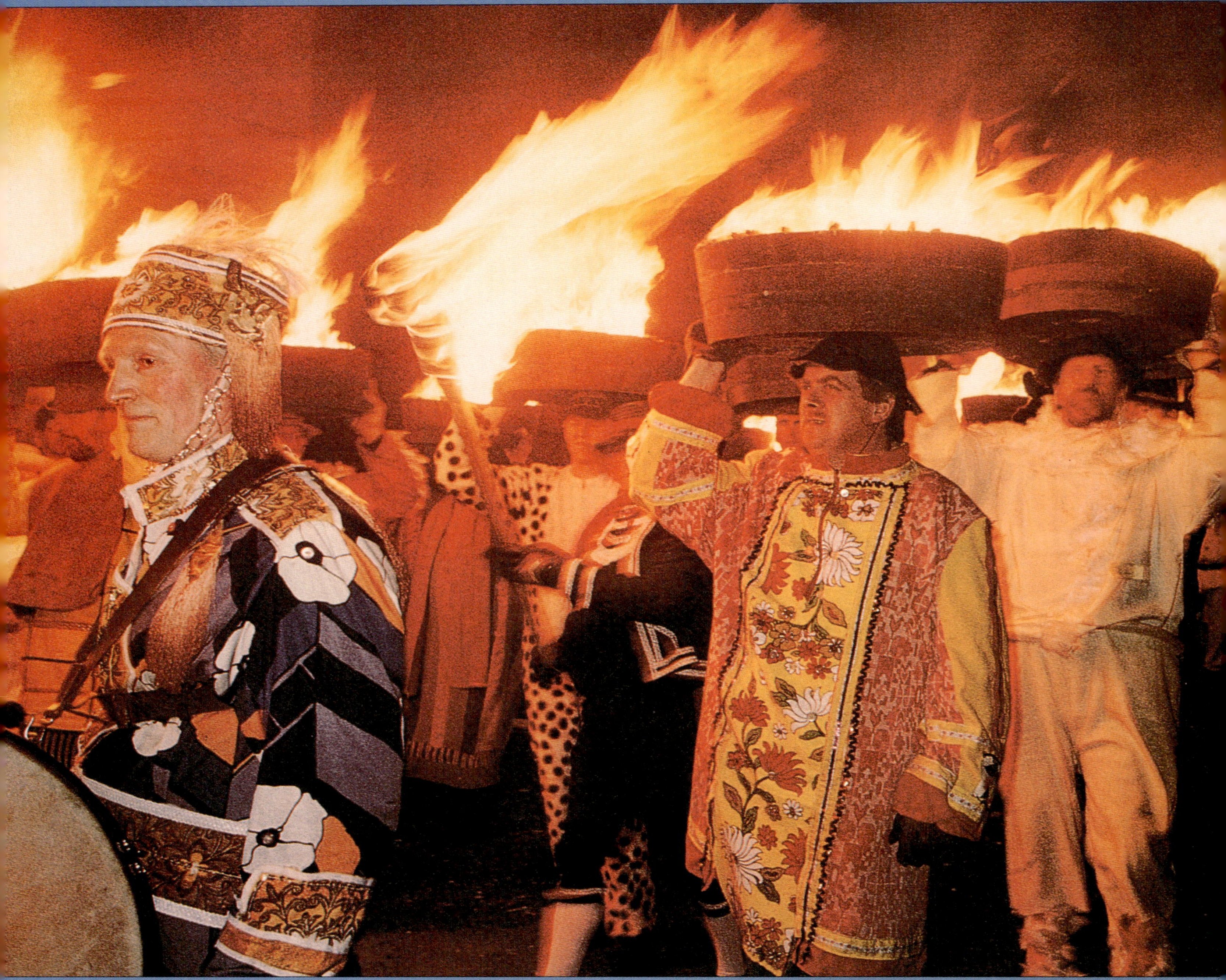

# BLEIBENDES VERMÄCHTNIS

Der Begriff „Mythologie" ist eine moderne Erfindung. Er impliziert, daß die unter ihm zusammengefaßten Geschichten nicht wahr sind. Doch den Menschen, die sie erzählten, wäre dieser Gedanke abwegig, wenn nicht sogar lästerlich erschienen, denn ihnen dienten die Mythen, so wie uns Naturwissenschaften und Geschichtsschreibung, zur Erklärung der Welt. Als man begann, die geistformenden Erzählungen als „Mythen" zu klassifizieren, begann ihre Entwertung.

Was die Rolle der Mythen im Leben der Menschen veränderte, war zuerst die Entstehung der großen Religionen, dann die naturwissenschaftliche Revolution. Gerade der Erfolg von Buddhismus, Christentum und Islam verriet in gewisser Weise die Unzulänglichkeit der älteren Glaubensgebäude – vor allem deren Mangel an verbindlichen Richtlinien für das persönliche Heil, welche die große Anziehungskraft der neuen Religionen ausmachten. Die älteren, „mythischen" Götter waren mächtige Manifestationen von Naturgewalten, die zwar Ehrfurcht, aber kaum Liebe oder ein Gefühl der Geborgenheit einflößen konnten. Wenn man von vereinzelten Ausnahmen absieht, wurden die alten Vorstellungen alles in allem kampflos aufgegeben.

Im 17. Jahrhundert begann dann die Wissenschaft, über die Erklärungen des Universums, die die Mythen gegeben hatten, immer galligeren Spott zu ergießen. Mit der Etablierung neuer, experimentell nachprüfbarer Erkenntnisse verlor die Mythologie als System der Welterklärung jede Glaubwürdigkeit. Ihre tiefsten Weisheiten erschienen nun als der Gipfel der Naivität – bestenfalls als Märchen für Kinder geeignet, schlimmstenfalls als Täuschungsversuche zu verurteilen.

Und dennoch konnten sich die Geschichten behaupten. Selbst auf dem Höhepunkt des Rationalismus, im 18. Jahrhundert, waren die antiken Mythen selbstverständlicher Besitz jedes gebildeten Abendländers. Mit dem Aufkommen der Romantik erwachte zusätzlich ein neues Interesse an den germanischen und keltischen Überlieferungen. Schon bald waren Volkskundler eifrig dabei, das geistige Erbe der Vergangenheit soweit noch möglich zu bergen.

Und mit der Zeit brachte die moderne Welt ihre eigenen Mythen hervor. So sehr sie sich auch von ihren klassischen Vorbildern unterschieden, so schöpften sie doch aus den alten Traditionen. Im Film fanden sie das ideale Medium, um Phantasien Wirklichkeit werden zu lassen und das Wunderbare zu gestalten. Auch in modernem Gewand hat das Mythische nichts von seiner Faszination verloren – denn sein Anspruch, tiefe Wahrheiten zu vermitteln, ist geblieben.

*Unten:* **Wenige Bauwerke sind in stärkerem Maße vom Geist vergangener Zeiten umweht als Burgen. Die Abbildung zeigt Lackeen Castle, County Tipperary, Irland.**

*Gegenüber:* **Unzählige uralte Rituale haben sich bis heute gehalten. In manchen Gegenden Großbritanniens wird das „Ausbrennen des alten Jahres" noch immer praktiziert. In Allendale (Northumberland) tragen kostümierte Männer lodernde Teerbottiche auf dem Kopf – ein Brauch, der für das kommende Jahr alles Böse vertreiben soll.**

BLEIBENDES VERMÄCHTNIS

# Götterdämmerung

Im Laufe der Zeit wurden die Mythen durch die großen Religionen verdrängt. Doch die alten Glaubensinhalte starben selten völlig aus; sie gingen vielmehr in den Untergrund, von wo aus sie oft genug als Volkssagen oder Märchen wieder zum Vorschein kamen.

Das Schicksal der Mythen war von der Haltung der jeweiligen Religion abhängig, die an ihre Stelle trat. Der Buddhismus etwa begegnete den alten Geschichten in der Regel äußerst tolerant und nahm sie liebend gern auf. In Tibet beispielsweise wurde die einheimische Bon-Religion mit der Zeit zu einem Bestandteil des neuen Glaubens. Im indischen Hinduismus und im japanischen Shintoismus traten rituelle oder inhaltliche Neuerungen immer als Ergänzungen oder Umdeutungen des altehrwürdig Überlieferten auf.

Christentum und Islam dagegen waren von Anfang an den alten Göttern gegenüber sehr ablehnend eingestellt. Theoretisch durften die Bewohner der von Moslems eroberten Länder bei ihrem alten Glauben bleiben, doch wenn sie es taten, machten die neuen Herren ihnen das Leben recht schwer. So war den persischen Anhängern des Zoroastrismus die Ausübung ihrer Religion gestattet, aber durch allerlei obrigkeitliche Sanktionen wurde gewährleistet, daß die meisten sich doch dem „wahren Glauben" zuwandten.

Das Christentum war noch weniger bereit, „heidnische" Glaubensinhalte zu tolerieren. Angefangen mit Europa, setzte es nach und nach in weiten Teilen der Welt seinen Willen durch – teils durch friedliche Missionstätigkeit, teils mit Androhung und Anwendung von Gewalt. Diese Doppelstrategie erwies sich als äußerst effektiv. In Europa jedenfalls wurden vom keltischen Westen über die germanische Mitte bis zum slawischen Osten alle vorchristlichen Religionen ausgelöscht. Was in Spuren überlebte, wurde als „Aberglauben" gebrandmarkt.

Die präkolumbianischen Riten der Neuen Welt ereilte das gleiche Schicksal. Dort allerdings konnte einiges an alten Vorstellungen und Bräuchen überleben. Mit der Zeit wurden traditionelle Feste christlich umgedeutet in den Kirchenkalender aufgenommen, und Attribute der alten Götter wurden christlichen Heiligen zugewiesen. In den slawischen Ländern wurde diese Mischung als „Zwiefacher Glaube" (russisch *dwojewerie*) bezeichnet, und ihr Einfluß blieb bis weit in das 20. Jahrhundert hinein spürbar.

**In vielen Teilen der Welt existieren ältere Glaubensvorstellungen und die großen Religionen nebeneinander und miteinander. In Südamerika sind die Elemente der vorchristlichen Kultur noch sehr lebendig; die Abbildung zeigt Indianer beim Kirchgang.**

## Elfen und Zwerge

**Die aus unseren Kinder- und Volksmärchen so bekannten Elfen, Zwerge und Feen stammen von uralten mythischen Vorfahren ab.**

Die Alben oder Elben der nordgermanischen Mythologie entstanden und vermehrten sich wie Maden im Fleisch des Urriesen Ymir, aus dem die Erde geschaffen wurde.

Später teilten die Götter sie nach ihrem Aussehen und Temperament in zwei Gruppen auf: die scheuen, erdhaften Dunkelelben bekamen eine unterirdische Wohnstatt zugewiesen, wo sie als Bergarbeiter lebten und zu den Stammeltern der Zwerge, Gnome und Kobolde des nordischen Volksglaubens wurden. Die Lichtelben erhielten das luftige, zwischen Himmel und Erde gelegene Alfheim, eines der neun Reiche der nordgermanischen Mythologie. Ihre Nachkommen waren die Elfen und Feen.

Wie in allen volkstümlichen Traditionen traten im Laufe der Jahrhunderte weitere Elemente hinzu und verwirrten diese klare Unterscheidung. Den Namen „Gnome" für Zwerge führte erst der Arzt und Naturforscher Paracelsus ein. Nach seiner Einteilung waren sie die Elementargeister der Erde.

Weitere Einflüsse kamen von den Parzen oder *fata* der römischen Mythologie, den Schicksalsgöttinnen, die jedem neugeborenen Kind sein Lebenslos zuteilten. Mit der Zeit wurden sie zu den italienischen *fate* und den französischen *fées*, die nach mittelalterlicher Vorstellung die Häuser aufsuchten, in denen ein Kind geboren worden war, und Glück oder Unglück zum Geschenk brachten. Sie waren die Stammütter der späteren guten und bösen Feen, die in unseren bekannten Volksmärchen auftreten.

**Elfen beim fröhlichen Rundtanz im fahlen Mondlicht (Florence Harrison: Illustration zu *Elfin Song*).**

Ein anderes Ventil für die unterdrückten alten Religionen lieferte der Volksglaube mit seinen Bräuchen. Die Gottheiten der Vergangenheit verschwanden zwar, kehrten aber, gleichsam durch die Hintertür, in Form von Geistern zurück. Im Zuge dieser Verwandlung büßten sie oft auch einiges von ihrer einstigen Statur ein. Die Tuatha De Danann etwa, die Kinder der Erdgöttin Danu, die in sagenhaften Zeiten über ganz Irland geherrscht hatten, schrumpften zum „Kleinen Volk" zusammen – den *fairies* der ländlichen Überlieferung. Nach dem Volksglauben wohnten sie in den Grabhügeln, in denen die realen Herrscher des Landes einst zur Ruhe gebettet worden waren.

Doch die alten Götter sollte ein noch ganz anderes Schicksal ereilen. Im 18. und 19. Jahrhundert entdeckten gebildete Städter, die die „abergläubischen" Vorstellungen des Landvolkes rundheraus ablehnten, nichtsdestoweniger den pittoresken Reiz der alten Glaubensinhalte und der Erzählungen, in denen sie sich ausdrückten. Und so wurde den überlieferten Geschichten von Göttern und Geistern, nach entsprechender Entschärfung, eine neue Rolle zugewiesen: als Kindermärchen. Eine besondere Demütigung erwartete die Dunkelelben der germanischen Mythologie *(Kasten oben)*. Ihres unheimlichen Aspekts als bösartige Erdgeister entkleidet, fanden sie eine neue Funktion – als Gartenzwerge.

Irgend etwas aber hat all diese Metamorphosen überlebt. Märchen besitzen noch immer die Kraft, die Phantasie zu beflügeln und ein Schaudern einzuflößen. Und je mehr wir dank den Bemühungen der Forscher von den alten religiösen Vorstellungen erfahren, desto eher wird es uns möglich, die Ehrfurcht nachzuvollziehen, die sie bei unseren fernen Vorfahren erweckten. Die alten Götter mögen sich verabschiedet haben, dennoch schwebt über den Wäldern und Hügeln, wo sie einst verehrt wurden, noch immer etwas von ihrer Gegenwart.

BLEIBENDES VERMÄCHTNIS

# Der Hunger nach Mythen

Mag die Mythologie als System der Weltdeutung auch keinerlei Rolle mehr spielen, so brauchen die Menschen dennoch weiterhin Mythen, nach denen sie ihr Leben ausrichten können. Namentlich Helden sind so gefragt wie eh und je.

Wenn die großen Religionen die Glaubwürdigkeit der älteren Mythen untergruben, so versetzte die moderne Wissenschaft ihnen den Todesstoß. Im Lichte der Erkenntnisse, die Generationen von Gelehrten sammelten und veröffentlichten, wirkten die Erklärungen, die die Mythen geliefert hatten, immer fragwürdiger. Es gab keine riesige Schildkröte, die die Welt trug, wie die Chinesen und manche Indianervölker geglaubt hatten. Jetzt fiel der Regen aus genau beschreibbaren physikalischen Gründen, und nicht weil Tlaloc, wie die Azteken und andere mittelamerikanische Völker behauptet hatten, ihn zu spenden beliebte. Die Sterne waren ferne Sonnen, nicht die Seelen toter Pharaonen oder, wie manche Völker der Arktis erklärt hatten, Löcher im Fußboden des Himmels.

Dennoch ebneten die Naturwissenschaftler neuen Mythen den Weg. Zwar waren die Hypothesen, die sie über die Funktionsweise des Kosmos aufstellten, in jeder Hinsicht überzeugender als die wilden Behauptungen, die sie ersetzten, doch ihre Rationalität bewirkte, daß ihr Weltbild nicht befriedigend ausfiel. Die Wissenschaft gehorchte den Gesetzen des Verstandes, während die Mythologie in der Gußform der Phantasie und der Emotionen entstanden war, und diesen hatte die wissenschaftliche Betrachtungsweise nicht viel zu bieten. Auch wußte sie auf die wichtigste Frage – der nach dem Sinn des Lebens – keine Antwort.

Diese Lücke schlossen die Religionen, nicht die Mythen. Doch andere Aspekte von deren traditioneller Rolle blieben erhalten: Vor allem an die Stelle der Heldensage war nichts Neues getreten, während das Bedürfnis der Menschen nach Vorbildern an Kraft, Mut und Entschlossenheit so stark war wie eh und je.

Ein Resultat dieser Tatsache ist die noch immer ungebrochene Faszination, die mythische Helden auf uns ausüben. In weiten Teilen der Welt sind Namen wie Herakles und Odysseus noch immer fast jedem geläufig. Darüber hinaus kennt jeder Kulturkreis seine besonderen Nationalhelden: Die Chinesen begeistern sich noch immer für die Taten Guan Yus und Nezhas, die Japaner an denen Yorimitsus und Yoshitsunes, Europäer an denen Robin Hoods und König Artus', Mit-

**Die Volksmassen bejubeln auf dem Platz des Himmlischen Friedens in Beijing die Helden der Revolution, darunter Lenin, Stalin und Mao Zedong. Der Status, den solche Gestalten genossen, ähnelte durchaus demjenigen des göttlichen Kaisers früherer Zeiten. Ein Plakat der Kommunistischen Partei Chinas von 1950.**

# DER HUNGER NACH MYTHEN

Mit *Krieg der Sterne* unternahm George Lucas den Versuch, einen Filmzyklus zu schaffen, der populäre mythologische Motive in ein zeitgemäßes Gewand kleiden sollte. Der ungeheure Erfolg beweist die unverbrauchte Faszination elementarer Themen wie des Kampfes zwischen Gut und Böse, zwischen Schicksal und Zufall, Ordnung und Chaos, heroischem Willen und göttlicher Macht. Die Abbildung zeigt Alec Guinness als Jedi-Ritter Ben Kenobi *(Star Wars: Special Edition,* erschienen 1997 zum zwanzigjährigen Jubiläum des ersten Films des Zyklus).

telamerikaner an denen der Göttlichen Zwillinge, Inder an denen der Protagonisten des *Ramayana* und des *Mahabharata* und Iraner an denen Rostams, Isfandiars und anderer Helden des *Schahnameh*.

Doch spätestens seit der Romantik verspüren die Menschen auch das Bedürfnis nach neuen Helden, die den veränderten Gegebenheiten der modernen Welt eher gerecht werden. Anfangs wählte man dazu reale Gestalten: Lord Byron, Garibaldi, Victor Hugo; aber mit der Entwicklung der Massenmedien eröffnete sich eine völlig neue Welt von Möglichkeiten.

Fatalerweise gehörten Diktatoren zu den ersten, die das diesbezügliche Potential der Medien erkannten und nutzten. Lenin war einer der ersten, die sie als hervorragende Kanäle für die Verbreitung politischer Inhalte zu schätzen wußten. Er selbst lehnte es zwar ab, sie zur Propagierung eines Personenkults zu mißbrauchen, doch sein Nachfolger Stalin hatte diesbezüglich keine Bedenken. Und gleich ihm setzten Mussolini, Hitler und Mao Zedong Film und Presse gezielt dazu ein, sorgfältig inszenierte „über-menschliche" Bilder ihrer selbst in die Welt zu setzen – eine Perversion des wahren heroischen Geistes, die sich dessenungeachtet als erschreckend wirkungsvoll erwies.

Ein Grund dafür war die Geburt der Filmindustrie, deren Bedarf nach geradlinigen Handlungen und Hauptpersonen, mit denen sich der Zuschauer leicht identifizieren konnte, die Nachfrage nach Helden unermüdlich anheizte. In gewissem Sinne trug das gesamte Starsystem Hollywoods der zwanziger und dreißiger Jahre zu dieser Entwicklung bei. Auf der Leinwand in Überlebensgröße prangend und aus einer Dunkelheit hervorstrahlend, die durchaus derjenigen des Traums ähnelte, nahmen Filmstars den Glanz der Rollen an, die sie verkörperten, und manche von ihnen erwarben mit der Zeit echte mythische Dimensionen. Die von den Filmstudios ausgegebenen „offiziellen" Biographien betonten gern typische Elemente des klassischen Heldenlebens, wie zum Beispiel eine schwere oder problematische Kindheit *(Seite 86–91)*. Auch der Tod hatte eine verklärende Wirkung. Das frühe Ableben von Helden der Neuzeit wie Rudolph Valentino und James Dean verlieh den Verstorbenen bald eine legendäre Aura – ebenso wie es im Falle der Rockstars Jimi Hendrix, Janis Joplin, Jim Morrison, Elvis Presley und Kurt Cobain geschehen sollte.

## *Helden in Film und Fiction*

Die Filmindustrie brauchte außerdem fiktive Heldengestalten, welche die Stars verkörpern konnten, und als eine ergiebige Quelle der Inspiration erwiesen sich ausgerechnet die Comics. Flash Gordon, Batman und

Superman *(Kasten unten)* schafften ebenso den Sprung auf die Leinwand wie in Frankreich Fantomas. Der Superagent James Bond, ein Achill des Zeitalters der Technik, war die Schöpfung des ehemaligen Eton-Schülers Ian Fleming.

Der Film erbte auch eine weitere Funktion, die in früheren Zeiten die Domäne der Mythen gewesen war: menschliche Urängste anzusprechen und in Handlungen zu gestalten. Einige der furchterregendsten Geschöpfe – Vampire, Werwölfe, Zombies – schafften es spielend nach Hollywood und erreichten dadurch einen weit höheren Bekanntheitsgrad als irgendeines ihrer Originale. Die Monster, die von jeher die mythenschaffende Phantasie bevölkert hatten, besaßen bald auch Entsprechungen in der Zelluloidwelt, und in Los Angeles entstand eine ganze Special-Effects-Industrie, die Alptraumvisionen mittels Draht und Pappmaché – später mit Computern – Wirklichkeit werden ließ. Mit der Zeit fanden auch neue Kreationen Eingang im Bestiarium der Imagination: King Kong und Godzilla machten Polyphem, Antaios und den übrigen antiken Riesen Konkurrenz; die Kreatur aus der Schwarzen Lagune, der „Schrecken des Amazonas", trat an die Stelle von Beowulfs Grendel; und die schlangenhaarige Medusa fand eine gewisse Entsprechung in Frankensteins Braut mit ihrer Elektroschock-Frisur.

Die Intellektuellen und das Bildungsbürgertum neigten zwar dazu, das gesamte Horror-Genre als geschmacklosen Unsinn abzutun – nicht anders als es ihre Vorgänger im alten Griechenland mit den reißerischen Passagen ihrer eigenen Mythen gehalten hatten. Doch es gab auch Versuche, sich für anspruchsvollere

## Der Held der Moderne: Superman

**Von allen fiktiven Helden der Moderne ist Superman noch immer der erfolgreichste. Er wurde von seinem Schöpfer, dem Schriftsteller Jerry Siegel, den überlebensgroßen Helden der antiken Mythen nachgebildet – als eine Mischung aus Herakles, Samson und anderen unsterblichen Sagengestalten.**

Seinen ersten Auftritt hatte „der Stählerne" 1938, in der Zeitschrift „Action Comics". Sein Erfinder Jerry Siegel hatte sich vermutlich durch den Titel von G. B. Shaws Stück *Man and Superman* („Mensch und Übermensch") inspirieren lassen. Shaw selbst hatte das Wort als englische Übersetzung von Nietzsches Begriff des Übermenschen geprägt.

Daß Nietzsches Lehren von den Nazis ausgenutzt wurden, war Siegel natürlich bekannt. Er selbst hatte den Begriff erstmals in der Erzählung *The Reign of the Superman* („Die Herrschaft des Übermenschen") verwendet, die von einem Diktator hitlerschen Zuschnitts handelte. Einige Zeit später kam ihm „urplötzlich eine Idee … Ich sah vor mir eine Gestalt wie Samson, Herkules und sämtliche starken Männer, von denen ich jemals gehört hatte, zusammengenommen. Nur noch besser". Superman war geboren.

Auch was Supermans übermenschliche Fähigkeiten anbelangt, schöpfte Siegel aus den antiken Mythen. Konkret erwähnte er etwa die Argonauten, die Jason auf der Suche nach dem Goldenen Vlies begleiteten: „Außer Herakles", schrieb er, „gab es Zetes und Kalais, die fliegen konnten; Euphemos, den superschnellen Läufer; Kaineus, den Unverwundbaren; und sogar Lynkeus, dessen Blick, wie es heißt, Mauern und den Erdboden durchdrang – ja, Röntgenaugen."

Nach und nach flossen viele weitere Themen der Heldensagen in die Gestalt Supermans ein. Seine Geburt auf dem sterbenden Planeten Krypton und seine Entsendung auf die Erde ließen das traditionelle Motiv des ausgesetzten Kindes *(Kasten Seite 87)* anklingen. Seine – von gelegentlichen Beweisen übermenschlicher Kraft aufgelockerte – normale Kindheit im kleinbürgerlichen Heim erinnerte an diejenige vieler sagenhafter Streiter für die Gerechtigkeit. Eine Zutat verlieh der klassischen Gestalt allerdings eine besondere Faszination: seine Alltagsmaske als Reporter Clark Kent. Durch den Kunstgriff der doppelten Identität wurde Superman zu Jedermann, einer Figur, mit der sich auch der unheldenhafteste Leser identifizieren konnte.

Harry Potter, eine Gestalt der Schriftstellerin Joanne K. Rowling, bezaubert seit 1997, als das erste Buch erschien, in dem der junge Held die Hauptrolle spielt, die Kinder in aller Welt – und fasziniert die Erwachsenen. In den bisher vorliegenden Harry-Potter-Büchern hat Joanne Rowling viele Themen aus dem Bereich des Mythischen verarbeitet – übernatürliche Kräfte, phantastische Reisen und mystische Selbsterkenntnis. Harry Potter ist ein unscheinbares Waisenkind mit Brille und lebt bei seinen Stiefeltern. Als er dann aber herausfindet, daß er ein Zauberer ist, kommt er auf die „Hogwarts School of Witchcraft and Wizardry", ein Internat für Zauberer und Hexer. In seinem dritten Abenteuer, *Harry Potter und der Gefangene von Askaban*, erfährt Harry, daß er Todfeinde hat, die er unschädlich machen muß. Auf der Abbildung rechts reitet Harry mit seiner Freundin Hermine auf Buckback, einem Greif, der halb Vogel und halb Pferd ist.

Projekte aus dem Fundus der Mythologie zu bedienen. Die gesamte Fantasy-Literatur geht letztlich auf den englischen Dichter, Design-Künstler und Sozialreformer William Morris zurück, dessen *Zauberin jenseits der Welt* und *Quelle am Ende der Welt* bewußt aus mittelalterlichen Sagen schöpften. Sein herausragendster Nachfolger war J. R. R. Tolkien, dessen *Herr der Ringe* Ende des 20. Jahrhunderts zum populärsten Roman der englischsprachigen Welt gewählt wurde. Als Professor der Germanistik war Tolkien ein hervorragender Kenner der altnordischen Kultur, und fast jedes Element seiner großen Romantrilogie läßt sich auf ein authentisches Vorbild zurückführen.

Besonders stark äußerte sich der Geist der Fantasy in der Kinderliteratur, die überhaupt in vielerlei Hinsicht der mythischen Gedankenwelt treuer geblieben ist als die Erwachsenenliteratur. Durch die Pionierarbeit von Volks- und Sprachkundlern wie den Brüdern Grimm oder, in Dänemark, von P. C. Asbjørnsen war die Kinderliteratur ohnehin aus der volkstümlichen Erzähltradition gespeist worden. Bald begannen aber Schriftsteller, sich ihre eigenen Wundergeschichten samt den dazugehörigen Wunderwelten auszudenken. Sowohl L. Frank Baums *Oz* als auch C. S. Lewis' *Narnia* enthielten etliche mythische Elemente; doch als das erfolgreichste Projekt dieser Art könnten sich durchaus noch die Harry-Potter-Bücher der englischen Autorin Joanne K. Rowling erweisen. Ihre Werke haben sich mit ihren Zauberern, Hexereien und Phantasiegeschöpfen in der zweiten Hälfte der neunziger Jahre des 20. Jahrhunderts eine große internationale Fangemeinde erobert.

Die moderne Fantasy-Literatur von der Tolkien- oder Rowling-Variante weist nur eine oberflächliche Ähnlichkeit mit den alten Mythen auf. Aber sie erhebt auch gar keinen Anspruch darauf, etwas anderes hervorzubringen als Phantasieprodukte, Schöpfungen ganz bestimmter einzelner Schriftsteller, die den Leser lediglich unterhalten wollen. Doch in ihren gelungensten Passagen können sie durchaus die gleichen seelischen Reaktionen auslösen, die den alten Geschichten ihre dauerhafte Wirkung verliehen. Trotz ihres neuen Stils und Formats sprechen die modernen Werke dieselben urmenschlichen Bedürfnisse an.

BLEIBENDES VERMÄCHTNIS

# Mythen des Raumfahrtzeitalters

Die Triumphe der Raumfahrt und die damit zusammenhängende UFO-Manie der fünfziger und sechziger Jahre des 20. Jahrhunderts brachten ihre eigenen Mythen hervor. Gleichzeitig kam ein neues Genre in Umlauf: die mündlich verbreiteten Großstadtmythen.

In einer Zeit, da Reisen über die Grenzen der Erde hinaus Wirklichkeit sind, ist es nicht verwunderlich, daß der Weltraum einen großen Reiz auf die menschliche Phantasie ausübt, besonders die Möglichkeit der Existenz außerirdischen Lebens. Aber während die Wissenschaftler für die Suche nach extraterrestrischer Intelligenz Millionen von Dollar ausgeben, befriedigt die breite Öffentlichkeit ihre Neugier mit Science-fiction-Romanen und Filmen. In vielfacher Hinsicht faszinierend sind die angeblichen Erlebnisse, von denen Zeitgenossen berichten: wie sie UFOs beobachtet oder gar Kontakt mit Außerirdischen gehabt haben. Die Jahrzehnte, seit die Menschheit erstmals Astronauten auf den Mond schickte, erleben eine Flut von angeblichen Entführungen durch Außerirdische.

Die UFO-Meldungen weisen mancherlei Ähnlichkeiten mit den Großstadtmythen auf, ein Genre, das auch als Moderne Sagen oder Wandermythen bezeichnet wird. Auch sie erheben den Anspruch auf Wahrheit und finden durch mündliche Überlieferung – oder neuerdings durch das Internet, dieser idealen Plattform für die Globalisierung von Klatsch – rasch Verbreitung. Jan Harald Brunwald, ein prominenter Sammler von „urban legends", wie sie in der anglo-amerikanischen Welt genannt werden, charakterisiert diese Gattung als „realistische Geschichten über Ereignisse (oder angebliche Ereignisse) der jüngeren Vergangenheit mit einer ironischen oder übernatürlichen Wendung". Bei Jugendlichen, sind derartige Storys, wie sie sagen, immer schon beliebt gewesen; man erzählte sie sich in der Schule, in Ferienlagern oder auf Partys. Es ist daher nicht verwunderlich, daß viele dieser Geschichten von jungen Leuten handeln, die in Situationen, wo sie vorübergehend von Eltern und Freunden abgeschnitten sind – beim Babysitten etwa oder während einer nächtlichen Verabredung – in Gefahr geraten. Eine solche Situation schildert eines der

**Die Erkenntnisse der modernen Astronomie haben uns die relative Bedeutungslosigkeit der Erde im Kosmos vor Augen geführt, weswegen jetzt viele Menschen die Antworten auf ihre Fragen im Weltraum suchen. Heute wetteifern UFOs und außerirdische Intelligenzen mit den uralten Motiven der Mythen um unser Interesse. Ein typisches Beispiel für moderne Mythenbildung ist das Phänomen der „Kornkreise" – bisweilen erklärt als die Landespuren außerirdischer Flugkörper.**

bekanntesten Beispiele: „Der Haken". Ein Liebespärchen parkt auf einem abgelegenen Waldweg und hört während des Schmusens im Autoradio, ein Serienmörder mit einem Haken anstelle einer Hand treibe in der Gegend sein Unwesen. Von einem Geräusch aufgeschreckt, fahren sie schleunigst los – und entdecken, zu Hause angekommen, am Türgriff des Wagens einen abgerissenen Haken.

Andere Geschichten weisen noch ausgeprägtere mythische Züge auf. Die vielleicht bekannteste ist die Mär vom verschwundenen Tramper. Sie kursiert in zahlreichen Varianten. Immer aber geht es darum, daß

# MYTHEN DES RAUMFAHRTZEITALTERS

ein Autofahrer spät nachts einen einsamen Tramper mitnimmt, der vor Erreichen des Ziels auf unerklärliche Weise verschwindet. Der Autofahrer versucht am folgenden Tag, dem Geheimnis auf die Spur zu kommen, und erfährt, daß die Person, die er mitgenommen hat, schon seit längerer Zeit tot ist – in der Regel bei einem Verkehrsunfall ums Leben gekommen. Das Mysterium des Todes als solches, der unstillbare Drang danach heimzukehren, ruhelose Geister, auf ewig gefangen auf der Straße zwischen Sein und Nichts: alles waschechte mythologische Motive.

Solche Geschichten werden natürlich auch einfach wegen ihres Unterhaltungswertes erzählt, aber das galt für die alten Mythen ebenso. Ob in Rittersälen oder an Lagerfeuern – was den Erzähler früher motivierte, war wenigstens zum Teil das Vergnügen, die Zuhörer in seinen Bann zu schlagen; und diese lauschten ihm, um zum Lachen oder Weinen gebracht zu werden, um Anteilnahme, Ehrfurcht oder Angst zu empfinden. Das gleiche gilt in vielfacher Hinsicht auch für die modernen Mythen. Wenn die Kanäle auch neu sind – der Strom fließt ungebrochen weiter.

## Die Ursprünge der Astrologie

*Die moderne Astrologie führt ihre Wurzeln auf die vor fast fünftausend Jahren gesammelten Erkenntnisse der ersten Astronomen aus Mesopotamien und Ägypten zurück.*

Spätestens um das Jahr 400 v. Chr. hatten die Astronomen die nördliche Himmelshemisphäre in zwölf gleiche Sektoren eingeteilt, und der Zodiakus (Tierkreis) und die Astrologie waren geboren. Die Schöpfer dieses Systems waren chaldäische (babylonische) Weise, die jedem Tierkreiszeichen eine symbolische Bedeutung zuschrieben: Die Waage etwa wurde bereits damals mit Ausgeglichenheit und Urteilsvermögen assoziiert.

Eine Hochblüte erlebte die Astrologie in der hellenistischen Welt der letzten zwei vorchristlichen Jahrhunderte. In Alexandria erweiterten Gelehrte das babylonische System um die sogenannten Dekane: 36 von den altägyptischen Astronomen identifizierte helle Sterne, die nacheinander jeweils zehn Tage lang als erste nach Sonnenuntergang aufgehen. Jeder wurde als Manifestation einer Gottheit betrachtet, die über die jeweilige zehntägige Periode herrschte.

Während der zweiten Hälfte des 1. Jahrtausends geriet die Astrologie dann in Vergessenheit, erlebte jedoch ab dem 12. Jahrhundert über arabische Quellen eine Blüte in Europa. Trotz des Widerstands der Kirche erfreute sie sich bald einer ungeheuren Popularität. Im Spätmittelalter gab es an den Universitäten von Paris, Bologna und Florenz Lehrstühle für Astrologie.

Die kopernikanische Wende im 16. Jahrhundert markierte den Anfang vom Ende der Astrologie als Wissenschaft. Denn wenn die Erde nicht Mittelpunkt des Universums, sondern nur einer von mehreren die Sonne umkreisenden Planeten war, war die astrologische Weltsicht nicht mehr haltbar. Allerdings hat der Gegenstand nicht an Faszination eingebüßt, was die heute praktizierenden Astrologen belegen – allein in den USA sind es etwa 10 000.

**Der Novemberhimmel, dargestellt in den *Très Riches Heures du Duc de Berry* (15. Jh.).**

# Register

Die *kursiv* gedruckten Seitenzahlen beziehen sich auf Bildunterschriften. Erscheint der Begriff auf einer Seite im Text und in der Bildunterschrift, ist die Seitenzahl nicht kursiv gedruckt.

## A

Abenteuerfahrten; Helden und, 79, 92–99, 120–121; in die Unterwelt, 119, 120–121
Ach (einer der Seelenzustände nach dem Tode), in der Vorstellung der Ägypter, 122–123
Achill, 89, 110, 116
Ackerbau; Erdmutter-Kulte und, 62–65; Fruchtbarkeitskulte, 39, 45, 50–51; Jahreszeiten und, 58, 63; Kulturhelden und, 32
Adapa, in der Unterwelt, 117
Adena-Kultur, 77
Adler, Wotan (Odin) und, *45*
Admiralitätsinseln, Mythos von der Erschaffung der Menschen, 26
Adonis, 64, 83
Affen, 28, 94; Affengott, 68, 96, 99; Hanuman, 66, 68, 96; heilige, 57; im *Ramayana*, 68, 95, 96
Afrika; Anschauungen über den Tod, 106, 107, 108–109, 119; Götter und Geister, 46, 48–49; Heldenmythen, 79, 81, 91, 95, 102; Schöpfungsmythen, 13, 25, 28, 30, 32, 33, 77; Trickster-Erzählungen, 67–68, 119; Unterweltmythen, 118–120
Agni, 51
Ägypten; Botengott, 16; Fruchtbarkeitsmythen und -rituale, 60–61; göttliche Herrscher, 40, 80–81, 83; Grabausstattung, *43, 65, 110;* Hüter von Heim und Herd, 70; Leben nach dem Tode, 110, 112, 113, 122; Mondfinsternis, 36; Schöpfungsmythen, 9, 12, 13, 15, 26; Sonnenmythen, 13, *14,* 15, 38, 40, *43,* 80; Tierkulte, 56–57; Totengericht, 113; Weltuntergang, Vorstellungen vom, 38
Ahnen; Ahnengeister, 25, 35, 45, *53,* 56, 70–71; chinesische Rituale, 7, *127;* Land der, 111; mumifiziert und zur Schau gestellt, 72, 123; Opfer für die, *127;* Tiere als Ahnengeister (Totems), 55
Ahriman *siehe* Angra Mainju
Ahura Masda, 18, 37
Aiakos, 113
Aido-Hwedo, Schlangengeist der Fon, 74
*áitvaras*, litauische Hausgeister, 73
Akan-Völker, Goldener Sitz der, *42*
Akkader, Mythen der, 117
al-Borak, Mohammeds Pferd, 98
Alexander der Große, 98
Alfheim, 131
Allendale (Northumbria), Neujahrsritual, *129*
Alur, Volk, Mythen der, 81
Amaterasu, 40, *41,* 81
Amazonas-Indianer, Schöpfungsmythen, 28
Amazonen, 96
Amfortas, Gralshüter, 93
Amma, Schöpfergott der Dogon, 13
Ammut, 112, 113
Amun, *14;* im Schöpfungsmythos, 13
Amun-Re; in der Unterwelt, 110; Kampf gegen Apophis, 38
Anansi, 66, 68
Ananta-Shesha, 13, *38,* 74
Anat, Suche nach Baal, 60
Anden-Kulturen; Christentum und einheimische Kultur, 130, *130;* Erdgöttin, Mythen über, 62; Erschaffung des Menschen, Mythen über, 26, 28; Kulturhelden, 85; Totengericht, 112; *siehe auch* Inka
Andromeda, 97
Äneas, 95–96, 97, 120
*Äneis,* 120
Angelsachsen, *45,* 85
Angkor Thom (Kambodscha), *82*
Angra Mainju, 18
Animismus, 40, 45, 49
Anschar, 15
Anubis, 113
Apache, Volk, Mythen der, 32

Apam Napat, *jasata* des Eides, 17
Aphrodite, 63, 64, 95; *siehe auch* Venus
Apophis, göttliche Schlange, 38, *75*
Apsu, 10, 15
Aquae Sulis, 48
Araukaner, Mythen der, 35
Arbo, Peter Nicolai, *Odins wilde Jagd, 17*
Archetypen, Begriff von C. G. Jung, 7
Architektur; Mythen und, *71;* und Jenseits, *114*
Argonauten, 134
*Argo,* 97, 100
Ariadne, 97
Arktis-Kulturen; Geister des Ortes, 46; Kulturhelden, Mythen über, 32–33; Mond und Sonne, 41; Vorstellungen über die Sonnenfinsternis, 36; Winterfeste, 118
Armenien, Mythen, 36, 101
Arrente, Volk, Mythen der, 26
Artefakte: ägyptischer Spiegel, *43;* Enthauptungsbeil, *127;* Goldener Sitz der Akan, *42;* griechische Vase, *117;* Ritualkessel für Wein (China), 7; römischer Fingerring, *76;* Schlangenornament von der Elfenbeinküste, *77;* Sitz der Luba, 7; Vase der Maya, *121*
Artemis, 63, 97; von Ephesos, *62; siehe auch* Diana
Artus, König, 48, 85, 87, 91, 101, 102, 115, 132; in walisischen Mythen, 69, 97, 101
Artus-Sagen, 48, 64, 85, 87, 91, 93, 94, 95, 102, 115
Aruna, *43*
Asbjornsen, P. C., 135
Asgard, 16, 18, 20, 59, 69
Ashanti, Volk, Mythen der, 28, 119
Astarte, 63
Astrologie, 137
Atalante, 97
Atar, Feuergott, 51
Athene, *95,* 97
Ätna, Vulkan, *37*
Atrahasis, Flutmythos, 34
Attis, 64, 100
Atum, *14,* 15, 38
Audhumla, 19
Australische Aborigines; Feuerrituale, *53;* Flutmythen, 35; Geister des Ortes, 46; Glaubensvorstellungen über den Tod, 107, 108; Jahreszeiten-Mythen, 58; Kulturhelden, 69; Schöpfungsmythen, 9, 25, 26, 30, 69; Trickster, 69
Avalokiteshvara, und der Mythos von der Erschaffung des Menschen, 28
Avalon, *115*
Aymon, Söhne des, 98
Azteken; Erinnerung an die Tolteken, 84; Feuerrituale, 53; Fruchtbarkeitsrituale, 61; Geistergeschichten, 124; Glaubensvorstellungen über den Weltuntergang, 36, 53; Höhlenschreine, 49; Kopfschmuck, *43;* Menschenopfer, 53, 61, *127;* Mondmythen, 31; Mythos über die Erschaffung des Menschen, *28;* Schöpfungsmythen, 9, 14, 15; Schreine auf Berggipfeln, 48; Sonnenkult, *43;* Vorstellungen von Himmel und Hölle, 18

## B

Ba (einer der Seelenzustände nach dem Tode), in ägyptischen Glaubensvorstellungen, 122
Baal, 50, 60
Babylon, Mythen, 63, 117
Badb, 102, 109
Balder, 69
Bali, Kris und Glaubensvorstellungen, 6
Bara, Regengott der Aborigines, 58
Bären, 32, 54, *55,* 56, 87
Bartholomäus, hl., 85
Bastet, 56, 57
Batara Guru, 22
Bath, 48

Batman, 133
Baum, L. Frank, Fantasy-Romane, 135
Bäume; 20–21; in keltischen und germanischen Ritualen, 49; *siehe auch* Weltenbaum; Yggdrasil
Bavieca, Pferd von El Cid, 98
Bayard, Pferd der Söhne des Aymon, 98
Bayon, Tempel (Kambodscha), *82*
Begräbnis; Grabausstattung der Ägypter, *43, 110;* Grabbeigaben, 110; im Jagdritual, 54–55
Bellerophon, 100
Belohnung und Strafe, 116–117
Benkei, Kriegermönch, 41
Benoit, Rigaud, *Tänzer in Dämonskostümen, 122*
Beowulf, *75,* 134
Berge; heilige, 23, 48, 53; Überleben der Großen Flut und, 34, 35
Bes, 70
Betrug, 101–102
*Bhagavadgita,* 38
*bhuta,* indische Geister, 123
Bibel, Schöpfungsgeschichte, 10–11
Biber, Tiertaucher, 22
Biber-Mann, 32–33
Bisamratte, Tiertaucher, 22
Bjarki, 101
Bochica, Sonnengott der Chibcha, 33
Böcklin, Arnold, *Die Toteninsel, 111*
Bon-Religion; die Himmel, 21; Glaubensvorstellungen von der Schöpfung, 11, 28; heilige Stätten auf Bergen, 23; und Buddhismus, 130; *siehe auch* Tibet
Bond, James, 134
Böse, das; endgültiger Sieg über das, 37–38; Schlangen und, 74
Boten, der Götter, 16
Brahma, 13, 17, 34, *35,* 38–39
Brahman, Weltseele, 18, 38
Brahmanen, 17
Brendan, Reise des, 115
Brisingamen, Halsband, 64
Brücke, ins Reich der Toten, 6, 16, 111
Bruder Sand, und Xuanzang, *94,* 96
Brünhild, 101, 103
Brunvand, Jan Harald, über Großstadtmythen, 136
Bucephalos, Alexanders Pferd, 98
Buddha; Sagjamuni, 22; Tathagata Buddha, 99; und der Berg Kailash, 23
Buddhismus; Ehrung der Seelen von Verstorbenen, *105;* Glaubensvorstellungen vom Weltuntergang (Tibet), 37–38; heilige Stätten auf Bergen, 23; Schöpfungsmythos, 9; und vorbuddhistische Mythen, 129, 130; Xuanzang und die Schriftrollen, 68, 94, 96, 98–99
Buenavista (Belize), Grabgötter, *121*
Buganda, Volk, Mythen der, 95
Burgen, *129*
Byron, Lord George, 133

## C

Caddo, Volk, Mythen der, 33
Caraja, Volk, 28, 109
Ceres *siehe* Demeter
*chakras,* 21
Chamäleons, im Mythos, 28, 107
Chaos, Ordnung aus dem, 10–13
Chatal Hüyük (Türkei), 62
Chaumukha, Jaina-Tempel, *45*
Cherokee, Volk, Mythen der, 22, 32
Chia, Chibcha-Göttin der Trunkenheit und Unzucht, 33
Chibcha, Volk, Mythen der, 26, 33, 83
Chibinda Ilunga, König, 79
Chichen Itza (Yucatán), 84
Chickasaw, Volk, Schöpfungsmythos, 22
Chicomoztoc, Berg, 28
China; Ahnenverehrung, 7, *127;* Feuer, Geschenk

des, 52; Flutmythen, 34, 35; Geister, 124; Götter und Geister, 46, 51; Götter von Heim und Herd, 72; göttliche Kaiser, 83, *127;* heilige Stätten in den Bergen, 23, 48; kommunistische Helden, *132;* Leben nach dem Tode, 110–111, 113; Mondmythen, 31; mythische Dynastien, 83; mythischer Kosmos, 21; Nahrungsmittel, Mythen vom Ursprung der, 30–31; Schöpfungsmythen, 12–13, 24, 26, 132; Totengericht, 113; Ursprung des Todes, Mythos vom, *108*
Chnum, 26
Christentum, Bekämpfung einheimischer Religionen, 129, 130
Christine de Pisan, *42*
Chulcam Gyalmo, 28
Cobain, Kurt, 133
Colorado (Fluß), 29
Conle, 117
Cook, Captain James, 59
Cortés, Hernán, 84
Cox's Cave (Somerset, England), *120*
Coyote; als Kulturheld, 25, 33, 66, 69; Ursprung des Todes, Rolle bei, 106, 108
Crow, Volk, Schöpfungsmythos, 25
Cuchulainn, 87, 89, 102
Culann, 89
Cuzco (Peru), 49

### D

Dajak, Volk, Mythos vom Ursprung der Nahrungsmittel, 31
Dame vom See, die, 48, *91*
Dämonen; Ermordung Gajomartans, 28; in der Unterwelt, 110; Schutz gegen, *6*
Danae, 87
Danu, keltische Erdgöttin, 131
Dean, James, 133
Demeter, 59, 63
Dendera, *4*
Deukalion, 34
Di Jun, 31
Diana, *42;* siehe auch Artemis
Dido, Königin von Karthago, 97
Djabe Sisse, Suche nach Wagadu, 95
*djang*, in den Mythen der Aborigines, 46
Djenné (Mali), Terrakotta-Figuren, *126*
Dodona, Orakel der Athene, 97
Dogon, Volk, Mythen der, 13, 71, 109
*domowoj*, 73
Donnergott (Taoimus), 51
Donnerkeile, 50, 51, 102
Donnervogel, *4,* 50
Drachen, 74, *75, 76;* Drachenkönige, 46, 51, 74; Illujanka, 50; und Ragnar Lodebrok, 103; *siehe auch* Schlangen; Wassergeister
Druiden, 49
Dubiaku, Trickster der Ashanti, 119
Dumuzi, 60, 64
Durga, 65
Dürre; Götter, Geister und, 50, 51; Weltuntergang und, 37, 38, 39
Dyaus, 17

### E

Ea, Gott des Wassers und der Weisheit, 60
Eberjagden, im Mythos, 97; *siehe auch* Jagd; Sährimnir
Ehe, zwischen Menschen und Tieren, 56
Eidechsen, im Mythos, 107
Eier; in Mythen vom Ursprung des Menschen, 26; kosmisches Ei, Mythen vom, *6, 9,* 11–13, 16, 24, 26
Eifersucht, 89, 96–97, 101
Eins-Hirsch, Herr („Löwenschlange"), mixtekische Gottheit, 14
Eins-Hunahpu, *121*
Eisenwald, im germanischen Mythos, 111
El Cid, 98, 102
El-lal, patagonischer Kulturheld, 32
Elburs, Berg, 23, 24–25
Eleio, Schamane auf Hawaii, 124
Eleusis, 59
Elfen, 131
Elfenland, 118
Elias (Ilja), Perun und, 50
Ella, König von Northumbria, 103
Elphin, Prinz, Taliesin und, 69
Elysische Gefilde, 116
Emma-O, Herr des Todes, 113
Engel, als Boten, 16–17
Enki, 17, 34
Enkidu, 96
Enlil, 34
Ente, Tiertaucher, 22, 25
Entführung; durch Außerirdische, 136; von Göttinnen, 59, 117
*Enuma elisch*, Schöpfungsmythos, 10
Erdbeben, Weltuntergang und, 36, 37, 39
Erde; Auftauchen von Menschen aus der, 26–29, *28;* die Erschaffung der, 22–25; Geister als Elfen, 131; im japanischen Mythos, 11, 16
Erdgottheiten, 14–15, 17, 45
Erdmütter *siehe* Große Göttin, Kult der; Muttergöttinnen
Erebos, 14–15
Ereschkigal, 60
Erlik Khan, 36
Eros, 14
Eshu, Trickster der Yoruba, 16
Euphemos, 134
Eurydike, 120
Excalibur, 48, 91

### F

Fantomas, 134
Feder, der Wahrheit, 113
Feen, böse und gute, 131
Feenköniginnen, 64
Felsen; Steinhaufen als Grenzmale, 16; Verehrung von, 49
Feste; christliche Umdeutungen, 130; Tezcatlipoca, 61; Tlacaxipeualiztli, 61; Totenfest, 72
Feuer; Bedeutung bei den Aborigines, *53;* Götter der Elemente, 50, 51–53, 71; im Gottesurteil, 53; im Schöpfungsmythos, 11; reinigendes, 53; Ursprungsmythen, 32, 33
Finnland, Jagdritual, 54–55; Mythen, 12, 87
Fischerkönig, 95
Flag Fen (England), 48
Flash Gordon, 133
Fleming, Ian, 134
Florentiner Codex, 31
Fon, Volk, Mythen der, 16, 21, 68, 74
Frauen; im Schöpfungsmythos, 30; in Heldenmythen, 97–98, 101; in Mythen vom Ursprung des Todes, 108
Freud, Sigmund, Theorien der Psychoanalyse, 17
Freyja, 64
Friedhöfe, und Geister, 123
Friedrich Barbarossa, Kaiser des Heiligen Römischen Reiches, 101
Frösche, in Mythen, 13
Fruchtbarkeit; Drachentöter und, *75;* Götter, 50–51, 70; Herrscher und, 82; Jahreszeiten und, 58–61, 63; Schlangen und, 25; Wandjina und, *53; siehe auch* Große Göttin, Kult der
Fu Xi, chinesischer Kulturheld, 55, 83
Füchse; in Mythen, 32; Wer-Füchse, 68
Fudschijama, 48
Fulbe, Ursprung des Viehs im Mythos, 32
Füllhorn, 94

### G

Gaia, 14–15, 17
Gainji, 28
Gajomartan, erster Mann, 28
*gaki*, böse Geister in Japan, 124
Galahad, Gralssucher, 98
Gänse, kosmische, 13
Garibaldi, Giuseppe, 133
Garm, Höllenhund, 111
Garuda, *51*
Gawain, 91
Geb, 15
Geburt, Bes und, 70
„Gefährlicher Stuhl" (Gralsmythen), 93
Geister; böse, 46, 124; der Ahnen, 25, 35, 45, *53,* 56, 70–71; der Elemente, 50–53; der Tiere, 45; der Toten, 122–124; des Ortes, 46–49; des Wassers, 46–48, *46,* 124; Feen, 131; in der Natur, 16, 18, 45, 46–49; *kachinas,* 117; *klu,* 22, 47; *pari,* 64; *rusalka, 47;* von Haus und Hof, 45, 72–73; Welt der, 18, 45
Gelber Kaiser, 52
Georg, hl., 75
Germanische Mythologie; Himmel und Hölle, 18; Kosmologie, 131; Schicksal nach dem Tode, 111, 114, 122; Schöpfungsmythen, 11, 16; Weltuntergangsmythen, 38, 69
Gesar von Ling, 26, 38, 88, 89, 91, 98
Geschichte, Mythen und, 83–85
Gestaltwandel, 56, 66, 68, 83, 90
Gilgamesch-Epos, 92, 96, 98, 99, 102
Ginnungagap, in germanischen Mythen, 11, 16
Gjallar, Brücke nach Hel, 111
Glastonbury Tor, 93
Gnipa-Höhle, 111
Godzilla, 134
Gold; Schlangenornament, *77;* Sonnenkult und, *42, 43*
Goldenes Zeitalter, nach dem Weltuntergang, 37–38
Goshy-e, patagonischer Riese, 32
Götter; in Heldenmythen, 96–97, 100; Ursprungsmythen, 10, 13, 14–17; vorchristliche, Fortleben als christliche Heilige, 131
Göttliche Zwillinge (Hunahpú und Ixbalanqué), 121, 133
Gräber, 105, *110*
Gral, Heiliger, 93, 94, 95, 98
Grami Devi, 65
Grani, Sigurds Pferd, 98
Grendel, 134
Grenzen, Hermes und, 16
Griechenland; Erd/Fruchtbarkeitsgötter, 15, 59, 63; Flutmythen, 34; Gabe des Feuers, 52; Heimstatt der Götter, 20; Heldenmythen, 79, 83–100; Schöpfungsmythen, 11–12, 14–15, 26; Superman und griechische Mythen, 134; Unterweltmythen, 113, 120–121
Grimm, Brüder, 135
Große Flut, Mythen von der, 6, 7, 34–35
Große Göttin, Kult der, 45, 62–65
Großstadtmythen, 136–137
Guan Yin, 63, 96
Guan Yu, 102, 132
Guarayu, Volk, Vorstellungen über das Leben nach dem Tode, 111
Guayaki, Volk, Mythen der, 28
*gui*, chinesische Geister, 124
Guinness, Alec, *133*

### H

Hades, 59, 65, 117, 120; *siehe auch* Unterwelt
Haida, Volk, Totem, *4*
Halle der vollkommenen Wahrheit, 113
Hammer, von Thor, 50
Hannahanna, Muttergöttin der Hethiter, 39
Hanuman, 87, 96
Harivamsa, Hindu-Epos, 51
Harrison, Florence, *Elfin Song,* 131
Hase (Kaninchen), in Mythen, 31, 33, 66
Hathor, *4, 43*
Hatschepsut, Pharaonin, 80
Haus und Hof, Götter und Geister von, 70–73
Hawaii, Mythen, 22, 58–59, *58,* 120
Hawaiki, 114
Heilung; durch Feen, 64; durch Quellen, 47–48
Heinrich II., König von England, *120*
Hektor, 95
Hel, Herrscherin in Niflheim, 111
Helden, 79–103; Abenteuerfahrten, 79, 92–99; der Moderne, *132,* 133–134; Geburt und Charakter, 86–91; Tod, 100–103, 133–134
Helena von Troja (Die Schöne Helena), 95
Helgafell (Island), 48
Heliopolis, 38
Helios, *42*
Hendrix, Jimi, 133
Heng E, im Mondmythos, 31
Henutmehyt, Uschebti, *110*
Hera, 89, *95,* 95–97
Herakles, *76,* 79, 86, 87, 89, 94, 96–97, 102, 121, 132, 134
Herero, Volk, Mythen der, 28

# REGISTER

Hermes, 16, 66, 68
Hermopolis, Schöpfungsmythos, 13
Herr des Blitzes, 51
Herr des Himmels, 23
Herr des Regens, 23, 51
Herr Neun-Wind, Kulturheld der Mixteken, 14
Hesiod, 115; *Theogonie*, 14–15
Hesione, 97
Hethiter, Mythen der, 39, 50
Hexen, im Mythos, 90, 117
Hexer; Tod und, 106, 114; Zombies und, *122*, 124
Hiku, in der Unterwelt, 120
Hildeburg, in der Wolfdietrich-Sage, 90
Himalaja, 21, 28
Himmel, 11, 16, 18–21, 81, 114
Himmelsgefilde, das Hohe, 11, 16
Himmelsgötter, 14–15; der Aborigines, 26; der Ägypter, 15, 36; der Griechen, 14–15, 16, 17; der Hindu, 17; der Maori, 15; in Afrika, 22, *34*, 119
Hinduismus; Baum des Wissens und der Weisheit, *21;* Flutmythen, 34, 35; heilige Stätten in den Bergen, 23; heilige Tiere, 57; Himmel und Hölle, 18, 20–21; Schöpfungsmythen, 13, 17, 24; Schöpfungszyklen, 13, 34, *35,* 38–39; Sonnenfinsternis, 36; und vorhinduistische Glaubensvorstellungen, 130
Hippolyta, 96
Hirohito, Kaiser von Japan, 81
Hiroshima, buddhistische *bon*-Zeremonie, *105*
Hirschkuh, im mongolischen Mythos, 28
Hissarlik, Ausgrabungen bei, 85
Hitler, Adolf, 133
Hlakanyana, Zulu-Trickster, 67–68
Höhlen; Bedeutung für Menschen Mittelamerikas, 48–49; Emporsteigen der ersten Menschen aus, *28, 29,* 49, *120;* Unterwelt und, *120*
Hölle, Glaubensvorstellungen über, 18, *116*, 117; *siehe auch* Unterwelt
Hollywood, 133
Homer, 95, 115–116; *siehe auch* Odyssee
Hopi, Volk, Mythen der, 26, 29, 117; *siehe auch* Pueblo-Völker
Horrorfilme, 134
Horus, 36, 80
Hrolf Kraki, König von Dänemark, 101
Huang Di, der Gelbe Kaiser, 83
Huchnom, Mythen der, 107
Hugdietrich, Kaiser von Byzanz, 90
Hügel; Great Serpent Mound, *77;* im ägyptischen Schöpfungsmythos, 13, 15
Hugo, Victor, 133
Huitzilopochtli (Blauer Tezcatlipoca), 15, *43*
Hunahpú and Ixbalanqué, Göttliche Zwillinge der Maya, 121
Hunde, im Mythos, 33, 89, 110, 111
Hunefer, ägyptischer Schreiber, *113*
Hunsahua, Herrscher der Chibcha, 83
Hushang, König von Persien, 83
Hüter; Geister, 49, 52, 55; Göttinnen, *65;* von Haus und Hof, 45, 70–73
Huwawa, im Gilgamesch-Epos, 96
Huzruiwuhti, Göttin der Hopi, 29
Hydra, *76*

## I

Ibis, und Thot, 57
Icktinike, Trickster der Lakota, 66
Idun, 59, 60
Igraine, Mutter von Artus, 87
Ila, Volk, Mythen der, 32
Ile-Ife, *101*
*Ilias siehe* Trojanischer Krieg
Ilja *siehe* Elias
Illujanka (Drache), 50
Ilmatar, Tochter des Himmels, 12
Inanna, 60, 63, 64, 83
Indianer, nordamerikanische; der Tod und das Leben danach, 106, 107–108, 109, 110, 113, 117, 122; Great Serpent Mound, *77;* gütige Geister, 124; Schöpfungsmythen, 9, 22, 25, 26, 29, 30, 106, 132; Sonnenfinsternis und, 36; Trickster und Kulturhelden, 25, 31, 32–33, 66, 106; Ursprung der Nahrung, Mythen über, 31; Winterfeste, *118*

Indoeuropäer, Verbreitung von Mythen durch die, 6
Indra, 17, 51
Ingleton (Yorkshire), *46*
Inka; Flutmythen, 34–35; Gottkönige, 81, 83; Opfer, 23, *127;* Sonnenkult, 40; spirituelle Kraft der Höhlen, 49; Totengericht, 112; und die Seelen der Toten, 123; Ursprung des Menschen, Mythen über, 26; *siehe auch* Anden-Kulturen
Inseln der Seligen, 114–115, *115*
Internet, Verbreitung von Großstadtmythen durch das, 136
Inti, Sonnengott der Inka, 40, 81
Inuit, Völker, Mythen der, 30, 33, 34, 58
Inzest; Heldenmythen und Gottkönige, 83, 84; in Mythen über den Ursprung des Menschen, 26; und Mondmythen, 30; unter Göttern, 16–17
Io, Schöpfer bei den Maori, 15
Irokesen, Volk, Mythen der, 30
Ischtar, 63
Isfandiar, 91, 133
Isis, 56; und Osiris, 60–61, 64, 65
Islam; Bekämpfung vorislamischer Religionen, 129, 130; Engel, 16, 17
Iureke, Kulturheld der Makiritare, 33
Ixbalanqué und Hunahpú, Göttliche Zwillinge der Maya, 121, 133
Ixion, 116
Ixmucané, Göttin der Maya, *6*
Izanagi, *15*, 16, 22
Izanami, *15*, 16

## J

Jagd; Geister der Beutetiere, 45; Kulturhelden und, 32; Rituale, 54–55; *siehe auch* Eberjagden
Jaguare, in Mythen, 14, 33, 36; Wer-Jaguare, 68
Jahreszeiten; Mythen und, 45, 58–61
Jainismus, 18, *45*, 102
Japan; Drachenmythen, 76; „Götterregal", 72; göttliche Kaiser, 81; Kriegermythen, *7;* Schöpfungsmythen, 11, 13, *15*, 22; Sonnen- und Mondkult, 40, 41; spirituelle Reiche, 18; Totengericht, 113; Übernahme alter Glaubensvorstellungen, 130
*jasata,* 17
Jason, 92, 96, 97, 98, 99, 100, 134
Jayavarman II., König der Khmer, *82*
Jedermann, 134
Jesus Christus, und der Heilige Gral, 93, 94
Jibaro, Volk, Ursprungsmythos der Nahrung, 31
Joplin, Janis, 133
Joseph von Arimathia, 93
Jötunheim, 18
Jung, Carl Gustav, 7
Jungbrunnen, 94, 111
Juno *siehe* Hera

## K

Ka, (einer der Seelenzustände nach dem Tode), in ägyptischen Glaubensvorstellungen, 122
*kachinas*, 117
Kahiki (Tahiti), 59
Kailash, Berg, 23, 48
Kaineus, 134
Kaj Chosrau, 102
Kajumars, König von Persien, 83
Kalender, *20*
*Kalevala* (Lönnrot), 12, 54, 87, 94, 117
Kali, 65, *126*
Kaliyuga, 38
Kalydon, Eberjagd in, 97
*kami,* Geister in japanischen Mythen, *7,* 16, 18, 47
Kanaaniter, Götter der, 50, 63
Kaninchen (Hase); Brer Rabbit, 66; im Mythos, 31, 66
Kannibale-am-Nordende-der-Welt, *118*
Karl der Große, 98, 100, 101
Karna, Held, 87
Kastor, 83
Katzen; als Hausgeister, 73; in Ägypten, 56, 57
Kawao, Gebieterin des Feuers, 33
Kawelu, Königin, in Mythen der Hiku, 120
Kelten; Glaubensvorstellungen vom Leben nach dem Tode, 114–115, *115;* Mythen über die Unterwelt, 117, 118; spirituelle Kraft der Bäume, 49; spirituelle Kraft des Wassers, *46,* 47–48
Keraki, Volk, Mythen der, 28
Keramik; Figur der Djenné, *126;* Ming-Porzellan, *108;* Mosaik, 87; Porzellan-Teller, *64;* Wer-Jaguar der Olmeken, *68; siehe auch* Artefakte; Kunst
Kestrel, Kulturheld der Aborigines, 69
Khmer, Gottkönige, *82*
Kiew, Perun und, 50
*kikimora,* im slawischen Volksglauben, 124
Kind des Wassers, Kulturheld der Apache, 32
Kinder; Bes und, 70; im Mythos, 30, 87–89; Opferung von, 48, *127*
King Kong, 134
Kino, und Helden der Moderne, 133–134
Kintaro, im Yorimitsu-Mythos, 89
Kintu, im Mythos der Buganda, 95
Kiribati, Schöpfungsmythos, 24
Kirke, 116
Kischar, 15
Kleidung; aztekischer Kopfschmuck, *43;* chinesisches Gewand, *77;* Ursprung, 26
*klu* (Wassergott), 22, 47
Kobolde, 131
Kollektive Unbewußte, das, und Mythen, 7
Könige; Gottkönige, 79; identifiziert mit der Sonne, 40, 80–81; wieder auferstanden und zurückkehrend, 101
Königinnen, identifiziert mit Mondgöttinnen, 40
Konquistadoren, 84
Kornkreise, *136*
Kornspeicher, Symbolismus der, *71*
Kosmogonie *siehe* Schöpfungsmythen
Kosmos *siehe* Universum
Kota, Volk, Reliquienfigur, *105*
Krähe, als Kulturheld, 33
Krankheit, Ursprungsmythen, 108
Krebs, Tiertaucher, 22
Kreuz des Südens, Sternbild, 30
Kriegsgötter, *45,* 50, 59, 102, 109
*kris,* spirituelle Kraft des, *6*
Krishna, 38, *51,* 101
Kronos, 17, 115
Krypton, Geburt von Superman, 134
Kshatriya-Kaste, 17
Ku, Gott der Trockenzeit auf Hawaii, 58–59, *58*
Küchengott (Zao Jun), 72
Kulturhelden (Kulturstifter); der nordamerikanischen Indianer, 25, 31, 32–33, 121; Gaben der, 32–33, 52; Gründer von Dynastien, 83; in der Arktis, 32–33; in Ursprungsmythen, 25, 30–31, 32; mixteckische, 14; *siehe auch* Trickster
Kunimasa, Holzblockdruck, *7*
Kunlun, Berg, 23, 51
Kunst; äthiopische Ikone, *75;* Buchillustrationen, *42, 67, 91, 96, 98, 131;* chinesische Holzschnitte, *94;* chinesischer Druck, *72;* Gemälde, *17, 111, 122;* Holzblockdrucke, *7, 41, 124;* Maya-Relief auf einem Türsturz, *127;* Miniaturen, *40, 87;* prähistorische, *54;* Sadahide, Stellschirm von, *76;* Tempelbanner (Thangka), *116; siehe auch* Keramik; Skulptur
Kurma, Inkarnation Vishnus, *74*
Kwakiutl, Volk, Maske des Hamatsa-Geheimbundes, *118*
Kyang Go Karkar, Gesars Pferd, 98
Kybele, *62, 63, 64,* 100
Kyffhäuser, 101

## L

Labyrinthe, Höhlen und, *120*
Lachamu, 15
Lachesis (Schicksal), 131
Lachmu, 15
Lackeen Castle (Tipperary), *129*
Lakota, Volk, 56, 66
Lakshmi, 40
Lanka, 96
Lanzelot, *91,* 98
Lar, römische Familiengottheit, 70–71, *70*
Laren und Penaten, 70–71, 123
Leben nach dem Tode, 105, 110–117; soziale

Stellung und, 112; *siehe auch* Tod; Totengericht
Lebensbaum, 20–21
Legba, Trickster der Fon, 16, 68
Lenin, Wladimir Iljitsch, 133
Lesotho, Mythen aus, 48
Lewis, C. S., Narnia-Romane, 135
Licht, Kulturhelden und, 33
Lif, erste Frau nach Ragnarök, 38
Lifthrasir, erster Mann nach Ragnarök, 38
Liongo, 102
Literatur, Fantasy-Trend, 135
Loki, 59, 69
Lonkundo, Kulturheld, 32
Lönnrot, Elias, 12
Lono, Regengott, Hawaii, 58–59, *58*
Lotos; im Schöpfungsmythos, 13; und der Vedadruma, 21
Luba, Volk, Mythen der, 108; Sitz, *7*
Lucas, George, *Krieg der Sterne (Star Wars)*, 133
Lugh, 88
Luna, *32*
Lynkeus, 134

## M

*Mabinogion*, 97
Maeldun, Reisen des, 115
*Mahabharata*, 87, 133
Mahavira, 102
Mahayuga (Großes Weltzeitalter), 38–39
Mahuiike, im Feuermythos, 52
Maidu, Volk, Mythos von Coyote, 69
Mais, im Maya-Mythos, *6*
Make-Make, Schöpfer, Osterinsel, *9*
Makiritare, Volk, Ursprungsmythos des Feuers, 33
Mamariga, Windgott der Aborigines, 58
Manco Capac, 49
Manu, Vater der Menschheit, 35
Mao Zedong, 133
Maori; Architektur und Leben nach dem Tode, *114*; Feuermythen, 52; Furcht vor Geistern, 123; Geister des Ortes, 46; Schöpfungsmythen, 15, 25, 26; Ursprung des Todes, Mythen über, 108
Märchen, 129, 130, 131
Marduk, 17, 24
Marienverehrung, 63
Marwe, im Land der Geister, 118–120
Maschja, im persischen Mythos, 28
Maschjanag, im persischen Mythos, 28
Masken; angelsächsischer Maskenhelm, *85*; Kwakiutl, *118*; Yupik, *32, 57*
Massai, Volk, Mythos vom Ursprung des Viehs, 31
Massenmedien, Propaganda in den, *132*, 133
„Meister der Reinen Erde", Dogon-Gottheit, 71
Maui, Maori-Trickster, 52, 68
Mäuse, in Mythen, 32
Maya, Volk; Glaubensvorstellungen über Himmel und Hölle, 18, *20*; Mythen der, *6*, *31*, *34*; Opferrituale, *127*
*mbulu ngulu*, Reliquienwächter bei den Kota, *105*
Mbundu, Volk, Mythen der, 33
Medea, 98, 99, 100
Meditation; von Schamanen, 47; von Shiva, 23
Medusa, 95, 97, 134
Meeresgötter, 31–32, *34*
Meeresgöttin *siehe* Mutter des Meeres
Meerschweinchen, im Mythos, 52
Meher, armenischer Held, 101
Melanesien, Mythen, 26, 31
Meleagros, 97
Menelaos, König von Sparta, 95
Menelik I., König von Äthiopien, 91
Mensch, Ursprungsmythen, 12, 25, 26–29, *26*
Merkur *siehe* Hermes
Merlin, 87
Meru, Berg, 18, 20–21, 23
Mesopotamien; Flutmythen, 34; Glaubensvorstellungen über die Unterwelt, 117; Große Göttin, 63; Könige und Göttlichkeit, 82; Schöpfungsmythen, 9, 10, 15, 17, 24, 26
Metamorphose *siehe* Gestaltwandel
Midgard, 18
Mikasuki, Volk, Mythen der, 31

Mikronesien, Mythen, 24, 69
Milchstraße, *9*, 30
Minia, kosmische Schlange, 25
Minoer, Stierkult, *54*
Minos, König von Kreta, 113, *120*
Minotauros, 97, *120*; *siehe auch* Stiere
Miru, polynesischer Rächer, 114
Mistel, 49
Mithra, Sonnengott, 23, 40, 113; *jasata* der Loyalität, 17
Mittelamerika (Mesoamerika); Menschenopfer, 48, 53, 61; Mondmythos, 31; Opferrituale, 126; Tempel, 23, 48–49
Mittelland der Schilfgefilde, 18
Mixteken, Schöpfungsmythen, 14
Modgud, 111
Mohammed, 98
Mond-Mann, im Mythos der Navajo, 30
Mond; Kaninchen (Hase) im, 31; Kult des, 40–41, *40*, *41*, *42*; „Mann im Mond", 30; *siehe auch* Sonnenfinsternis
Mongo-Nkundo, Volk, Mythen der, 32
Mongolei; Schöpfungsmythen, 22, 28; Verehrung des Feuers, 52–53; Vorstellungen vom Weltuntergang, 36, 38
Montsalvatch, 93
Morgane, die Fee, 64, 93
Morgenstern *siehe* Venus
Morrigan, 109
Morris, William, Fantasy-Romane, 135
Morrison, Jim, 133
Moses, 87
Motecuhzoma, Azteken-Herrscher, *43*, 124
Muchucunda, König, 101
Muiyinwuh, Hopi-Gott, 29
Mululu, im Mythos der Aborigines, 30
Mumien; im Hause aufbewahrte, 72, 123; von Tieren *56*, 57
Muspelheim, im germanischen Mythos, 11
Mussolini, Benito, 133
Mutter des Meeres, Meeresgöttin (Sedna), 32, 118
Muttergöttinnen; chinesische, 23, 30, 31; Ephesos, *62*; griechische, 15; hethitische, 39; polynesische, 15; *siehe auch* Große Göttin, Kult der
Muttermord, im Mythos, 17
Mythen; Ursprünge und Bedeutung, 6–7; Vermächtnis, 129–137;

## N

Na Atibu, 24
Nacht, Ursprungsmythen, 14, *30*
Naglfar, 38
Nahrungsmittel; Speisen der Unterwelt, 59, 117, 118; Ursprungsmythen, 30–31
Najaden, 47
Nambi, im Mythos der Baganda, 108–109
Nammu, 26
Nandi, Volk, Mythos vom Ursprung des Viehs, 32
Nareau, Alter und Junger, göttliche Spinnen, 24
Narnia, 135
Naturwissenschaft; Mythen und, 129, 132; Theorie vom Urknall, 11
Nauru, Schöpfungsmythos, 21
Navajo, Volk, Mythen der, 26, 30
Naxos, 97
Nechbet, *65*
Nekromantie, 124
Nephthys, 113
Nergal, 117
Nerz, Tiertaucher, 22
Neuguinea, Schöpfungsmythen, 28, 30
Neun Männer und Neun Frauen der Welt (Bon-Mythos), 28
Neuseeland, Mauis Fische, 68
Nezha, 88–89, 132
Nietzsche, Friedrich, 134
Niflheim, 11, 18, 111, 114
Nil-Überschwemmungen, und Schöpfungsmythen, 13
Ninmah, 26
Nipinuke, Geist der Jahreszeiten, 58
Noah, und die Sintflut, 34
Nu Wa, 26, 35

Nuliajuk, 32
Numbakulla-Brüder, 26
*numina*, in römischen Mythen, 16
Nun, die Wasser des Chaos, 13, 38
Nut, 15
Nyx, 14–15

## O

Odin (Wotan), 16, *17*, 24, *45*, 91, 98, 109, 114
Ödipus, 87
Oduduwa, 22
*Odyssee*, 92, 115; *siehe auch* Homer
Odysseus, 66, 86, 92, 95–96, 97, 98, 99, 116, 120, 132
Ojanga-Mbele, König der Alur, 81
Olelbis, Schöpfergeist, 106
Olifat, mikronesischer Trickster, 69
Olmeken; Höhlen und, 48; Keramik-Jaguar, *68*
Olodumare, Himmelsgott der Yoruba, 22, *34*
Olukun, Meeresgott der Yoruba, *34*
Olymp, Berg, 16, 20, 48
Ometeotl („Herr der Zweiheit"), 14, 15, 18, 61
Omeyocan, höchster Himmel der Azteken, 18
Öneus, König von Kalydon, 97
Opaye, Volk, Mythen der, 52
Opfer; aztekische Mythen und, 9, 84; Blutopfer, *127*; in den Anden-Kulturen, 23, 62; in Fruchtbarkeitsritualen, 61; Menschenopfer, 23, 48, 53, 61, 84, *126*, *127*; Odin hängt an Yggdrasil, 21, 120; Purusha; 24; Selbstverstümmelungen, *126*; symbolische, *127*; Ursprünge, 126; von Rindern, 81; von Stieren, *54*; Waffen und Metallgegenstände als Gaben, 48; *siehe auch* Rituale
Opossum-Frau, 46
Oranyan, Gründer von Ile-Ife, *101*
Orpheus, 96, 120
Ortnit, König der Lombarden, in der Wolfdietrich-Sage, 90
Osiris, 15, *65*, 111, 112; und Isis, 60–61, 64, 65
Osterinsel, Mythos vom kosmischen Ei, *9*
Ozean; anfängliches Chaos, 10–11, 12, 22; kosmischer, 25; *siehe auch* Wasser
Ozeanien *siehe* Melanesien; Mikronesien; Osterinsel; Polynesien

## P

Pachacuti, 81
Pachamama, 62
Palamedes, 66
Pan Gu, 12, *13*, 24, 25, 26, 126
Papa, Erdgöttin, 15, 25
Papan, Azteken-Prinzessin, 124
Paracelsus, Namensgeber der Gnome, 131
Paris, 87, 95
Parnaß, Berg, 34
Parvati, 65
Parzival, Gralssucher, 95, 98
Patroklos, 110
Paviane, und Thot, 57
Pawnee, Volk, Mythen der, 56
Pegasos, 50, 100; *siehe auch* Pferde
Pele, Schöpfergöttin, Hawaii, 22
Peleus, 95, 96
Pelias, Onkel von Jason, 99
Penaten, 71
Penelope, 99
Persephone, 59, 65, 117, 120–121
Perseus, 87, 92, 95, 97, 99
Persien; Feuerkulte, 51, 53; Heldenmythen, 87, 89, 91, 98, 101, 102; Himmel in arischer Zeit, 18; mythische Dynastien, 83; Schöpfungsmythen, 24–25, 28; Sonnenkult, 40; Ursprung des Todes, Mythen über, 109; *siehe auch* Zarathustra; Zoroastrismus
Perun, 50
Pferde, im Heldenmythos, 98; *siehe auch* Pegasos
Pfirsiche der Unsterblichkeit, 64
Pflanzen, Hervorkommen der ersten Menschen aus, 28
Phallussymbole, Schlangen und, 25
Phrygien, 63, 100
Pipunuke, Geist der Jahreszeiten, 58
Pirithoos, 120–121
Planeten, Ursprung der, 30; Kult der, 40

# REGISTER

Plejaden, Sternbild, 30, 53, 58
Po, polynesische Unterwelt, 114
*poludniza*, weiblicher Geist, 46
Polydektes, König, im Perseus-Mythos, 92, 99
Polynesien; Geister des Ortes, 46; Gespenster, 123, 124; Nauru, Mythos von, 21; Schöpfungsmythen, 10–12, 15, 22, 26; Sturmmythos, 52; Totengericht, 113; Unterweltmythen, 120; Ursprung des Todes, Mythen über, 108
Polyphem, 97
*Popol Vuh*, Maya-Mythen, *6*, 121
Poseidon, 97
Potter, Harry, 135
Presley, Elvis, 133
Priamos, König von Troja, 95
Priester; aztekische Mythen und, 9; Fruchtbarkeitsrituale, 64
Priesterinnen, als Tempelprostituierte, 64
Prithivi, 17
Prometheus, 26, 34, 52
Prüfungen, in Heldenmythen, 89–91
Pueblo-Völker; Leben nach dem Tode, 113; Rituale in unterirdischen Räumen, 28; *siehe auch* Hopi
Puranas, 101
Purusha, 24
Pygmäen, Volk, Mythen der, 28
Pyramiden; als Grabstätten, 105; in Teotihuacán, 49; in Ur, 82; *siehe auch* Gräber; Tempel
Pyrrha, 34

## Q

Qormusta, 22
Quetzalcoatl (Weißer Tezcatlipoca), 15, *43*, 84

## R

Raben; als Kulturhelden, 33, 66; als Vorbote des Todes, 109
Rachsch, Rostams Pferd, 98, 101
Rad des Gesetzes, 111
Rad des Lebens, *116*
Ragnar Lodbrok, 101, 103
Ragnarök, 38, 39, 69
Rahu, Dämon, 36
Rama, 68, 92, 95, 96, 98
*Ramayana*, 68, 92, 133
Rangi, 15, 25
Raschnu, 113
Rassen; Ursprungsmythen, 26, 28
Rauhe Else, in der Wolfdietrich-Sage, 90
Raumfahrt, 136
Re; Geburt, 13; in seiner Himmelsbarke, *14*; Kampf gegen Apophis, 38; Pharaonen und, 80
Regen; Drachenmythen und, 74; Gottkönige und Geister, 50–51, 81; Mythen über, 15, 22, 25
Regenbogen, in Schöpfungsmythen, 25
Regenbogenbrücke; im germanischen Mythos, 16; im japanischen Mythos, 18, 22
Reifriesen, 16, 69
Reiher, im ägyptischen Schöpfungsmythos, 13
Reineke Fuchs, 66, 67
Reinigung, durch Feuer, 53
Reinkarnation, 18
Religion, und Naturwissenschaft, 132
Reliquienwächter-Figuren, Kota, *105*
Remus, 87
Rhadamanthys, 113
Rhea, 17
Riesen, im Mythos, 16, 24, 32, 69, *89*
*Rigveda*, 13, 57
Rinder; heilige, 57; im Mythos, 16, 81; *siehe auch* Stiere; Vieh
Rituale; Ahnenverehrung (China), *7, 127*; Bedeutung von Bäumen, 46; Begräbnis-, 122, 123; *bon*-Zeremonie in Japan, *105*; der Schöpfung und des Wiedererwachens der Natur, 28; des Wahrsagens, 61; Feuer-Zeremonie zu Beginn eines neuen Zeitzyklus (Azteken), 53; Fruchtbarkeits-, 60–61, 64; für Geister des Ortes, 46; für Ku und Lono (Hawaii), 59; Jagd-, 54–55; jahreszeitliche, 60–61; *kachinas* und, 117; Maya-Kalender, *20*; Neujahrs-, 82, *129*; Opfer in Mittelamerika, 126; Pueblo-Völker, 28; Selbstverstümmelung, 100; Traumzeit-, 25; Winterfeste in der Arktis, *118*; *siehe auch* Opfer

Robin Hood, 101, 132
Roland, 86, 100
Rom; Götter von Heim und Herd, 70–71; und Ahnengeister, 123; *siehe auch* Äneas
Romantik, Geistesströmung im 19. Jahrhundert, 129, 133
Romulus, 87
Roncesvalles, Schlacht bei, *100*
Rostam, 87, 89, 91, 98, 101, 133
Rowling, Joanne K., Harry-Potter-Bücher, 135
Rubanga, Regengott der Alur, 81
Rudrachakrin, König von Shambhala, 37–38
Runen der Weisheit, 21, 120
*rusalka* (Wassergeist), 47, 124
Rüstung; angelsächsischer Maskenhelm, *85*; Schilde, 30, *45*; von Ragnar Lodbrok, 103

## S

Sährimnir, Eber der germanischen Mythen, 114
Salomo, König von Israel, 91
Samarra, Verabredung mit dem Tod in, 123
Samen; von Atum, 15; von Gajomartan, 28
*sampo*, im *Kalevala*, 94
Samson, 134
San (Buschmänner), Volk, Mythen der, 30
San Francisco Peaks, 117
Sangpo Bumtri, 28
Sarasvati, 17
Sat-Hathor-Iunet, Prinzessin, Grabbeigaben für, 43
Satyrn, 70
*Schahnameh* (Firdausi), 83, 87, *98*, 133
Schakale, in Mythen, 33
Schamanen; Meditation im Wasser, 47; Seelenreisen und Trance, 18–19, 20, 61, 118, 124
Schicksal, 20
Schildkröten, im Schöpfungsmythos, *30*, 132
Schlangen; Ananta-Shesha, 13, 38, *74*; Apophis, 38; der *kris* und, 6; erschlagen von Herakles, *76*, 89; Great Serpent Mound, *77*; im afrikanischen Schöpfungsmythos, 25, 74, 77; im ägyptischen Schöpfungsmythos, 13; im griechischen Schöpfungsmythos, 12; in der christlichen Bilderwelt, *75*; in Flutmythen, 35; Nagas, *74*; Odin und, *45*; Regenbogenschlange, 25, *26*, 46, 69, 74; Schutz vor, 70; Tod von Ragnar Lodbrok, 103; und Vorstellungen über den Tod, 107; und Vedadruma, *21*; Yamata no Orochi, *76*; *siehe auch* Drachen
Schliemann, Heinrich, Ausgrabungen in Troja (Hissarlik), 85
Schöpfung, Zyklen der, 13, 34, *35*, 36–39
Schöpfungsmythen, 7, 9–39
Schreine; „Götterregale", 72; um die *gui* zu besänftigen, 124; *siehe auch* Tempel
Schu, 15
Schweinekopf, und Xuanzang, *94, 96*
Schwerter, im Mythos, 48, 90, 91
Science-fiction, 136
Sedna *siehe* Mutter des Meeres
Seele; animistische Glaubensvorstellungen, 45; der Toten, 122–124; Menschenseelen in Tieren, 4; Reise der, 60, 105, 110–111; wird in die Unterwelt geführt, 16, 105
Seelenreisen (Seelenflüge), von Schamanen, 18–19, 20, 118
Seine *siehe* Sequana
Selekana, und die Flußgötter, 48–49
Selene, *42*
Sequana (Seine), Quelle der, 47
Sesostris II., König von Ägypten, *75*
Seth, 15, 80; und Osiris, 36, 60–61
Sex; Zusammenhang mit Inannas Verschwinden, 60; Kulturhelden und, 33
Shambhala, 37
Shaw, George Bernard, 134
Shen Nong, chinesischer Kulturheld, 31, 83
Shikiemona, Kulturheld der Makiritare, 33
Shilluk, Volk, Mythen der, 26, 32
Shinto; Schöpfungsmythen, *15*, 16; und alte Glaubensvorstellungen, 130
Shiva, 23, *39*, 65, *82*, 96
Sibirien, spirituelle Reiche, 18–19
Sibu, Schöpfergott in den Anden, 28
Sido, im melanesischen Mythos, 31
Siegel, Jerry, Schöpfer von Superman, 134

Siegfried, *75*, 102
Sigmund, 83
Signy, 83, 91, 101
Sigurd, 98, 101, 103
Simurgh, mythischer Vogel, 87
Sioux, Volk, *siehe* Lakota
Sisimatailaa, 52
Sisyphos, 116
Sita, 68, 92, 95, *96*, 98
Skorpion, Sternbild, 9
Skorpione, im Mythos, 56
Skulptur; afrikanisches Bildwerk, *79*; Artemis von Ephesos, *62*; Bronze-Eber, *97*; der nordamerikanischen Indianer, *4*, *55*; Elfenbein-Relief, *63*; goldener Kopf (Akan), *32*; Herakles, *79*; Horus, *80*; im Chaumukha-Tempel, *45*; Puppen, 117; Standbilder von Tiahuanaco, 35; Statuette von Shiva, *39*; Statuetten von Laren, *70*; Tempel auf Hawaii, *58*; Tempelrelief, *59*; Venus-Statuetten aus der Steinzeit, 62; Votivstatue (Ägypten), *56*; *siehe auch* Kunst
Slawen; böse Geister, 46, 73, 124; Feuer und, 53; Geister von Haus und Hof, 73; Wassergeister, 47, 124; Zwiefacher Glaube, 130
Sleipnir, Odins Pferd, 98
Soma, Gott der Soma-Pflanze, 36
Sonne; im Mythos, 30, 33, 38, 52; Kult der, 40–41, *40, 41, 43*; und Gottkönige, 80–81; *siehe auch* Sonnenfinsternis
Sonnen-Mann, im Mythos der Navajo, 30
Sonnenfinsternis; und Mondfinsternis 36; Weltuntergang und, 37
Sonnengötter; bei den Ägyptern, 13, *14*, 15, 38, 40, *43*, 80; bei den Azteken, 36; bei den Hindu, 36, *40*, *43*; bei den Japanern, 40, *41*; bei den nordamerikanischen Indianern, 29, 33; bei den Persern, 23, 40
Sonnenwagen, *43*
Soshyant, 37
Spinnen; Anansi, 66, 68; im Mythos, 24, 32
Spinnenfrau, Schöpfergottheit der Hopi, 29
Spirituelles Reich *siehe* Shambhala
Sraoscha, 113
Stalin, Joseph, 133
*Star Wars (Krieg der Sterne)*, 133
Steep Holm Island, 115
Sterblichkeit, 15
Sterne; Kult der, 40; Ursprung der, 30, 132; *siehe auch* Kreuz des Südens; Plejaden; Skorpion
Stiere; als Symbol der Manneskraft, *54*; *siehe auch* Minotauros; Rinder; Vieh
Stein, geweihter, Berührung eines, 46
Stonehenge, 40
Strafe; für Sünde, 105, 108–109, 113; und Belohnung, 116–117
Sturmgötter, 50–51
Styx, Fluß, 89
Sugriva, Affenkönig, 96, 98
Sulis, 48
Sumatra, Schöpfungsmythos, 22
Sumer, Götter und Mythen, 60, 63
Superman, 134
Surya, Sonnengott, 36, 40
Susano, japanischer Gewittergott, *41, 76*
Sutton Hoo, angelsächsischer Maskenhelm von, *85*

## T

Tacitus, über germanische Rituale, 49
Tadg, Reise von, 115
Tag; Ursprungsmythos der Griechen, 15; Ursprungsmythos der nordamerikanischen Indianer, *30*, 33
Taikomol, Schöpfergott der Huchnom, 107
Takanakapsaluk, 32
Taliesin, 69
Tanaina, Volk, Mythen der, 33
Tane, 108
Tantalos, 116
Tanz; als Bewegung des Universums, *39*; und Geister des Ortes, 46
Taoismus, Götter, 51, 63
*tapas*, und die Schöpfung, 13
Taranis, 50
Tartaros, 14, 116

142

Tataren, Glaubensvorstellungen von Sonnenfinsternissen, 36
Tefnut, 15
Telemach, 99
Telipinu, Gott des Ackerbaus bei den Hethitern, 39
Tellus, 63
Teschub, 50, 51
Tempel; Angkor Thom, 82; aztekische, 48, 49, 53; Banner (Thangka), 116; Demeter geweihter, 59; der Artemis in Ephesos, 62; *heiau* auf Hawaii, 58; jainistischer, 45; mittelamerikanische, 23, 48–49; Tempelberge, 82; zoroastrische, 51–52; *siehe auch* Pyramiden; Schreine
Tenochtitlán (Mexiko-Stadt), 18, 53, 61
Teotihuacán, Sonnenpyramide, 49
Teschub, 50, 51
Teufel, als Tiertaucher, 22
Tezcatlipoca; Blauer *siehe* Huitzilopochtli; Fest des, 61; Roter *siehe* Xipe Totec; Schwarzer, 15, 84; Weißer *siehe* Quetzalcoatl
The Burren (Irland), 11
Theoderich der Große, König der Ostgoten und König von Italien, 90
*Theogonie* (Hesiod), 14
Theseus, 89, 91, 96, 97, 120–121
Thetis, 89, 95
Thjasi, 59
Thomas von Erceldoune (Tom der Reimer), 118
Thomas, hl., 85
Thor, 17, 50
Thot, 16, 57, 113
Thugs, Opfer für Kali, 126
Thunupa, Kulturheld der Anden-Kulturen, 85
Thutmosis I., Pharao, 80
Tiahuanaco (Peru), Standbilder, 35
Tiamat, 10, 15, 17, 24
Tiananmen-Platz (Platz des Himmlischen Friedens, Beijing), 132
Tibet; heilige Berge, 23; Glaubensvorstellungen zum Weltuntergang (Buddhismus), 37–38; Schöpfungsmythen, 11, 13, 21, 22, 26, 28; *siehe auch* Bon-Religion
Tiere; als Ahnengeister (Totems), 55; Bande zwischen Tier und Mensch, 54–57; Gebieter über die, 55; Geister von, 45; heilige, 56–57; im Mythos, 25, 30–32, 31, 32, 54–57; Mumifizierung, 56, 57
Tierkreis, 137
Tiertaucher-Mythen, 22, 25
Tiresias, 115, 116, 120
Titanen, 15
Titurel, Gralshüter, 93
Titicaca-See, im Mythos, 26, 85
Tjinimin, Trickster der Aborigines, 69
Tlacaxipeualiztli-Fest, 61
Tlaloc, Regengott der Azteken, 48, 127, 132
Tlapallan, im Mythos der Azteken, 84
Toba, Volk, Mythen der, 30
Tod; Haltungen zum, 105; Herren der Finsternis, 113, 116; Kreislauf von Tod und Wiedergeburt, 18, 45, 59, 60, 61, 105; Unausweichlichkeit, 123; Ursprungsmythen, 69, 106–109; von Helden, 100–103, 133–134; *siehe auch* Leben nach dem Tode; Totengericht; Unterwelt
Tokonaka, Wächtergeist der Hopi, 113
Tolkien, J. R. R., *Der Herr der Ringe*, 135
Tolteken, 79, 84–85
Tonacacihuatl („Herrin unserer Nahrung"), 15
Tonacatecutli („Herr unserer Nahrung"), 15
Tonatiuh, Sonnengott der Azteken, 36
Tonga, Sturmgott von, 52
Topiltzin, König der Tolteken, 79, 84–85
Totempfähle, 4, 55
Toten, die, Geisterwelt der, 45, 105
Totenbuch, 110, 113
Totengericht, 110, 112–113; soziale Stellung und, 112; Tag des Totengerichts, 37; *siehe auch* Leben nach dem Tode; Tod
Trance, der Schamanen, 61, 124
Träume, und Mythen, 7
Traumzeit, 9, 25, 35, 46, 69
*Très Riches Heures du Duc de Berry,* 137
Trickster, 16, 45, 59, 66–69, 119, 121; Tier-Trickster, 22, 33, 66, 67, 69, 106; *siehe auch* Kulturhelden
Trojanischer Krieg, 79, 85, 92, 95, 96; *siehe auch* Homer; *Odyssee*
Trunkenheit, Götter der, 33
Tschuktschen, Volk, Mythen der, 33
Tsonga, Volk, Mythen der, 28
Tsukiyomi, 40, 41
Tuatha De Danann, 131
Tuonela, 117
Tutenchamun, 65
Twrch Trwyth, 97

## U

Ufos, 136
Ugarit, 50
Universum; Formen des, 18–21; Ursprungsmythen, 9; wissenschaftliche Erklärung, 132
Unsterblichkeit, im Mythos, 31, 64, 117, 120
Unterwelt; Auftauchen der ersten Menschen aus der, 9, 26–29, 28, 30, 49, 109; bei den Maya, 121; Besucher aus dem Diesseits in der, 118–121; chinesische, 108; Flüsse der, 111; germanische, 111, 114; griechische, 12, 14, 16, 115–117, 120–121; Jahreszeiten und, 59–60; japanische, 18; keltische, 114–115; Mythen vom verlorenen Geliebten, 120; Odin und, 45; polynesische, 113; Speisen der, 59, 117, 118; Ursprung der Pflanzen, Mythen vom, 31; *siehe auch* Hades; Himmel; Hölle; Leben nach dem Tode
Untote, 112
Ur, Neujahrsritual, 82
Uranos, 14–15, 17
Urd-Brunnen (Quelle), im germanischen Mythos, 20
Uruk, 99
Uschebti, 110
Utnapischtim, Mythos von der Großen Flut, 34
Uther Pendragon, 87

## V

Väinämöinen, 117
Valentino, Rudolph, 133
Vampire, 36, 134
Varuna, 17
Vasuki, 74
Vatermord, in Mythen, 17
Vedadruma, 21
Veden, 35
Venus (Morgenstern), 36
Venus; Venus-Statuetten der Steinzeit, 62; *siehe auch* Aphrodite
Verethragna, persischer Gott des Sieges, 109
Vergil *siehe* Äneis
Vesta, 71
Vieh; im Mythos, 28, 31, 51; *siehe auch* Rinder; Stiere
Viracocha, Inka-Schöpfergott, 26, 34
Vishnu, 13, 35, 38, 40, 51, 65, 74
Vögel, im Mythos, 12, 13, 22, 106
Vogelmensch, der Osterinsel, 9
Voodoo, 122
Vourukasha, kosmischer Ozean, 25
Vritra, Dämon der Dürre, 51
Vulkane, 37

## W

Wadjet, 65
Wagadu, 95
Wahrsagen; Götterboten und, 16; nekromantisches, 124; schamanistisches, 53
Wälder, in Mythen, 49
Walgund, in der Wolfdietrich-Sage, 90
Walhall, 18, 111, 114
Wali, Sohn Odins, Überlebender von Ragnarök, 38
Walküren, 16, 17, 114
Wandjina, Ahnengeister, 35, 53
Wassergeister, 46–48, 46, 124; *siehe auch* Drachen
Wassergottheiten, 10, 13, 15, 17, 97
Wasser; des Chaos, 10–11, 12, 13, 34; des Vergessens, 111; in Mythen vom Ursprung des Menschen, 26; Jungbrunnen, 94, 111; Flüsse im Hades, 111; Quellen, Seen und Flüsse, 46–47, 46; Waffen und Metallgegenstände als Opfergaben im, 48; *siehe auch* Ozean; Regen
Wasserkäfer, Tiertaucher, 22
Wawilak-Schwestern, 46
We, 16
Weiser Herr des Himmels *siehe* Ahura Masda
Weltenbaum, 18, 20–21, 25, 38, 77; *siehe auch* Bäume
Weltuntergang, Glaubensvorstellungen über, 36–39, 69
Werwölfe, 68, 134
Whiro, 108
Widar, Sohn Odins, Überlebender von Ragnarök, 38
Wiederauferstehung, zoroastrischer Glaube, 37
Wiedergeburt, Zyklus von Tod und Wiedergeburt, 45, 59, 61, 100, 105
Wikinger *siehe* Germanische Mythologie
Wili, germanischer Gott, 16
Wolfdietrich, Gestalt der deutschen Heldensage, 90
Wölfe, im Mythos, 28, 87
Wölmo Lungring, 21
Wölsung, König der Hunnen, 91, 101
Wölsungen-Saga, 83, 91
Worora, Volk, Mythen der, 35
Wotan *siehe* Odin

## X

Xi Wang Mu (Königliche Mutter des Westens), 23, 30, 31, 64
Xibalbá, Land der Toten bei den Maya, 121
Xipe Totec (Roter Tezcatlipoca), 15, 61
Xuanzang, und die buddhistischen Schriften, 92, 94, 96, 98–99

## Y

Yama, tibetischer Herr des Todes, 116
Yamata no Orochi, Susano und, 76
Yao, Kaiser von China, 83
Yao, Volk, Mythen der, 26
Yaxchilan (Chiapas), Relief an einem Türsturz, 127
Yen Lo Wang, im chinesischen Mythos, 108
Yggdrasil, germanische Weltesche, 18, 20–21, 38, 120; *siehe auch* Bäume
Yi, göttlicher Bogenschütze, 31
Yin und Yang, 13; Drachenkönige und, 74
Ymir, Reifriese, 16, 24
Yomi, japanische Unterwelt, 18
Yorimitsu, Held der Minamoto-Dynastie, 89, 132
Yoruba, Volk, Flutmythen, 34; Schöpfungsmythen, 22; Trickster, 16
Yoshitoshi, Holzblockdrucke von, 41, 124
Yoshitsune, 132
Yu, Gebieter über die Fluten, 35
Yu, Kaiser von China, 83
Yupik, Volk, Tanzmaske, 32, 57

## Z

Zal, persischer Held, 87
Zao Jun, chinesischer Küchengott, 72
Zarathustra, 18, 37
Zauberei; als Todesursache, 106, 114; göttliche Boten und, 16; Odin und, 45; Wasser und, 48
Zeitalter, der Schöpfung, 36, 38–39
Zetes, 134
Zeus, 15, 16, 17, 20, 34, 50, 52, 54, 68, 87, 95, 97, 100, 102
Zikkurats *siehe* Pyramiden
Zombies, 122, 124, 134
Zoroastrismus, 51–52; Glaubensvorstellungen vom Weltuntergang, 36–37; Glaubensvorstellungen von der Seele, 122; Islam und, 130; *jasata*, 17; Richter in der Unterwelt, 113; *siehe auch* Persien
Zulu, Volk, Mythen der, 28
Zwerge, 131
Zwiefacher Glaube, 130
Zwillinge; Göttliche Zwillinge, 121, 133; in afrikanischen Glaubensvorstellungen, 7

## Weiterführende Lektüre

Baumann, Hermann: *Schöpfung und Urzeit des Menschen im Mythus der afrikanischen Völker*. Berlin 1964
Baumer, Franz: *König Artus und sein Zauberreich. Eine Reise zu den Ursprüngen*. München 1991
Botheroyd, Sylvia und Paul F.: *Lexikon der keltischen Mythologie*. München 1999
Brednich, Rolf Wilhelm: *Sagenhafte Geschichten von heute*. München 1994
Brunner, Hellmut, Flessel, Klaus, Hiller, Friedrich: *Lexikon alte Kulturen (3 Bde.)*. Mannheim 1990
Campbell, Joseph: *Der Heros in tausend Gestalten*. Frankfurt/Main 1999
— *Die Masken Gottes*. München 1996
Ehmer, Manfred Kurt: *Göttin Erde. Kult und Mythos der göttlichen Mutter Erde*. Berlin 1994
Hamilton, Virginia: *In the Beginning: Creation Stories from around the World*. New York 1988
Haussig, Hans-Wilhelm: *Wörterbuch der Mythologie*. Bd. 2: *Götter und Mythen im alten Europa*. Stuttgart 1973
*Herder Lexikon – Germanische und keltische Mythologie*. Freiburg 1997
Jordan, Michael: *Mythen der Welt*. München 1997
Kato, Shuishi: *Die Geschichte der japanischen Literatur*. München 1990
Kirchner, Gottfried: *Von Atlantis zum Dach der Welt. Rätsel alter Weltkulturen*. Bergisch-Gladbach 1990
*Knaurs Lexikon der Mythologie*. Hrsg. Gerhard J. Bellinger. München 1993
Leeming, David A.: *The World of Myths*. Oxford 1992
Lowry, Shirley Park: *Familiar Mysteries: The Truth in Myth*. Oxford 1982
Lurker, Manfred: *Lexikon der Götter und Dämonen*. Stuttgart 1989
McLeish, Kenneth: *Myth: Myths and Legends of the World Explored*. London 1996
Neumann, Erich: *Die Große Mutter. Eine Phänomenologie der weiblichen Gestaltungen des Unbewußten*. Olten und Freiburg 1985
Pauly, August F., Ziegler, Konrat, Sontheimer, Walther: *Der Kleine Pauly. Lexikon der Antike*. München 1979
Ranke-Graves, Robert von: *Die Weiße Göttin. Sprache des Mythos*. Reinbek 1985
— *Griechische Mythologie. Quellen und Deutung*. Reinbek 1997
Sproul, Barbara C.: *Primal Myths: Creation Myths around the World*. San Francisco 1991
Time-Life Bücher, Redakteure der: *Mythen der Menschheit* (20 Bände). Amsterdam 1996–2000

## Quellennachweis der Abbildungen

Der Herausgeber dankt den folgenden Personen und Institutionen für die Genehmigung, ihr Bildmaterial zu veröffentlichen. Es wurde jede Anstrengung unternommen, die Inhaber des Copyrights ausfindig zu machen. Sollten einige von ihnen fehlen, werden wir diese gern in die nächsten Auflagen aufnehmen.

**Schlüssel: o** oben; **M** Mitte; **u** unten; **l** links; **r** rechts

| | | | |
|---|---|---|---|
| BAL | Bridgeman Art Library, London/New York | ET | e.t. archive, London |
| BL | British Library, London | RHPL | Robert Harding Picture Library |
| BM | British Museum, London | V&A | Victoria & Albert Museum, London |
| DBP | Duncan Baird Publishers, London | WFA | Werner Forman Archive, London |

**Einband** ET; **Titelseite** Chris Caldicott/Axiom; **Inhaltsseite** BM (Eth 1939HM9.1); **Seite 6o** Justin Kerr; **6u** WFA; **7o** V&A (E.10061-1886); **7M** BM (1956A/27.270); **7u** BM (OA1988.4-22.1); **8** Frank Zullo/Science Photo Library; **9** Michael Holford; **10–11** Images Colour Library; **13** WFA/Haiphong-Museum, Vietnam; **14** BAL/Fitzwilliam Museum, Cambridge; **15** The Japanese Gallery/DBP; **17** Nasjonalgalleriet, Oslo (NG.M.00258); **19** The Trustee of the Wellcome Trust, London; **20** DBP Archives; **21** The Nelson-Atkins Museum of Art, Kansas City, Missouri (Erwerb des Nelson Trusts), (41-35); **23** Tibet Images/Ian Cummings; **27** Pitt Rivers Museum, Universität Oxford (1982.12.1); **28** Bibliothèque Nationale, Paris; **30** WFA; **32** University of Alaska Museum (UA314-4351); **34** Rijksmuseum voor Volkenkunde, Leiden (Object Nr. 2975-1); **35** Ann & Bury Peerless; **37** RHPL; **38–39** Michael Holford; **40** Madanjeet Singh, Paris; **40–41** English Heritage; **41o** V&A; **42o** WFA; **42** . BAL; **43o** Jürgen Liepe/Kairo Museum; **43u** Museo Nacional de Antropologia, Mexiko-Stadt; **44** RHPL/S. Sassoon; **45** Michael Holford; **47** The Stockmarket; **51** BAL/V&A; **53** Sotheby's Auction House, Sydney, Australien; **54** Colorphoto Hans Hinz, Allschwil-Basel; **55** RHPL; **56** BM (EA64391); **57** Alaska State Museum (II-A1454); **58** WFA; **59** Sonia Halliday Photographs; **60** RHPL/Adam Woolfitt; **61** WFA/Museum für Völkerkunde, Basel, Schweiz; **62** Corbis; **63** BM; **65** BAL/Kairo Museum; **67** Bodleian Library, Oxford; **68** Dirk Bakker; **70** BAL/Ashmolean Museum; **71** James Morris/Axiom; **72** ET/BM; **74o** Jürgen Liepe/Kairo Museum; **74u** BAL/Freud Museum; **75** BL (Or641 f.7v); **76l** BAL/V&A; **76o** BM (Gr1814.7-4.1292); **76u** BAL; **77o** Georg Gerster/Network; **77u** WFA; **78** BM (GR1736); **79** WFA/Christie's Images; **80** BAL/Louvre; **82** RHPL/Gavin Heller; **85** Michael Holford; **86** Michael Holford; **87** BAL/Leeds Museums & Galleries; **88–89** Michael Holford; **91** AKG, London/Bibliothèque Nationale, Paris; **92–93** Sarah Boait; **94** BM (1964.4-11.07); **95** Museo Numantino, Spanien; **96** BL (Add 15297 vol.1. 29r); **97** WFA/BM; **99** Bodleian Library, Oxford (MS Ousely Add 176 f.62r); **100** ET/Biblioteca Marciana, Venedig; **101** BM (1898,1-15.38); **102** Ann & Bury Peerless; **104** BAL/Bonhams; **105** Paul Quayle/Axiom; **108** Corbis/Royal Ontario Museum, Kanada; **109** RHPL/Adam Woolfitt; **110** BM (EA41549); **111** BAL/Kunstmuseum, Basel; **112–113** BM (EA9901/3); **114** WFA/Museum für Völkerkunde, Berlin; **115** Mick Sharp Photography; **116** BAL/Oriental Museum, Universität Durham; **117** Michael Holford; **118** National Museum of Natural History, Smithsonian Institution; **120** RHPL/M. Jenner; **121** Justin Kerr; **122** BAL; **125** V&A (E.361-1901); **126o** BL (Add Or3452 f.iii); **126ul** WFA/Entwhistle Gallery, London; **126ur** BM (1947.7.15.413); **127** AKG, London/Erich Lessing/BM; **128** Collections/Brian Shuel; **129** BAL/The Marsden Archive, GB; **130** Guy Marks/Axiom; **131** Mary Evans Picture Library; **132** V&A; **133** Ronald Grant Archive; **135** Chris Wright/Bloomsbury Publishing; **136** Skyscan Photolibrary/William Cross; **137** BAL/Musée Condé, Chantilly